韩山师范学院创建国家教师教育创新实验区成果

广东省基础教育信息化融合创新示范培育推广项目“基于协作社群的教师研修（基于‘学习通’平台的粤东教师微课技术校本研修与教学应用探索）”成果

极简微课设计与制作

主　编◎黄俊生　林晓宏

副主编◎高炜宏　张润生

暨南大学出版社
JINAN UNIVERSITY PRESS

中国·广州

图书在版编目（CIP）数据

极简微课设计与制作/黄俊生，林晓宏主编．—广州：暨南大学出版社，2020.12（2023.7重印）
ISBN 978－7－5668－3004－3

Ⅰ.①极…　Ⅱ.①黄…　②林…　Ⅲ.①多媒体课件—制作　Ⅳ.①G436

中国版本图书馆CIP数据核字（2020）第203801号

极简微课设计与制作
JIJIAN WEIKE SHEJI YU ZHIZUO
主　编：黄俊生　林晓宏

出 版 人：张晋升
责任编辑：黄文科
责任校对：张学颖　王燕丽
责任印制：周一丹　郑玉婷

出版发行：暨南大学出版社（511443）
电　　话：总编室（8620）37332601
营销部（8620）37332680　37332681　37332682　37332683
传　　真：（8620）37332660（办公室）　37332684（营销部）
网　　址：http://www.jnupress.com
排　　版：广州尚文数码科技有限公司
印　　刷：广州小明数码印刷有限公司
开　　本：787mm×1092mm　1/16
印　　张：12.25
字　　数：295千
版　　次：2020年12月第1版
印　　次：2023年7月第3次
定　　价：48.00元

（暨大版图书如有印装质量问题，请与出版社总编室联系调换）

序　言

我不是现代教育技术方面的专家，为本书作序只能谈点题外话。韩山师范学院是粤东地区唯一的本科师范院校，办学 117 年以来，由一所初级师范学校成长为本科师范院校，办学层次在不断提升，但是学校在两个方面是坚持不变的，一是师范立校的办学定位坚持不变，二是立足粤东的办学面向坚持不变。近年来，学校在教师教育方面开展了一系列教学改革，核心是构建"大学—地方政府—中小学"三位一体的职前与职后一体化的教师教育新机制。2014 年，学校与潮汕三市教育局共建粤东教师专业发展联盟——这是广东省教育厅立项的首批协同育人平台；2017 年，学校被批准成立广东省中小学教师发展中心，与潮汕三市签订教师教育方面的战略合作协议；2018 年，学校又与潮汕三市签约共创国家教师教育创新实验区。在学校与地方政府的合作中，现代教育信息化技术的推广应用是一个比较大的合作项目。2018 年，教育部提出教育信息化 2.0 计划。这个计划的主要任务是探索基于信息技术的教学新模式，发展基于互联网的教育服务新模式，探索信息化时代的教育治理新模式，通过颠覆性地改变传统的教育模式和方法，最终致力于实现教育的现代化。但是，对于教育发展相对滞后的粤东地区来说，这个计划的实施是有较大难度的，不仅是因为当地信息化环境的建设水平不高，教师的信息技术应用能力也明显不足。

如何有效加快粤东教育现代化步伐？这几年，我校以黄俊生为首的教育信息化团队，提出了粤东基础教育信息化生态圈的概念。他们在学校搭建的三位一体的教师教育新机制的框架下，通过创建粤东基础教育信息化论坛，组织粤东微课大赛，举办现代教育技术应用培训活动，推动了粤东中小学教师教育信息技术应用能力的提升。据统计，粤东地区超过 13 万人次中小学教师参与了他们所举办的活动，许多教师因此改变了他们的教学理念与教学模式。

这个师生团队的雄心壮志，一开始并没有被多少人看好。但是，他们愿意付出，他们很努力，他们克服了许多障碍和困难——比如，我知道许多时候他们是自掏经费到中小学开展专项培训的。而现在，他们的付出终于收获了沉甸甸的成果，本书只是他们成果很小的一个部分，他们更大的成果，是所提出的粤东基础教育信息化生态圈终于有了雏形。

正如我一开始所说的，我不是专家，我没有资格去评判本书的技术水平。但是，我愿意借此机会表达对这个团队的敬意！这是一个积极、执着、坚韧的团队，是一个具有深厚教育情怀的团队！

黄景忠

2020 年 8 月

（黄景忠，韩山师范学院副校长、教授）

前言

从2013年开始，韩山师范学院便开展微课设计制作的研究与应用，先后派出黄俊生、柯东贤、袁明华等老师前往北京等地学习，并逐步开展全校性的微课及翻转课堂应用，随后以韩山师范学院为中心向粤东地区辐射，成为粤东基础教育信息化生态圈的中心。历时数年，粤东基础教育信息化生态圈成为粤东教师的精神家园，具体表现在超过13万人次中小学教师参与生态圈的活动，形成拥有3万多个优质数字资源的数据库，有效营造了粤东基础教育信息化的研究与实践的氛围。

具体来说，2013—2016年连续组织师生参加全国微课大赛，获得优异成绩；其中2015—2016年连续承办两届全国微课大赛广东赛区的赛事工作，得到国赛组织方和广东赛区师生的一致好评。自2016年开始，韩山师范学院联合潮州市教育局、汕头市教育局和揭阳市教育局举办粤东微课大赛，至今已举办五届；2017年开始举办粤东教育信息化论坛，至今已举办三届；经过摸索，联合方采取以教师为主体、以UGS（高校、地方政府、中小学校三位一体）为主导、以大赛为主线的组织模式，逐步推动包括粤东微课大赛、线上线下结合的送教到校培训、教育信息化论坛、教育信息化研究及信息化应用支持服务团队等项目支持粤东基础教育信息化的发展。南方Plus（广东头条新闻资讯平台）等媒体以“韩师探索：从微课比赛出发，如何让粤东基础教育受益”为题报道了该成果，2019年，该成果获得广东省教育教学成果奖（基础教育类）二等奖；2020年，本书的配套慕课“微课设计制作与教学应用”获得广东省本科高校在线开放课程指导委员会组织的疫情阶段在线教学优秀案例（第二批）一等奖。读者可扫描文后所附的二维码，注册后即可加入课程。

本书是在上述实践的过程中逐渐积累的成果，是韩山师范学院落实教育现代化、创建国家教师教育创新实验区的成果，也是广东省基础教育信息化融合创新示范培育推广项目“基于协作社群的教师研修（基于‘学习通’平台的粤东教师微课技术校本研修与教学应用探索）”的直接成果。全书由黄俊生、林晓宏统稿，韩山师范学院大学生微课共建共享联盟高炜宏、张润生、柯东贤、陈明蓉、袁丽珊、姚妍娜、李舒淇、梁培芬、陈志鹏、潘佳绚、吴佳鑫、林冰琦、许雅婷、邱晨晨、肖妍煌、方浩航、翁泽娜等师生参与编写，是集体智慧的结晶。

本书一开始命名为“微课设计制作与教学应用”，考虑到时下微课和线上教育的发展趋势，尤其是新冠肺炎疫情影响下的微课技术应用要求越简单越好，越方便越好，故改名为“极简微课设计与制作”，期待读者能够尽快熟悉、掌握本书的内容，并及时应用到教育教学上。本书可以作为师范生的微课设计制作课程的教材，也可供在职教师和爱好者学习。

由于编者水平有限，书中的错误疏漏在所难免，希望使用本书的师生和读者给予批评指正。

编　者

2020 年 8 月

“微课设计制作与教学应用”二维码

目　录

第1章 微课设计与制作概述

●微课概述
●掌握微课设计的流程
●初步掌握微课的制作方法
●了解微课评价标准

1.1 微课概述

2010 年以来，微课作为一种新兴的教育资源载体被教育工作者逐渐认识、推广和普及，在世界各地掀起了一阵阵微课热潮；尤其是在国内，一时之间各地的微课培训、微课大赛、翻转课堂实践及微课应用，成为推动教育发展的新潮流。在中国知网上，以微课为主题搜索相关期刊论文，发现从 2011 年 8 月至 2020 年 4 月，共计发表了 34 525 篇论文，年均 3 946 篇，研究热度可见一斑。在我国课程改革的背景下，结合翻转课堂的新型教学模式，微课在基础教育、高等教育、职业教育、继续教育等教育领域蓬勃发展，并且逐渐被列为新时代教师必备的一项技能。韩山师范学院从 2013 年开始便要求师范生掌握微课制作相关技能，黄俊生等教师结合微格教学，提出微课实训是微格教学的有效补充，将其纳入学科教学论教师必备的基本技能之一。在“互联网 +”时代下，微课短小精悍的特点也使它在网络上得以迅速传播，给广大师生带来前所未有的冲击和帮助。

1.1.1 微课的定义

对于微课的概念，不同的学者有不同的解读，同一位学者可能在不同的时间段对其定义也发生变化，可以说它是一个不断发展并逐渐成熟的新事物。笔者比较认同以下定义：微课又称“微课程”，是教师针对教学过程中某个知识点或某个教学环节而设计的一种微小课程，时长较短，主要以视频的形式存在，一般辅以相应的配套学习资源。微课区别于传统课堂，其主题突出、内容精练、容量较小，可在移动端（如平板电脑、手机）及 PC 端等媒介传播，学习者可以利用碎片学习时间掌握某个知识点，获得某项技能，是一种新型的教学资源。

可以说，微课在不同的学段或学科中的表现形式不一，其具体内容应该依据学科、学段及学习者的状态进行解读、设计和制作。

1.1.2 微课的特点

1. 知识网格化

微课是教师针对教学环节中某个知识点而设计的一种教学资源，因此一节 45 分钟的课被网格化，分割成若干相对完整和独立（时长 5 ~8 分钟）的知识点。从学科教学论的角度来讲，一节课包含 3 ~5 个知识点，一个知识点由 4 ~6 个关键词组成，因此微课是网格化后的知识点或关键环节。微课相比知识点多、教学进程冗长的线下课堂来说，其教学目标明确，更容易让学生接受，不同学习能力的学生可以各取所需。

2. 时间简短

一般基础教育的微课视频时长控制在 5 ~8 分钟，有些知识点在 3 分钟左右，这样一节课网格化后，形成 3 ~5 个微课。这与相应学龄的学生学习能力和相应知识点的内容量有关。研究表明，在传统的课堂教学中，由于教学时间长，大部分学生注意力难以集中，容易开小差。微课相对于传统课堂，在时长控制、利用碎片化时间进行有效学习方面显得更有优势。

3. 容量小

微课视频容量小，一般在 100 MB 以内。其格式一般为 MP4、FLV 等，支持在线播放。学习者可以将微课视频下载保存到移动终端，如手机、平板电脑及笔记本电脑等，实现移动学习、多次学习。

1.2 微课设计流程

微课设计的流程与一般课程设计比较，多了两个步骤，即脚本设计及媒体选择。其常规流程是教学分析、教学设计、脚本设计、媒体选择与搭配及配套资源建设，但核心内容仍然是教学设计，于教学而言，教学设计是微课表现力、传播力和教学价值最核心的部分，故仍然考核教师的基本功和教学经验。

（1）教学分析。这是教师进行微课创作的第一步，针对有关内容，进行有效的教材分析、解构（知识点网格化）和教学对象的学情分析，进一步辅以思维导图，以章节为单位，形成知识图谱，标示出相应的微课知识点。微课知识点可以是教学过程中的各个知识点，如重难点突破、关键概念或习题讲解等教学内容。教师选题要精练，一个知识点对应一个微课，教学思路要简明清晰，避免教学内容繁杂、知识点多而使微课视频冗长，影响学生学习效果，最终形成章节的基于思维导图的知识图谱和文案。

（2）教学设计。对单个微课，针对相应的学习者进行有效的教学设计，其内容形式类似课时教学设计，但更微小和更具针对性。教学设计是微课设计制作的中心环节，是智慧教师引领学生学习的核心内容。相关的格式参考课时教学设计。

（3）脚本设计。也称为镜头脚本，是教学设计与微课设计制作最直接、最关键的行动指南，是将文字内容转换成立体视听形象微课的中间媒介，主要任务是根据教学分析及教学设计来设计相应画面，配置镜头画面、配音配乐，突出教学核心内容，形成行动文案，从而把握微课的内容和风格等。其格式参考表 1 –1。

表 1－1 微课脚本设计参考格式

画面编号	镜头角度	镜头	时长	画面内容	解说	字幕	备注
1	平视、俯视、仰视……	近景、中景、远景……	以秒计	画面效果截图或描述	相关内容解说配音	简要字幕	
2							
3							

（4）媒体选择与搭配。微课设计制作的工具媒体非常多，最普遍的是 PPT 录屏 + Camtasia Studio 编辑，除此之外还有手机摄录、手绘、MG 动画、Storyline 等，形式非常丰富。媒体选择与搭配需要考虑具体微课内容，突出教学效果，也要考虑画面设计，美观大方，符合所讲内容，尤其是学科特点和学生具体心智状态，能够充分展示和表达相应知识内容。注意选择适当表现形式，如数学学科的解题演示，以微课录课笔为工具，辅以 Camtasia Studio 编辑；化学学科实验模拟采用 MG 动画辅以 Storyline 软件编辑，可以达到良好的授课效果。

（5）配套资源建设。微课不单单指微课视频，还包括教学设计、导学案、教学素材和教学课件、微反思、微练习等。这些教学资源构成一个主题明确、内容完整的微课程，营造了一个真实的“微教学资源环境”。

1.3 微课制作方法

微课制作主要有录屏制作、动画设计及录像制作三种大的形式，录屏主要以 PPT 画面结合音频的形式，是教师普遍采用的形式；动画设计目前普遍采用优芽和万彩动画大师设计制作；录像主要以手机、摄像机录制为主。近年来，随着微课技术的迅猛发展，微课设计软件层出不穷，小至大众热捧的抖音、小影等简单的制作软件，大至 3D 虚拟演播、MG 动画等高端专业的微课制作系统软件，都可以制作不同效果的微课。下面就录屏制作流程做大致的介绍，其他制作工具在具体章节中展示。

录屏制作微课的方法可以分为两种，第一种方法是音画同步法，是指微课的声音和画面同步录制的方法，可以借助 Camtasia Studio 9 等录屏软件将教师的声音和微课的画面同步录制，具体方法详见本书第 4 章；第二种方法是音画分录法，指的是微课的音频和画面分开制作，后期再用 Camtasia Studio 9 等音视频编辑软件进行同步合成的方法。

音画分录法是笔者经过数以千计的微课设计实操总结出来的一种方法，实践起来有诸多好处：

（1）有效降低微课制作错误率。微课的音频及授课者的声音对微课的质量起着至关重要的作用，且对教师来讲难以修改、剪辑。运用音画分录法，授课教师可以反复阅读讲稿，熟悉讲稿内容，有利于放开自己的声音，可大幅度降低错误率。即使音频录制出错，只要修改音频部分即可，降低了出错成本。

（2）弥补授课者声音缺陷。有些授课者本身普通话不标准、音色不好，难以独立完成微课的设计。运用音画分录法，可以实现多人合作甚至批量制作，大大提高微课制作的质量。

（3）降低微课制作成本。微课音频的录制方法多样，可以使用专业的录音设备，也可以使用智能手机的录音功能。笔者经过实践，发现只要环境安静，智能手机录制的微课音频效果极佳。

（4）控制微课时长。可通过讲稿字数确定自己微课的时长，微课语速控制在每分钟180~200字为宜。

1.3.1 录音环境及设备要求

教师在完成课前准备后，可以设计微课的讲稿，并根据讲稿的字数增减相应的内容，控制微课的时长。熟悉讲稿内容、采用音画分录法的教师可以录制微课音频，录制时应注意以下几点：

（1）使用专业USB接口录音耳机（避免无关的电流声）或者智能手机。

（2）选择安静的录课环境。

（3）注意讲课的语音语调，抑扬顿挫。

1.3.2 微课画面制作

微课画面制作软件众多，本书详细介绍基于极简技术的微课设计、PPT微课、Camtasia Studio微课、Focusky微课、万彩动画大师微课、优芽微课、Storyline等，详见本书后续章节。

1.3.3 录制合成

经过课前准备，讲稿准备和画面的制作，我们需要借助音视频剪辑软件Camtasia Studio 9对微课进行录制合成。

1. 音画同录法方法一

针对PPT微课，PowerPoint软件要求2010以上版本。

第一步，打开制作好的PPT，在电脑上连接USB接口的录音耳机。

第二步，点击PPT工具栏的“幻灯片放映”，在“设置”分类下找到“录制幻灯片演示”，点击其三角形下拉按钮，点击“从当前幻灯片开始录制”，在弹出的对话框中选择“开始录制”。

第三步，教师单击键盘空格键或点击鼠标左键可以操作PPT的播放，同时对着录音耳机录制微课授课音频。当每一页的PPT内容录制成功后，单击第二页PPT，完成相同操作。全部完成后，单击键盘Esc退出键可以完成PPT的录制。

第四步，录制后，点击PPT工具栏“文件”—“另存为”，选择微课保存的位置，修改微课名称，并把保存类型修改为MPEG-4视频格式或Windows Media视频格式。

第五步，打开Camtasia Studio 9软件，对刚刚录制好的微课视频进行后期处理。

2. 音画同录法方法二

适用于Focusky、万彩动画大师、Articulate Storyline 3等软件制作的微课。

第一步，打开Camtasia Studio 9软件，点击“录制屏幕”。在弹出的对话框中选择“Full screen”模式，连接摄像头可以实现画中画效果，同时连接耳麦并调试到合适的音量。

第二步，打开要录制的微课画面，将其全屏放映。点击“rec”即可进行录制，倒计时结束后对着耳机讲解相关内容，见图 1－1。

第三步，整个微课录制完毕，对其进行后期的编辑处理即可。

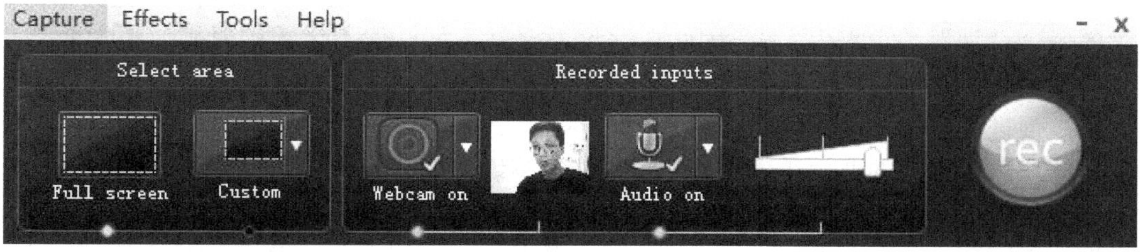

图 1－1　Camtasia Studio 9 录制对话框

3. 音画分录法

适用于 Focusky、万彩动画大师、Articulate Storyline 3 等软件制作的微课。

第一步，打开 Camtasia Studio 9 软件，点击“录制屏幕”。在弹出的对话框中选择“Full screen”模式。因为音频已经录制好，因此我们需要点击“Audio on”关闭音频输入。

第二步，打开要录制的微课画面，将其全屏放映。点击“rec”即可录制画面，注意用手机同步播放提前录制好的授课音频，根据音频切换画面，保持音画同步，以便后期剪辑处理。

第三步，整个微课画面录制完毕，将提前录制好的音频拖至 Camtasia Studio 9 的时间轴上，可以发现画面和音频的长度一致（音画同步），进行相关的剪辑即可合成，具体操作详见本书第四章。

1.3.4　具体制作技术要求

（1）录制时电脑分辨率调整为 1024×768 及以下，分辨率不低于 720×576、码流 128 Kbps～2 Mbps、帧速≥25 fps，电脑屏幕颜色设置为 16 位。

（2）时间控制在 5～8 分钟。

（3）内容简单生动，不泛泛而谈，若内容较多，可以制作系列微课程。

（4）微课程在内容、文字、图片、声音等方面必须准确。

（5）微课程讲解时，要求语言通俗易懂、深入浅出、详略得当，声音响亮，抑扬顿挫。

（6）若在讲解中使用课件，尽量做到简洁、美观大方。

（7）视频画质清晰，多采用中景、近景和特写等小景别画面，多使用固定镜头，保障视频质量，教师大头像不遮挡教学内容。

（8）要有片头、片尾，显示微课程名称、作者、单位等信息。

（9）视频格式为：FLV、MP4。

（10）音频采样率 44.1 K、比特率 64～320 kb、音画同步＜100 MS，音频格式为 AAC（.aac，.m4a，.f4a），MP3，Vorbis（.ogg，.oga）。

1.4 微课评价

微课的本质是"课"，其主要特点是"微"。微课形式新颖，因内容少、时间短，可以达到利用碎片化时间学习的目的，可以有效地促进学生分层次分目标学习。其核心还是教学的一个"课"，即课程资源。因此在评价微课好不好、优不优秀的时候，教学效果仍然是最重要的。这体现在能否达成目标，有无完成设定的教学目标，能否有效解决实际教学问题、促进学生反思和能力的提高上。

总体来讲，微课的教学逻辑必须清晰，能够围绕主题展开有针对性的教学内容。其包含的微课件简单明了、结构分明，微反思客观真实地对整个微课程进行分析，微习题具有针对性，能够帮助学习者巩固所学内容。整个微课作品制作规范，图像清晰稳定、声音清楚、声音与画面同步。每个微课教学过程趣味性强，深入浅出，形象生动，精彩有趣，能运用多种方法切入主题并激发学生的学习动机，不断促进学习者参与并得到能力提升。教学者能够在短时间内完成设定的教学目标，有效解决实际教学问题，促进学生情感价值的发展、思维的提升、知识技能的提高。在微课的推广及使用过程中，作品受到欢迎，点击率高、人气旺、分享数量多、用户评价好，有较大推广价值。具体评价标准见表 1－2 微课评审参考标准。

表 1－2 微课评审参考标准

一级指标	二级指标	指标说明
选题设计（10 分）	选题简明（5 分）	主要针对知识点、例题/习题、实验活动等环节进行讲授、演算、分析、推理、答疑等教学选题。尽量"小（微）而精"，建议围绕某个具体的点，而不是抽象、宽泛的面
	设计合理（5 分）	应围绕教学或学习中的常见、典型的问题或内容进行针对性设计，要能够有效解决教与学过程中的重点、难点、疑点、考点等问题
教学内容（20 分）	科学正确（5 分）	教学内容严谨，不出现任何科学性错误
	逻辑清晰（10 分）	教学内容的组织与编排要符合学生的认知逻辑规律，过程主线清晰、重点突出，逻辑性强，简明易懂
	内容完整（5 分）	教学内容完整无误，辅助扩展资料微教案、微习题、微课件、微反思等内容完整，突出重点，注重实效，体现完整的设计思路
教学效果（50 分）	目标达成（25 分）	完成设定的教学目标，有效解决实际教学问题，促进学生思维的提升、能力的提高
	形式创新（15 分）	构思新颖，教学方法富有创意，不拘泥于传统的课堂教学模式
	趣味性强（10 分）	教学过程深入浅出，语言形象生动，精彩有趣，启发引导性强，有利于提升学生学习的主动性和积极性

（续上表）

一级指标	二级指标	指标说明
作品技术规范（20分）	结构完整（10分）	具有一定的独立性和完整性，作品必须包含微课视频，还应该包括在微课录制过程中使用到的辅助扩展资料（可选）：微教案、微习题、微课件、微反思等
	技术规范（5分）	微课视频时长一般不超过10分钟，视频画质清晰、图像稳定、声音清楚（无杂音）、声音与画面同步
	录制方法得当（5分）	根据教学要求灵活运用各种录制手段，作品整体效果好

1.5 微课资源获取

学习微课设计制作首先要看大量优秀的微课课例，以便在前人经验的基础上，形成自己的特色；观摩优秀微课也是网络教研的一种形式，为教师提升自己的教学水平提供了另外一条途径。除此之外，制作的过程还需要准备诸多资料，如课件、教学设计、练习等，若所有资料全由教师一手准备，需要投入的精力极大。因此，找到合适的资源平台至关重要，以下介绍几个免费的资源网站供学习者选择。

（1）国家教育资源公共服务平台。国家教育资源公共服务平台为使用者提供优质教育资源、强大教学应用，备课、组卷、布置作业快捷方便。该平台拥有海量辅导材料、科学学习工具，使学习归纳更高效、测评答疑更轻松，同时方便家长实时掌握孩子学习动态，与学校、教师沟通更为便捷。该平台幼教、中小学各科资源齐全，教学设计、教学课件、课堂实录、素材、微课、习题、数字教材等资料应有尽有，见图1－2。

图1－2　国家教育资源公共服务平台

（2）粤东微课大赛。粤东微课大赛经过五届的积累，形成了中小学微课素材库，是鲜活的一线教师作品库，包括微课、教学设计、PPT、微习题和微反思等，见图 1－3。

图 1－3　粤东微课大赛

（3）学科网。学科网涵盖小学、中学各科各版本教育教学资源，为使用者提供教育服务和教育技术。该网站资源广泛，包括同步教材、试题试卷、教案、课件、素材、视频、学案、导学单等，极大地方便了一线教师备课授课，见图 1－4。

图 1－4　学科网

（4）优品 PPT。优品 PPT 拥有各种门类、各种用途的大量 PPT 制作素材，如 PPT 模板、PPT 背景、PPT 图表、PPT 教材和字体库等，且资源全部免费，使用者只要点击即可免费下载，极大地满足一线教师制作课件的需求。

第2章

极简微课设计技术介绍

- 掌握利用极简技术制作微课的几种方法
- 掌握基于微信小程序的极简微课设计技术
- 掌握基于手机 App 的极简微课设计技术

21 世纪是知识大爆炸的时代，知识容量越来越大，时间被无限“碎片化”，极简技术在社会的发展潮流中应运而生。极简技术不仅在生活的各个角落随处可见，在微课设计、教学应用等方面也有显著的作用，本章主要介绍利用极简技术制作微课的几种方法，以及微信小程序、手机 App 等极简技术在教学、微课设计等方面的应用。

2.1 利用极简技术制作微课的几种思路

2.1.1 电脑录屏法

一线教师最常用、最容易获取的教学资源是授课 PPT，将授课的 PPT 转化为一个微课视频，是最简单也是最常用的一种方法。笔者经过多次实践操作，推荐以下几种录课思路。

1. PPT 自带的录制功能

Microsoft Office PowerPoint（简称 PPT）2010 及更高的版本自带了录制幻灯片的功能，教师可以将授课讲解过程搭配 PPT 动画进行录制，后期转换成 MPEG-4（.mp4）或 Windows Media 视频（.wmv）即可。点击“幻灯片放映”—“录制幻灯片演示”进行录制，录制完成后点击“文件”—“另存为”视频格式即可，具体的操作步骤可查阅第 3 章“极简理念下 PPT 微课设计与制作”。

2. 录屏软件录制法

录屏软件种类繁多，笔者此处推荐几款简单好用的录屏软件。

（1）EV 录屏。EV 录屏是一款免费、操作简单的录屏软件。授课教师可以通过简单的设置轻松录制 PPT 型、Focusky 型、电脑实操等类型的微课，见图 2-1。

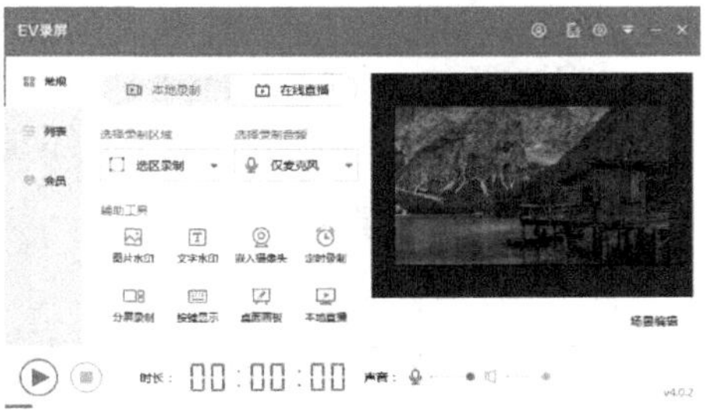

图 2-1　EV 录屏操作界面

EV 录屏的操作简单，容易上手，非常适合新手教师，下面简单介绍操作步骤：

①点击“选择录制区域”，设置录制区域，如“全屏录制”或“选区录制”。

②点击“选择录制音频”，设置录制音频的来源，如选择“仅麦克风”，只录制麦克风的声音；如选择“仅系统声音”，即只录制系统的声音（电脑系统中插入的音频或视频）。授课教师可以根据实际需要选择麦克风和系统声音或“不录音频”。

③打开要录制的内容，如授课 PPT，点击 EV 录屏软件中的“开始”按钮，开始录制微课视频。

④点击“停止”，即可完成录制。

（2）格式工厂。最新版的格式工厂新增了多项功能，非常实用。此处介绍录屏功能，见图 2－2。

点击“视频”—“屏幕录像”，弹出录制操作界面，此处可设置摄像头、录制区域、录制声音来源等，见图 2－3。具体的操作步骤可查阅第 9 章“格式工厂”。

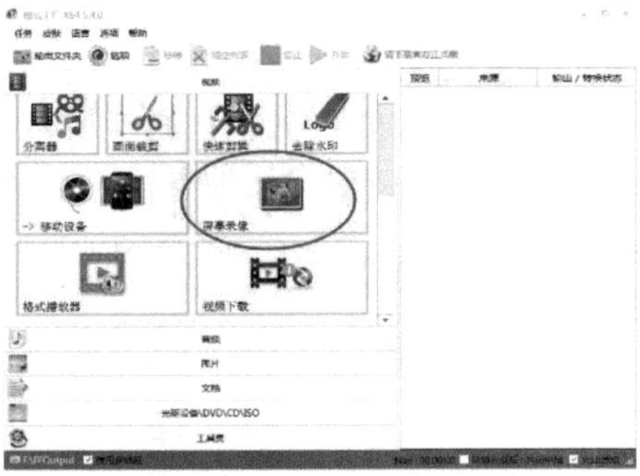

图 2－2　格式工厂操作界面

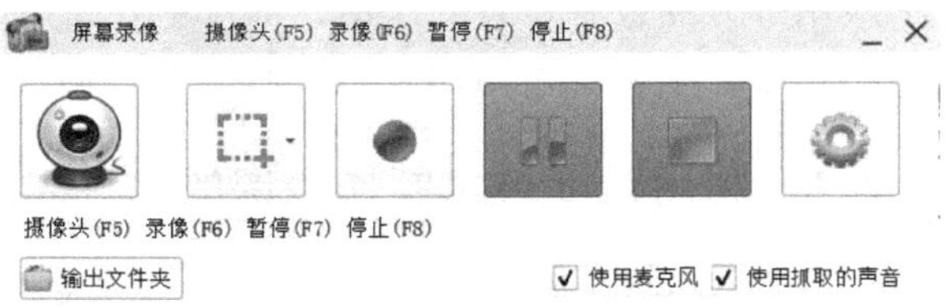

图 2－3　格式工厂屏幕录像操作界面

（3）Camtasia Studio 9（简称 CS9）。CS9 是一款功能强大、操作简单的音视频编辑软件，其屏幕录像功能也十分强大。以下简单介绍其屏幕录像的操作步骤：

①点击“Record”录制按钮。弹出录制窗口，此处我们可以设置录制的区域、录制声音的来源、摄像头等。

②打开要录制的授课内容，如 PPT 课件、Focusky 课件等，切换到播放模式。

③点击“rec”按钮，开始屏幕录制，授课教师将讲解搭配课件内容同步录制。

④录制完成后，点击键盘上的“Esc”退出录制。

⑤用 CS9 剪辑视频，点击“Share”按钮将视频分享成 MP4 视频格式即可。

CS9 具体的操作步骤可查阅第 4 章“Camtasia Studio 9 微课设计与制作”。

2.1.2　手机录制法

1．智能手机自带的录像功能

智能手机的照相机自带录像功能，授课教师可以利用智能手机制作卡片型微课和手写型微课。

（1）卡片型微课。授课教师需要提前准备好与教学内容相关的卡片，利用手机的录像功能将授课过程录制出来，见图 2 -4。

（2）手写型微课。授课教师只需要准备一张白纸，根据需要准备几支颜色不同的笔，利用手机的录像功能将授课过程录制出来即可。

2. 手机 App 制作法

现如今智能手机功能越发强大，手机 App 的种类也越来越多，下面推荐几款有助于设计微课视频的软件。

（1）小影。这是一款拥有多种拍摄模式容易上手的手机视频拍摄软件，利用这个软件可以为手机拍摄到的视频添加特效，还可简单地对视频素材进行剪辑。

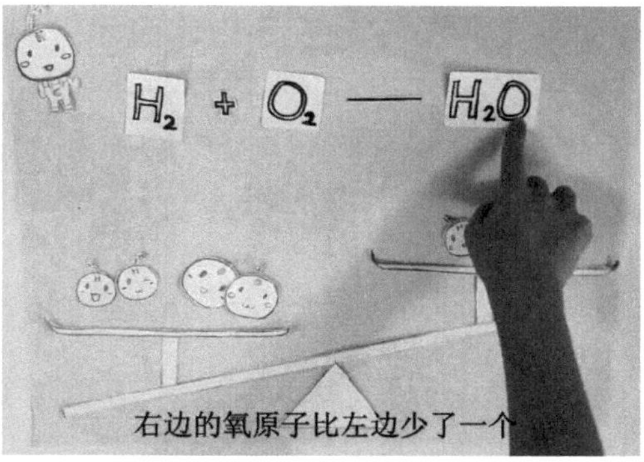

图 2 -4 卡片型微课案例“化学方程式的书写”

（2）彩视。通过这个软件，可以为自己的手绘图、图片添加特效。其亮点在于可以为图片搭配音乐、文字或者旁白，然后制作成视频短片。利用此软件可以制作一些简单的卡片型微课。

（3）偶酷动画。在这个软件里，可以根据自己的想象，通过简单的手机端操作，生成富有表现力的影音动画。

目前非常流行利用手机 App 制作微课视频，如大家常见的抖音微课短视频、快手短视频以及本书后面介绍的 UMU 互动平台等，都是简单易懂的微课视频制作软件。

2.2 利用智能手机录制微课的操作方式

前面介绍了利用极简技术制作微课的几种思路，其中利用智能手机拍摄操作便利、方法简单、易于学习，特别适合卡片型和手写型微课。

2.2.1 智能手机录制微课的操作步骤

现在以智能手机录制微课为例，详细介绍其操作步骤，见图 2 -5。

图 2 -5 智能手机录制微课的操作步骤

（1）拍摄前期准备。手机录制微课所需要的工具都比较简单。我们需要准备的工具包括像素较高、录像效果清晰的手机一台，手机支架，直尺，笔，带有麦克风的耳机等，见图 2 -6。同摄像机拍摄一样，选择一个光线充足并且足够安静的环境也是十分重要的。

（2）固定手机。将手机支架固定在桌子上，调整支架头，使其能平行于桌面。然后将手机安装在支架上，使手机的后摄镜头对准桌面，并与桌面保持平行。检查手写、手绘或物品摆放空间是否足够。若空间不足，调整支架的高度，使手机离桌面的距离升高，增大

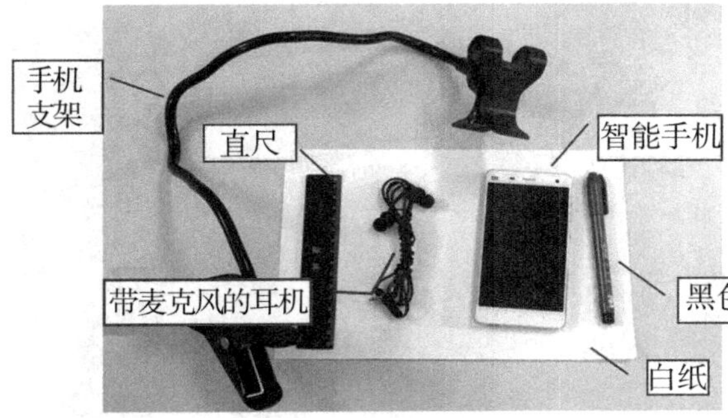

图 2-6　手机拍摄主要工具

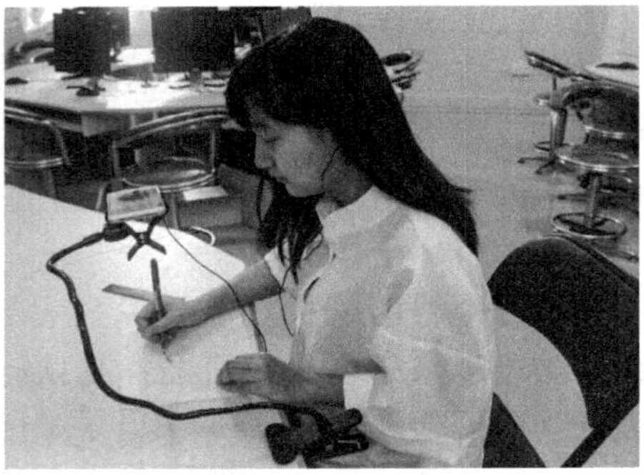
图 2-7　手机录制

拍摄范围。安装完成后，打开手机摄像头，观察画面中有无杂物、画面是否清晰、手机支架是否乱入等。

（3）标记录制区域。打开手机摄像镜头，根据拍摄画面，用直尺标记出拍摄画面的大致区域。利用此方法可以防止录制的画面移出镜头。

（4）录制。录制过程中要保持好坐姿，头要保持在手机上方，避免遮挡住镜头；在书写或呈现素材时，要注意不要超出已标记好的录制区域；主讲人的手上不要佩戴饰品，以免喧宾夺主。见图 2-7。

（5）后期制作。教师在授课过程中难免会有讲解得不满意的地方，此时我们可以利用小影、剪映等视频软件 App 进行后期剪辑操作，也可对微课视频进行添加背景音乐等操作。

2.2.2　智能手机录制微课的注意事项

1. 拍摄的准备

微课的拍摄是一项系统的工程，要做足充分且细致的计划和准备，通常包括以下几个方面：

（1）人员的准备。主讲人的服饰要大方、得体，要熟悉教学内容，主讲人应熟悉教学内容及教学步骤，能够从容面对摄像机。因为微课面对的是无指定区域的学生，所以要求主讲人普通话要清晰、准确。除某些课题有特殊要求外，一般不推荐使用方言教学。

（2）素材的准备。素材包括教学过程中可能会使用到的一些教具、仪器、课件等，例如实地拍摄型微课常用的演示课件、实验仪器等，手写型微课所需的白纸、画笔等，卡片型微课所需的内容卡片等。

（3）器材的准备。制作者根据具体情况以及教案的要求准备拍摄所需的器材。

（4）场地的准备。①尽量选择一个安静的环境，避免现场收音中有过多的杂音。②现场光线要充足，保证拍摄主体明亮、清晰。③拍摄背景要简洁，避免背景有过多的杂物。杂乱的背景容易分散学生注意力，拍摄画面切勿喧宾夺主。④选择能营造“一对一”气氛的场地。对于微课这种“单独授课”的特点，营造一个“一对一”的辅导氛围比“模拟课堂”的教学氛围更具有亲切感。因此制作者可以找一个背景简洁的办公室，坐着面对镜头，进行类似单独辅导的授课。

2. 前期拍摄

在做好拍摄的准备后，可以挑选一个适当的时间进行前期视频素材的拍摄。最好选择在白天、阳光明媚的时候进行拍摄，这样能够保证拍摄中有充足的光线。

3. 后期制作

将前期拍摄好的视频素材导入小影、剪映等手机 App 就可以开始对视频进行后期的剪辑处理。

（1）画面处理。摄录完成后，对于录像视频中出现的各种问题，可利用视频剪辑软件进行画面的剪辑、替换。

（2）声音处理。利用剪辑软件对视频的声音进行处理。可选择保留现场收录的声音，也可利用小影等视频软件重新对视频进行配音。现场录制的声音中可能有噪音，为保证声音的清晰，需对声音进行降噪处理。

（3）字幕处理。在后期制作时，可以为视频添加字幕，或添加重点的备注，增强学生对知识点的记忆。

2.3 基于微信小程序的极简微课设计技术

微信是现在人们最常用的一种聊天和沟通应用，它不仅方便了人们日常的生活、办公等，其自身携带的微信小程序还为教师开发微课提供了极大的便利，也为微课设计与开发提供了强有力、方便简单的技术。

微信小程序，简称小程序，用户无须下载安装，只需要打开微信“扫一扫”小程序二维码或者搜索小程序名称便可以打开程序。由于小程序使用方便、用途广泛，现在已有超过 150 万的开发者加入小程序的开发，开发小程序应用超过了 100 万个，覆盖了 200 多个细分的行业，日常活跃用户达到 2 亿。

下面介绍几款微信小程序在微课制作开发和教学方面的应用。

2.3.1 思维导图 Nodes

思维导图（The Mind Map），又称心智导图，是一种利用发散性思维开发的简单、有效的实用工具。思维导图的绘制注重图文并茂，能有效体现出各层级间的关系，把主题关键词与图像、颜色等建立记忆链接，帮助人们有效记忆复杂混乱的知识点，理清头脑中混乱的知识结构，为日常的工作和学习提供了极大的便利。

思维导图在微课和教学资源的开发中也有出色的表现，它能有效地帮助学生巩固知识点，建立知识间的系统联系，帮助学生快速、有效地从大脑中提取相关知识点。

下面介绍一款微信小程序“思维导图 Nodes”，它的界面简洁、操作简单。

1. 思维导图 Nodes 界面介绍

打开微信，搜索“思维导图 Nodes”。点击小程序进入操作界面。点击“ + ”号可以创建两种风格的思维导图，分别是 Nodes 风格和导图风格，见图 2 – 8。

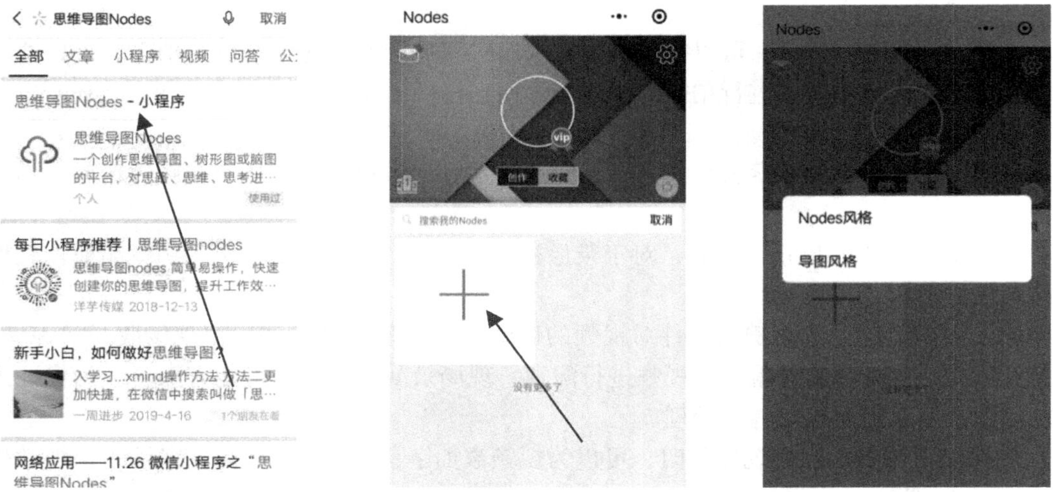

图 2－8　思维导图 Nodes

Nodes 风格，“Nodes”指的是“茎节；（根或枝上的）瘤，节，结；结点；节点”，该风格用于创建节点风格的思维导图。而导图风格指的是用形状来凸显分类节点的表现风格。两种表现形式各有千秋，用户可以根据自己的喜好选择，见图 2－9。

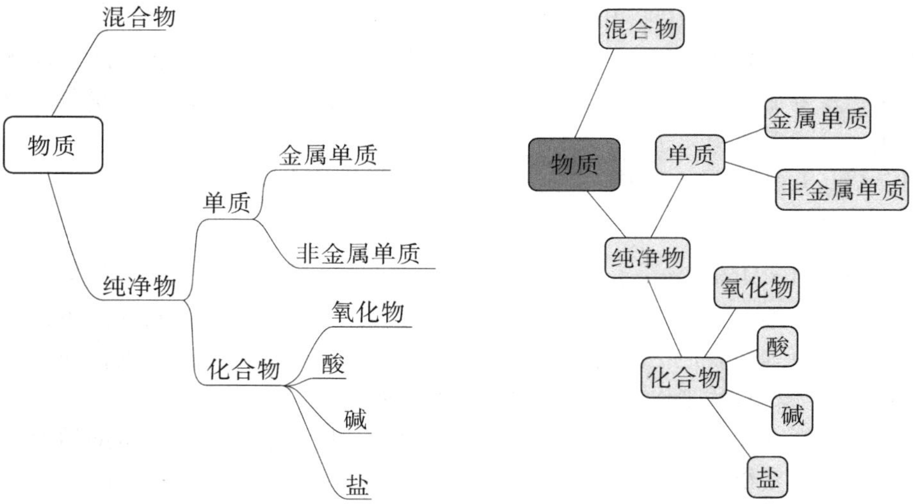

图 2－9　Nodes 风格（左）和导图风格（右）思维导图

思维导图 Nodes 的操作界面非常简单，点击“中心主题”即可创建思维导图的中心主题。

点击 可以将创作的思维导图作品分享给自己的微信好友。

点击 可以返回上一步操作。

点击 可以撤销上一步操作。

点击 可以导出自己创作的思维导图原图，导出小程序码，也可以开启同步编辑思维导图作品等，见图 2－10。

图 2－10　思维导图 Nodes 编辑界面

2. 思维导图 Nodes 基本操作

（1）新增一个节点。选中“中心主题”，可以输入所要创建的思维导图的主题。长按“中心主题”，拖动节点到任意位置，即可轻松新增一个节点，见图 2－11。

（2）编辑节点。单击节点，输入节点关键词，即可完成操作，见图 2－12。

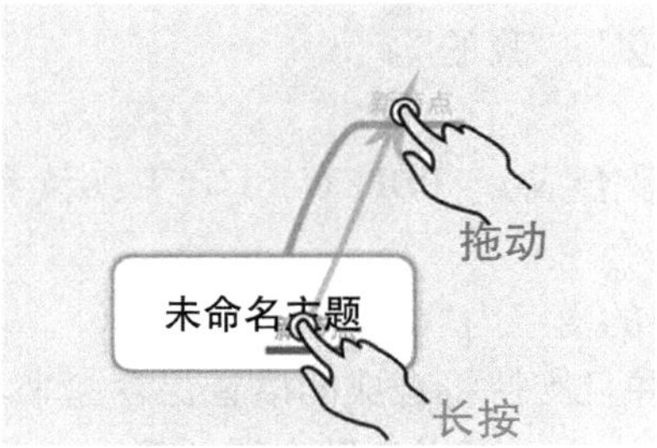

图 2－11　新增一个节点

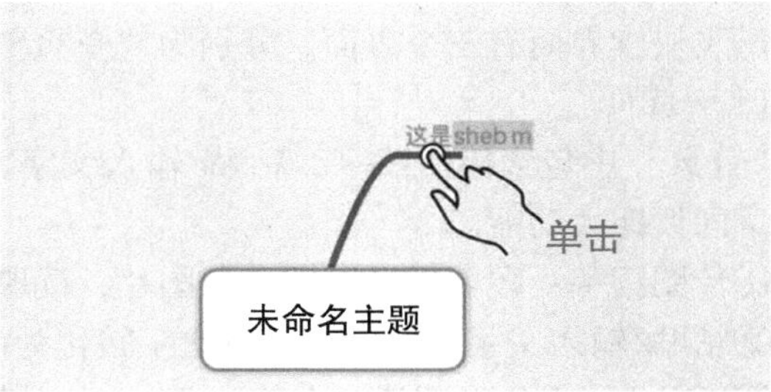

图 2－12　编辑节点

（3）删除节点关键词。如果想更改输入的节点关键词，可以点击手机输入法中的删除键清空输入，删除完成后点击完成即可，也可以重新输入新的关键词，见图 2－13。

（4）移动节点、排序。如果对节点的位置、排序不满意，我们可以对节点的位置进行调整，重新排序。短按需要调整位置的节点，拖动到相应的位置即可，见图 2－14。

所有操作完成后，点击 ⌘ 即可导出自己的思维导图作品。

思维导图 Nodes 的操作简单、使用方便、功能强大，若想体验电脑版本的思维导图工具，笔者推荐“Xmind”，打开“360 软件管家”搜索即可获取软件。

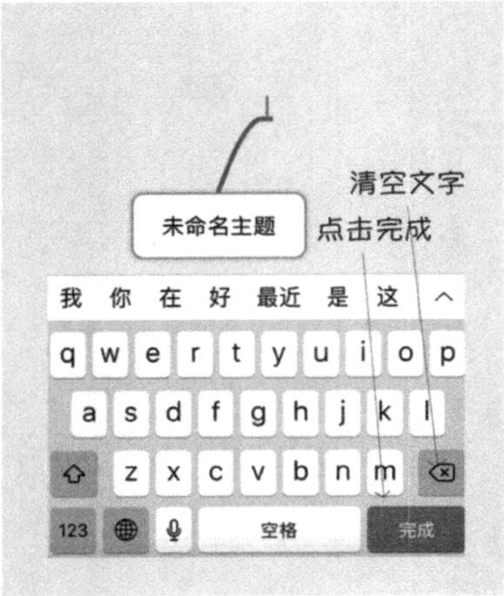

图 2－13　删除节点关键词

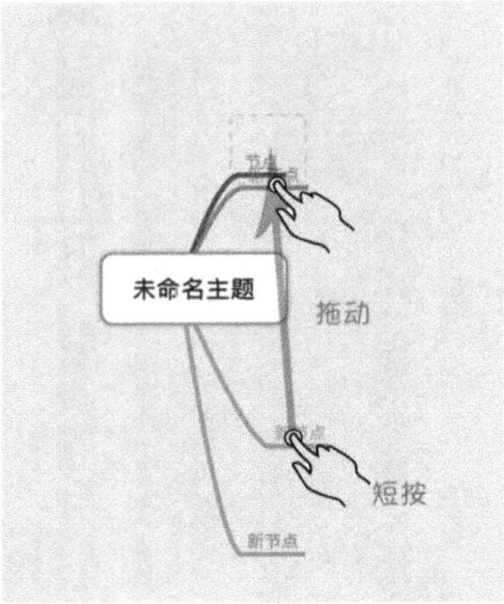

图 2－14　移动节点、排序

2.3.2　**讯飞快读**

讯飞快读是科大讯飞公司推出的一款集传图读字、语音合成、PDF/Word/PPT 朗读和网页文章朗读等功能于一身的小程序，朗读效果高度拟人化，声线媲美真人效果，广泛应用于商业配音、课件朗读、小说朗读、文档朗读等。

讯飞快读功能强大，在微课制作与设计方面也有突出的表现。其强大的语音合成功能解决了部分教师普通话不标准的困扰，而传图识字功能也极大地解决了教师备课、准备微课素材的过程中遇到的难题。

1. 讯飞快读界面介绍

讯飞快读界面有三个界面，分别为“首页”“朗读集”“我的”。

（1）首页。

“首页”中包含传图读字、粘贴/输入文字（即语音合成）、PDF/Word/PPT 朗读和网页文章朗读四大功能。

①传图读字：顾名思义，即上传图片，读取图片中的文字内容。

②粘贴/输入文字：此处可以将文字转化为语音，并且支持将合成的语音保存起来。

③PDF/Word/PPT 朗读：上传 PDF、Word 或 PPT，小程序可以自动合成语音，并且支持下载相关音频。

④网页文章朗读：复制网络文章中的链接，即可将网络文章朗读出来。

（2）朗读集。

“朗读集”包含朗读、收藏、草稿箱和批量四个功能。

①朗读：此处包含用户所有的朗读文档。

②收藏：此处包含用户所有的收藏文档。

③草稿箱：此处包含用户未完成制作的朗读文档。

④批量：对所需多个文档进行批量“删除”或“下载”处理。

（3）我的。

“我的”包含视频教程、朗读设置和识字类型等多个内容，见图 2－15。

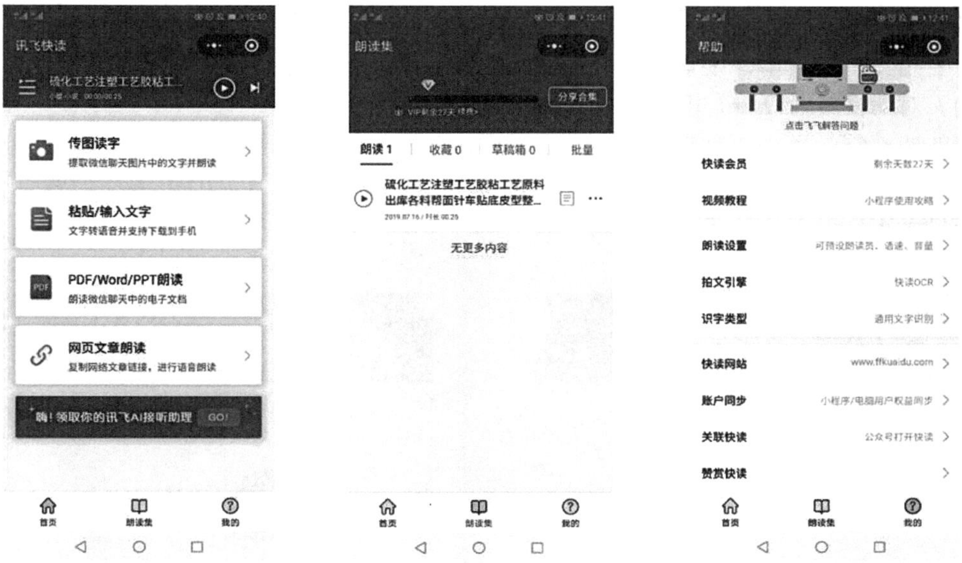

图 2－15　讯飞快读界面介绍

2．讯飞快读基本操作

（1）传图读字。

点击首页—“传图读字”，弹出图片选择窗口，我们可以选择“拍照”“从聊天中选图”和“从相册中选图”三种方式上传图片。选择图片后，系统自动识别图片中的文字，见图 2－16。

图 2－16　传图读字

①自动换行：系统可以自动将识别的文字换行，用户也可以根据自己的需要调整换行。

②取消全选：系统自动全选识别的内容文字，如果不想全选文字，用户单击“取消全选”即可。

③复制文字：单击“复制文字”，可以将选中的文字复制，用户可以将复制的文字粘贴到聊天对话框或者 Word 里面。

④朗读文字：单击“朗读文字”，可将识别的文字以语音的形式朗读出来。此处点击“选朗读员”，可以根据需要选择自己喜欢的朗读员，也可以为合成的语音添加背景音乐，调节音量大小，设置语速等，见图 2－17。

图 2－17　朗读文字

朗读员设置成功后，点击“分享”可以将文件分享给微信好友；点击“长图”，可以将语音以图片的形式分享给微信好友，扫码即可收听朗读内容；也可以将识别的语音转成“视频”或“MP3”格式下载到手机和电脑上，见图 2－18。

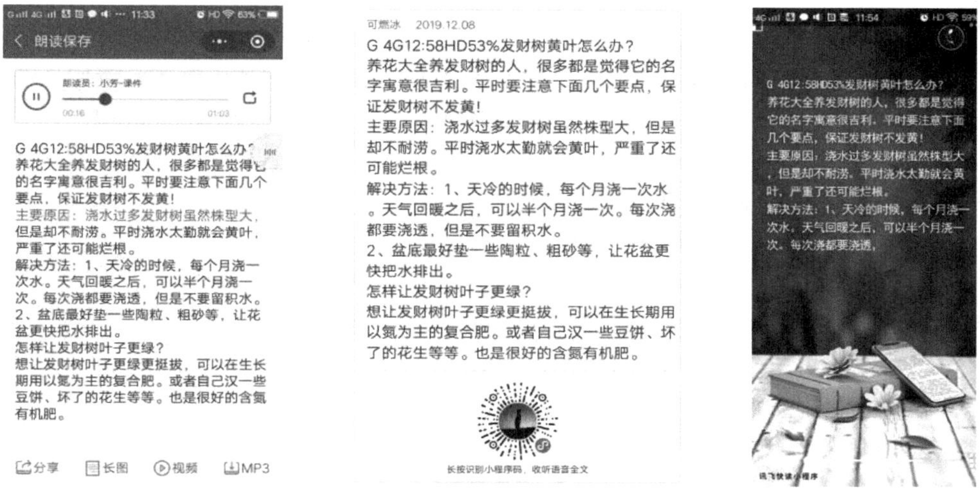

图 2－18　分享成“长图”或“视频”

（2）粘贴/输入文字。

点击“粘贴/输入文字”，将复制的文字粘贴的页面中，同样选择朗读员，对背景音乐、音量大小等进行设置即可，最后可将生成的语音转成 MP3 的格式下载。

（3）PDF/Word/PPT 朗读。

点击“PDF/Word/PPT 朗读”，选择微信聊天记录中的文件，同样对朗读员、背景音乐、音量大小等进行设置即可。

（4）网页文章朗读。

将网页文章链接粘贴到图 2－19 中相应位置，点击“提取文字”，即可提取文字。文字提取后，可选择朗读员，设置背景音，调节音量大小，插入停顿，纠正多音字，调整语速，也可将文档存入草稿箱以方便下次使用。

图 2－19　网页文章朗读界面

2.3.3 草料二维码

草料二维码是一款将文本、文件、图片、音视频、个人名片等转换成二维码的一种在线生成工具。用户将文件等内容上传到网络上即可自动生成二维码，用手机扫一扫二维码即可读取相关内容，解决了文件在传输过程中容量过大、传输不方便等问题，同时为教师在课堂教学、微课设计等方面提供了极大的帮助。

1. 手机端草料二维码介绍

打开微信，搜索“草料二维码”，点击小程序进入操作界面。点击“立即生码”，将文本或文件所在的网址编辑在输入框中，点击“生成二维码”即可。见图 2－20。

图 2－20 手机端草料二维码

若想体验更多功能，建议在电脑端使用。

2. 电脑端草料二维码介绍

打开浏览器，搜索“草料二维码”，点击官网进入。新用户可以用手机注册账号，也可以微信扫码登录。见图 2－21。

图 2－21 电脑端草料二维码

在界面上方我们可以清楚地看到需要生成二维码的分类，分别是“文本”“网址”“文件”“图片”“音视频”“名片”“微信”等。

点击所需要的分类，此处以“文件”为例。点击“上传文件”，在电脑中选择所需的文件，接着点击“生成活码”即可生成二维码。可以对生成二维码的颜色、LOGO 等进行设计，也可以点击右方的“美化器”对生成的二维码进行美化。美化完成后，点击“下载二维码”，即可将二维码下载到电脑上，手机扫码即可查看、下载，见图 2－22。

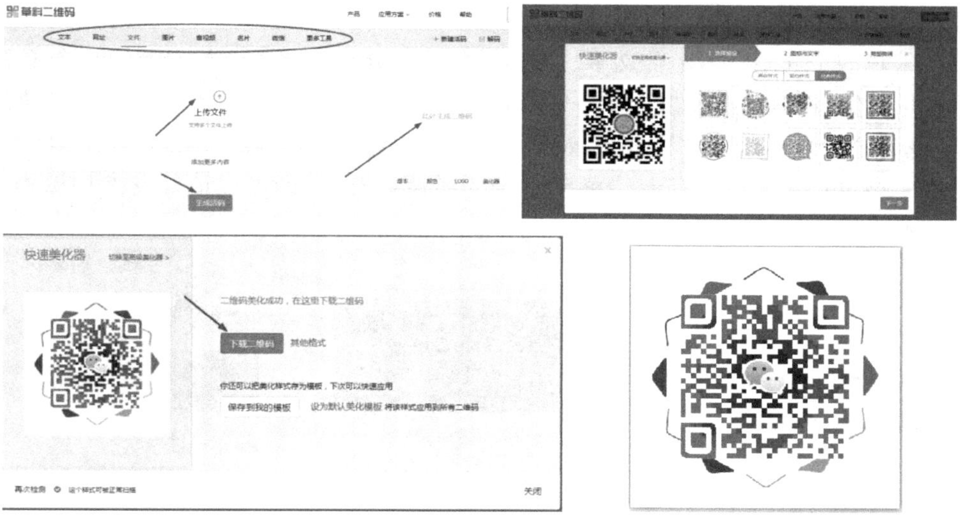

图 2－22　草料二维码生成和下载图

2.3.4　小打卡

“小打卡”是一款习惯养成类的小程序，能有效组织项目活动，围绕某一个主题开展交流讨论，促进学员长期学习、深度学习，形成班级、团队集体智慧。

1. 小打卡界面介绍

打开微信，搜索“小打卡”，点击小程序进入操作界面。小打卡的操作界面非常简单，分为“首页”“发现”“消息”和“我”四个分类。我们可以在“首页”中浏览系统推荐的教程；在“发现”中搜索具体教程；点击“我”，在“主页设置”下对头像、昵称等进行设置，见图 2－23。

图 2－23　小打卡界面

2. 小打卡基本操作

在首页点击“+”新建圈子，可以新建自己的学习课程。操作步骤如下：

（1）为学习圈命名。

（2）编辑圈子介绍，可上传文字、图片、音视频介绍；圈主（授课教师）介绍等。

（3）编辑完成后，点击“主题”—“新建主题”。可以上传“文字”“图片”“录音”“视频”或者“导入微信文件”作为教程，即可完成设置。见图2-24。

（4）主题设置完成后，点击“菜单”—“邀请好友”，即可邀请好友参加课程学习、打卡，养成学习习惯。

图2-24 小打卡操作界面图

2.4 基于手机 App 的极简微课设计技术

2.4.1 Tab

Tab 是一款制作“快闪”微课教学视频的极简手机 App。“快闪”是近年来兴起的一种微课设计形式，凭借其形式新颖、内容表现力强、画面富有冲击力等优势而受到广大师生的追捧。

Tab 微课能有效改善文字内容枯燥、单调的缺点，为微课视频带来极具冲击力的画面感。

在手机应用商店搜索“Tab”，点击下载安装即可完成操作。Tab 的操作界面非常简单，我们在手机输入法中输入教学内容，然后点击 Enter 键或者空格键建立分割点，继续输入相关教学内容。所有教学内容输入完成后，点击生成，设置视频的样式，设置完成后，可以把制作的快闪视频保存到手机中，或者分享给微信好友。见图2-25。

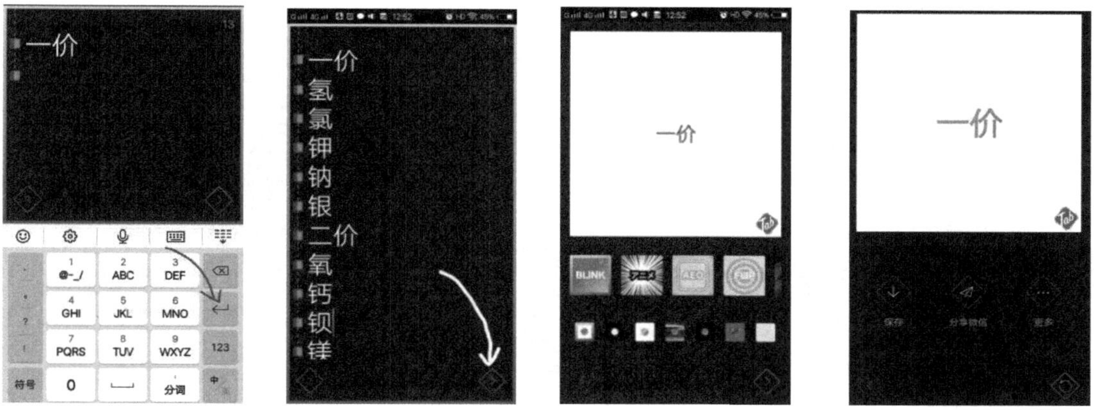

图 2－25　Tab 界面

2.4.2　UMU 互动平台

1. UMU 互动平台介绍

UMU 互动平台是一个集知识分享、课堂教学、课程建设等功能于一体的互动学习平台。UMU 互动平台在微课设计与制作中发挥了很大的作用，改变了传统微课设计与制作的模式——由零散、独立的微课转变成体系化、结构化的课程体系。在 UMU 互动平台中设计微课方便快捷，课程开发者在熟悉之后，便可快速上手微课设计与制作。制作完毕后，课程开发者能立足平台，跟进学员学习进度，收集反馈信息，完善课程结构和体系。

2. UMU 互动平台基本操作

（1）下载安装“UMU 互动”App。打开手机应用商店，搜索“UMU 互动”，下载并安装。安装后打开 App，即可使用。

（2）创建 UMU 微课程。UMU 在微课的开发和设计中应用非常广泛，此处以“化学必修一思维导图”系列微课为例，对 UMU 微课的开发展开详细的讲解。

①打开 UMU 软件，在界面右上角找到“＋”显示内容菜单，见图 2－26。

②显示的内容有“创建课程”“创建班级”“什么是访问码”。此处我们选择“创建课程”，开始微课制作的第一步——编辑课程信息，见图 2－27。

（3）编辑课程信息。首先，编辑课程标题，输入“化学必修一思维导图”，其次，设置课程封面（此处选取化学必修一的课本封面图），单击右上角“下一步”完成课程信息编辑，见图 2－28。

（4）添加课程小节。完成课程信息编辑后，进入课程信息页面，选择“添加课程小节”，在弹出的备选框里有：①添加内容：包括语音微课、视频、文档、图文。此处我们可以创建语音微课、上传微课教学视频、添加文档和图文教程。②添加直播：互动式直播。③添加互动：包括问卷、提问、讨论、拍照、签到、考试、作业、游戏。④使用模板添加：包括我的模板、UMU 模板。见图 2－29。

这里我们选择“添加内容”，并进一步选择“语音微课”。

图 2－26　找到“＋”

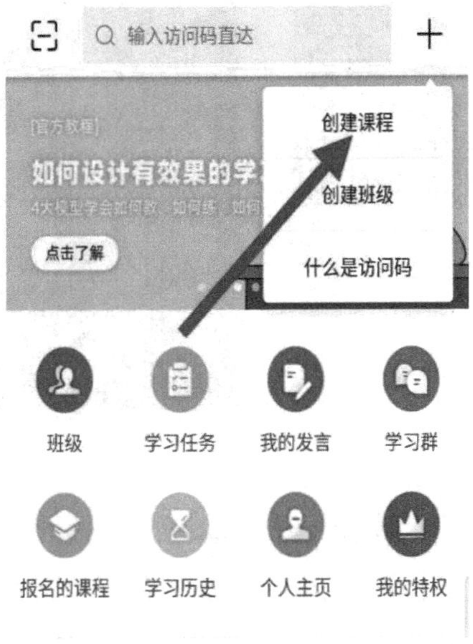

图 2－27　创建课程

图 2－28　编辑课程信息

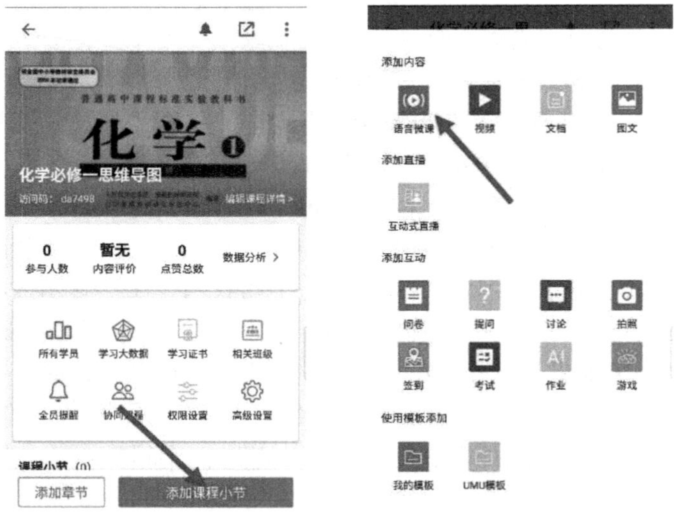

图 2－29　添加课程小节

（5）查阅操作说明。①制作语音微课：添加讲稿和录制语音。②合理设置课程：在课程中加入互动环节。③让学习发生：分享微信群或朋友圈。

阅读完毕后，选择“立即开始”，开始录制微课，见图 2－30。

（6）开始录制微课。

①选中手机中的课程图片，选择“下一步”。见图 2－31。

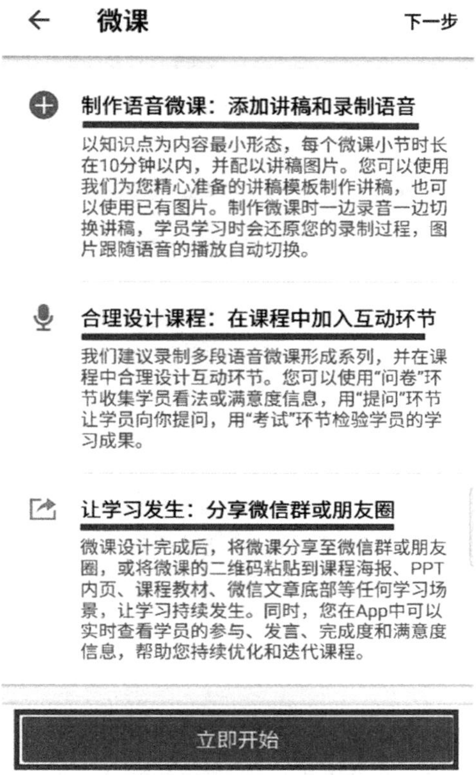

图 2－30　开始录制微课

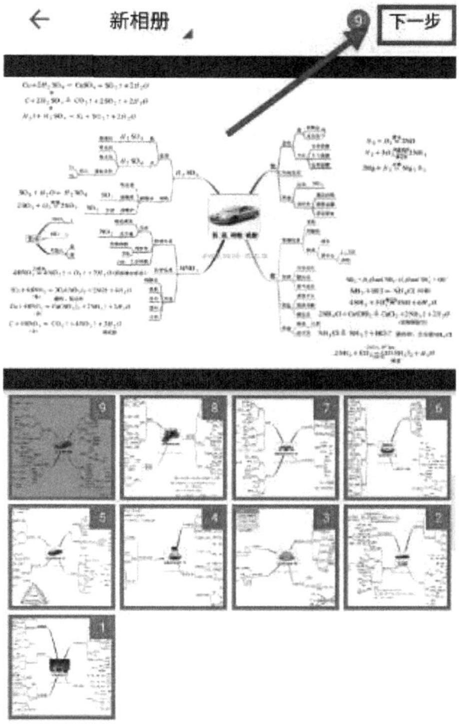

图 2－31　选中课程图片

②进入录制界面后，界面顶部显示有：[工具栏图标]。单击[画笔图标]可以进行板书并选择合适的颜色；单击[A图标]可以输入文字并选择合适的颜色；单击[撤销图标]可以撤销上一步操作，重新编辑内容；单击[清除图标]可以清除界面所有内容。见图 2－32。

③单击底部[红色按钮图标]红色按钮，点击后开始录音。录音开始后，进度条左下侧显示“录音中”（指示灯不断闪烁），当录制时间大于 0.02 秒时，红色按钮旁出现[绿色按钮图标]绿色按钮，见图 2－33。

④待授课进度即将完成，如需继续补充教学内容，可找到末端的“＋”添加新的教学内容进行讲解、授课，如已完成讲解，单击红色按钮旁的[绿色按钮图标]绿色按钮完成课程录制。

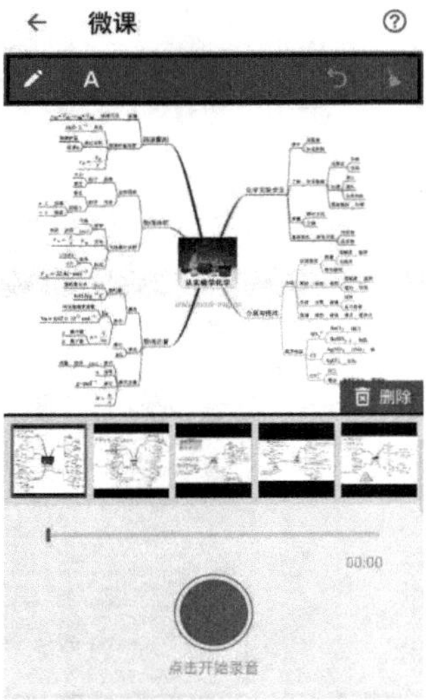

图 2－32　进入录制界面

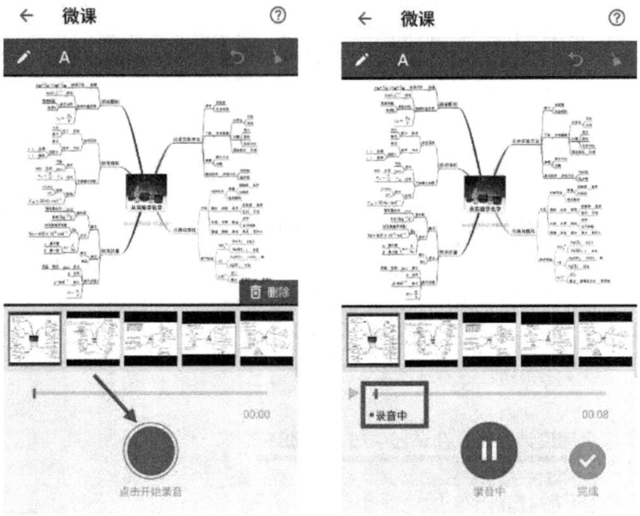

图 2－33　录音中

⑤授课完成，在上传课程前，授课者可对课程进行“预览”，进一步核对和完善课程信息。确认信息无误后，单击右上角的“完成”发布课程，此时课程就会显示在课程主界面，见图 2－34。

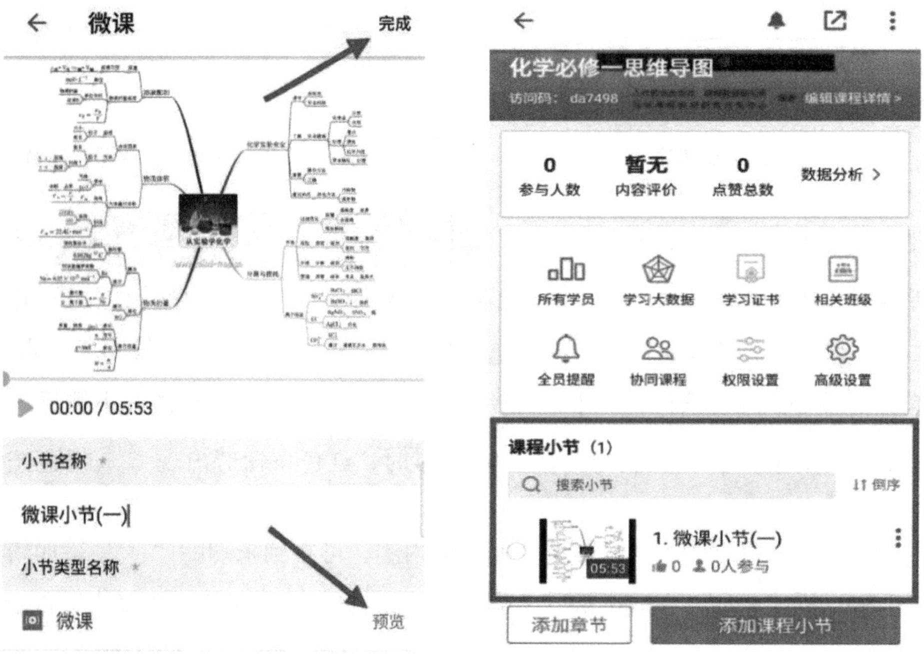

图 2－34　核对、完善课程信息

⑥课程制作完成后，可以将课程分享给学生、学习班级等。

UMU 互动平台不仅在微课程的设计方面有着突出的表现，在考试、作业、签到、调查问卷及课堂讨论方面也有卓越的表现，大家赶紧下载并应用到教学实践中去吧！

2.4.3 抖音

抖音是一款可以拍摄短视频的音乐创意短视频社交软件，该软件于 2016 年 9 月上线，是一个专注年轻人的音乐短视频社区平台。用户可以通过这款软件选择歌曲，拍摄音乐短视频，形成自己的作品。

随着抖音的兴起，越来越多抖音教学视频开始风靡全球，成为人们喜闻乐见的学习方式。下面介绍抖音 App 的使用方法，读者可以将抖音 App 应用到微课教学视频的开发制作中去。

（1）首页。

①推荐页面。这里打开可以看到系统为你推荐的短视频。

②关注页面。在首页这里，点“关注”，进入关注页面，这里只会显示我们关注的抖音号所发布的内容。推荐页面能做的操作，在这里同样可以完成。

（2）同城页面。

这里打开，会显示你所在地点附近的抖音号所发布的视频。

（3）视频创作页面。

点击  可以进入视频创作的界面，见图 2 – 35。

图 2 – 35 抖音 App 视频创作页面

①点击中间的圆形按钮 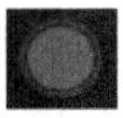，即可开始视频创作，松开按钮即停止作品拍照和录制。

②点击“道具”可以为视频添加装饰、滤镜等。

③这里我们可以选择作品创作的类型，可选“拍照”“拍 60 秒”“拍 15 秒”“影集”或者“开直播”，见图 2 – 36。

图 2 – 36　选择作品创作的类型

④我们也可以点击“上传”添加手机内的视频来进行创作。

⑤右上角这里可以设置如下对应参数，见图 2 – 37。

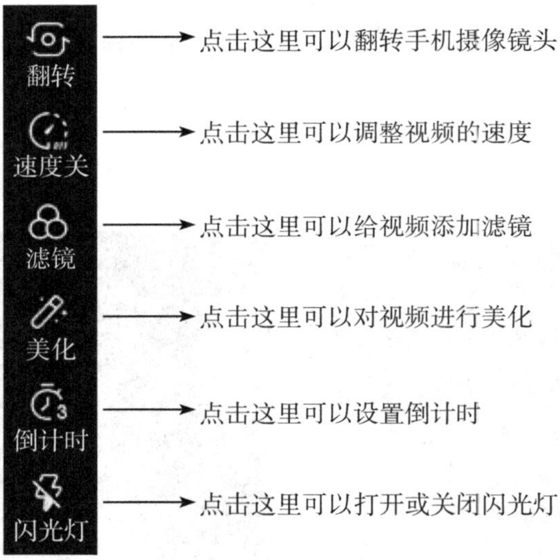

图 2 – 37　抖音 App 设置参数

⑥最上面这里，可以根据需要添加对应的背景音乐，见图 2 – 38。

图 2 – 38　添加背景音乐

⑦以上全部调整好后，便可上传和发布我们制作完成的视频了。

（4）消息页面。

这里可以查看粉丝数、点赞、@我的和评论情况，也可以发起聊天。同时在下方也会给你推荐其他抖音号，可以视情况选择是否关注。

（5）我的页面。

“我的页面”这里，可以对自己的抖音号资料进行编辑和添加抖音好友。在这里我们可以看到我们的抖音号，账号的获赞数、粉丝数，所关注全部的抖音号数，发布的全部作品，收藏的作品和我们点亮过“爱心”的作品。

学习完抖音 App 的基本操作，大家结合实际的教学把抖音应用到微课视频的开发和教学素材的制作中去吧。

2.4.4 剪映 App

剪映是由抖音官方推出的一款手机视频编辑工具，可用于手机短视频的剪辑制作和发布。它带有全面的剪辑功能，支持变速，具有多样滤镜效果以及丰富的曲库资源。

（1）我的页面。

“我的页面”这里所登录的账号，只能用抖音账号才能登录成功。

（2）剪同款页面。

这里有软件 App 的使用教程专栏，也有其他热门、卡点、玩法、电影感等专栏供我们观看和欣赏学习，见图 2－39。

图 2－39　剪映“剪同款”操作界面

（3）剪辑页面。

①点击右上角 ，可以设置视频的分辨率以及是否添加片尾等。

②“草稿箱”这里可以查看之前所剪辑过的视频文件，也可以点击“管理”对文件做删除处理。

③点击“开始创作”，开始创作。在页面这里可以选择本地的照片视频或者在素材库中挑选，添加到项目中。

进入创作页面，我们可以根据需要对在时间轴上面的素材进行以下操作—— 

。

我们可以选择  撤销上一操作或点击  重做上一操作。

点击 ，可以进行视频预览；点击  可以放全屏进行视频预览。

视频编辑完成点击“导出”，即可导出作品，完成创作。

作品完成时，保存到相册。此时我们可以选择“一键分享到抖音”或者“保留草稿”方便下次继续创作。

本章介绍了利用极简技术制作微课的几种思路，以及微信小程序、手机 App 在教学和微课开发中的应用，在阅读教材的基础上，读者可以亲自实践设计，效果更佳。

第3章

极简理念下 PPT 微课设计与制作

- PPT 极简微课
- 学习 PPT 的各种美化方法
- 了解 PPT 的基本概念及基础操作
- 掌握 PPT 的各种常用功能
- 学习 PPT 动画的运用

PPT 微课是最基础、最常见的一种微课形式。PPT 微课是基于微软公司开发的软件 PowerPoint（以下简称 PPT）制作的课件，结合授课教师语音讲解而形成的微课表现形式。由于 PPT 在日常的工作和学习中应用广泛，PPT 微课也因此遍地开花，成为制作成本最低、受众最广的微课形式。

PPT 微课虽然制作简单，但是想做好一个 PPT 微课并不简单。制作者首先要了解 PPT 的基本操作和常用功能，并学会如何美化课件，设计 PPT 动画，最后还需要学会如何将 PPT 课件录制成一个完整的微课视频。

下面，笔者从极简理念下 PPT 微课设计与制作、PPT 基础操作、PPT 动画讲解三个方面展开介绍。

3.1　PPT 极简微课

第 2 章已经简单地介绍过 PPT 微课的录制方法，即利用 PPT 2010 及以上版本自带的录制功能或者利用录屏软件录制，但是想要制作好一个 PPT 微课，除了掌握基本的录制方法外，我们还需要掌握美化课件的方法，让课件看起来更加美观，更能吸引学生眼球。

3.1.1　PPT 设计及美化原则

PPT 的设计及美化是一项专业、精深的工作。但对于一线教师，每日应对繁重的教育教学工作，无法做到与专业 PPT 设计师一样，设计出高级的课件。笔者从一线教师的角度出发，为一线教师带来简单易上手的美化技巧及设计资源。

1. PPT 排版的基本原则

PPT 排版有五个基本原则：对齐原则、对比原则、亲密原则、重复原则、留白原则。这五个基本原则贯穿在整个 PPT 的设计过程中，见图 3－1。

首先根据自己的需要确定 PPT 的版心大小，见图 3－2。

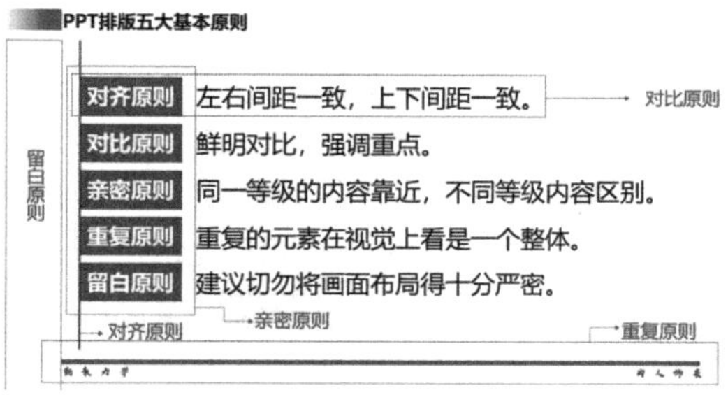

图 3－1　五个基本原则

图 3－2　确定版心

（1）对齐原则。左右间距一致，上下间距一致。素材和间距不要随意设置，可以利用参考线将内容的边缘对齐，做到素材之间井然有序，减少阅读障碍。

①点击“视图”—“显示”，勾选出标尺、网格线和参考线，方便课件制作过程中各元素的对齐。

②PPT 调出对齐选项的几种方法：点击“开始”—“排列”—“对齐”，可以对课件中的元素设置对齐；或者点击“格式”—“对齐”调出对齐选项；也可以利用 PPT 插件“PPT 美化大师”的悬浮窗口—“对齐、视图”—“标尺/参考线/网格线”。

③课件中设置对齐的操作方法：按住 Ctrl 键全选需要对齐的元素，按照上述方法调出对齐对话框，选择你想要的对齐方式即可快速实现所选元素的对齐。

（2）对比原则。字体、配色、形状等之间都可以产生鲜明对比，强调重点。例如标题与文字产生对比，通过文字大小、颜色对比、小图标、添加底部色块等的变化来强调对比，见图 3－3。

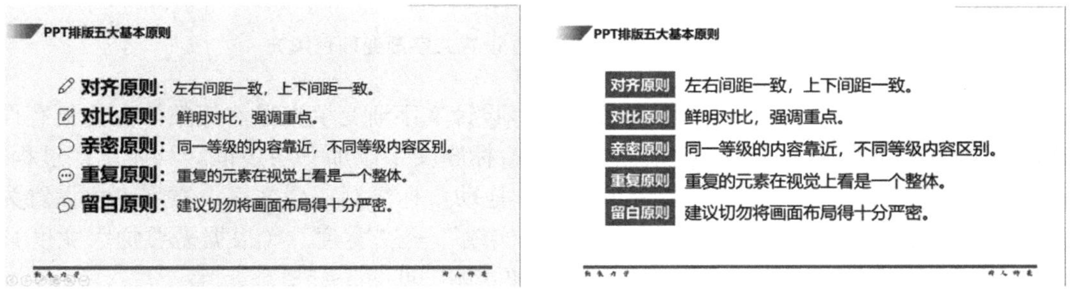

图 3－3　调整前后效果

（3）亲密原则。同一等级的内容应该靠近，不同等级内容要明显区别开。

（4）重复原则。利用重复的元素让画面中的内容在视觉上看是一个整体。但是全部重复的话可能会造成视觉疲劳，即重复不等于简单的复制。

（5）留白原则。建议不要将文字和图片等布局得过于密集，注意预留一定的空间，增强画面的呼吸感，突出重点。

2. PPT 基本结构的美化

PPT 的基本结构分为五部分：封面、目录页、过渡页、内容页、封底。

（1）PPT 封面的美化。

心理学上的首因效应决定了 PPT 封面设计的重要地位，PPT 封面设计最重要的是抓住读者的眼球并且能够清楚地向读者传递关键信息，下面介绍几种 PPT 封面的美化技巧。

美化方法一：给封面换一种字体、设置文字渐变颜色填充。PPT 封面设计中字体的选择十分重要，选择一款有冲击力的字体可以给封面设计加分。书法字体如禹卫书法行书繁体、潮字社凌渡鲲鹏简、方正吕建德字体、叶根友刀锋黑草等作为封面字体具有新颖的效果，应用场景也广泛。同时可以将文字拆开，单独设置每个文字的大小，错位排列可以使画面更加丰富。下面以本书配套慕课“微课设计制作与教学应用”封面为例进行讲解。

美化前封面的标题字体为常规的“宋体”，我们给标题换一种较有冲击力的字体，此处使用的字体为汉仪尚巍手书 W，使封面看起来更有设计感。同时，我们给标题文字设计渐变颜色填充，选中文字，点击“绘图”工具下的“格式”按钮，点击“文本填充”下拉按钮，选择“渐变”—“其他渐变”，在“文本选项”下设计文字的渐变填充效果即可，见图 3－4。

图 3－4　给封面换一种字体、设置文字渐变颜色填充

美化方法二：给文字添加边框。换了字体、设计文字渐变填充虽然使整体变得更有设计感，但画面“立体感”不强，此时我们可以给标题文字添加一层边框。具体设计过程：选中需要添加边框的文字，按住 Ctrl + Shift 键，拖动鼠标复制一层文字，文字颜色设置为白色，点击“文本轮廓”—“其他线条”—“实线”—“宽度”（根据需要加大宽度），两个文字居中重合即可，添加完边框的文字更加立体，见图 3－5。

美化方法三：设计“金箔字”效果。这里需要用到文字与图片的布尔运算（注意按顺序操作）。具体操作如下：点击金箔图片—按 Ctrl 键同时选中文字，即先图片后文字（图片要大于文字），再点击“绘图工具”—“格式”—“合并形状”—“相交”即可完成，见图 3－6。

图 3－5　给文字添加边框

图 3－6　设计“金箔字”效果

注：金箔图片素材可在本书配套慕课中下载。

美化方法四：设计“毛笔笔刷”效果。设置步骤：准备笔刷或笔墨素材，选中后右键点击“设置形状格式”—“形状选项”—“图片或纹理填充”—“插入图片来自”—“文件”或“剪贴板”，见图 3－7。

图 3－7　设置笔刷效果

注：笔刷素材可在本书配套慕课中下载。

美化方法五：给封面添加一层渐变“蒙版”。蒙版即在图片的上一层加一个形状并将其透明度调高，起到凸显出文字的效果，见图 3－8。制作蒙版的设置步骤：设置一个形状—右键点击“设置形状格式”—根据需要调节透明度（同时可调节其渐变颜色）。

图 3－8　添加蒙版前后效果比较

美化方法六：添加毛玻璃效果。设置步骤：点击图片—“艺术效果”—“虚化”，见图 3－9。

图 3－9　添加毛玻璃效果

美化方法七：添加高质量背景图片。有时候封面内容很单调，这时我们可以给封面添加一个与内容相符的档次较高的背景图片，以此加强封面的设计感，见图 3－10。

图 3－10　添加高质量背景图片前后效果对比

（2）PPT 目录页的美化。

目录页一般由标题、副标题、数字序号或小图标或英文三部分构成。副标题一般是标题的补充和解释，也可以是英文翻译或者汉语拼音，根据实际情况也可以不加副标题。常用的排版模式有竖向排版和横向排版，见图 3－11。

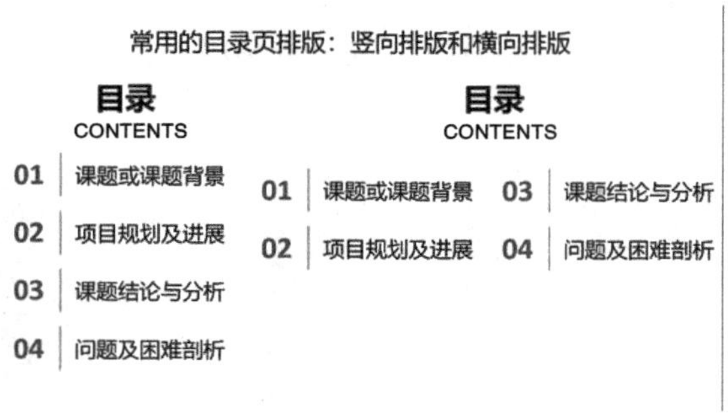

图 3－11　排版模式

目录页是整个 PPT 的逻辑框架，能让读者一目了然，清楚理解设计者要表达什么。目录页在配色、素材上要与整体风格统一，可以利用图片、形状、蒙版、元素等来丰富画面，PPT 插件美化大师的目录页可供借鉴学习，见图 3－12。

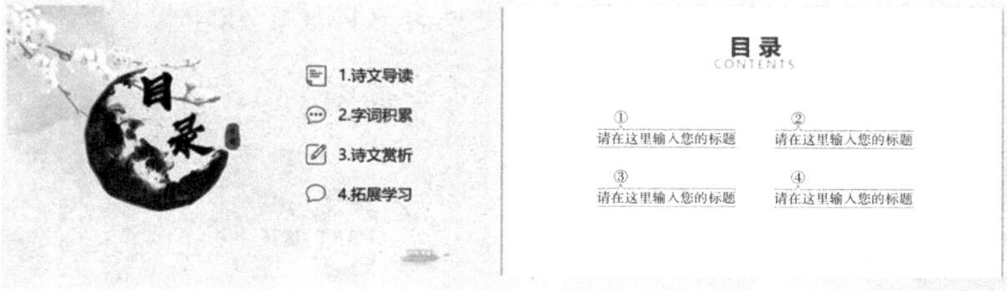

图 3－12　目录页设计

目录页设计分为全图型目录页和半图型目录页。

①全图型目录页设计技巧。

A. “使用形状”：在图片上加一层蒙版，同一色块的不同透明度将画面划分成四部分，效果见图 3－13。

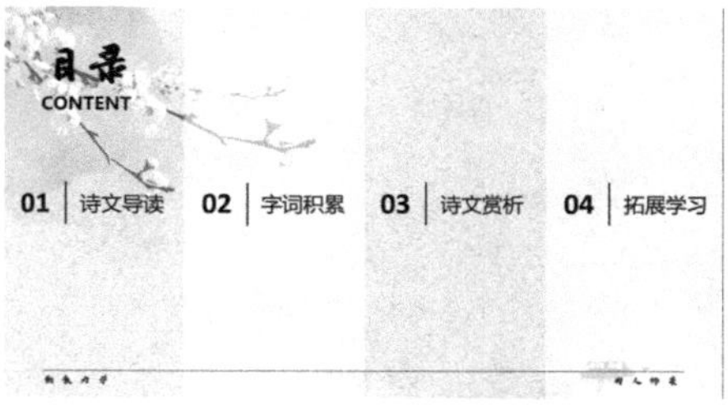

图 3－13　使用形状（色块）

B. “使用渐变蒙版”：将形状设置渐变颜色，调节形状的透明度（或加上渐变效果），效果见图 3－14。

C. “使用多图背景”：插入一些与主题相关的高清图片，然后在图片上加白色渐变蒙版，再调节蒙版透明度（或加上渐变效果），效果见图 3－15。

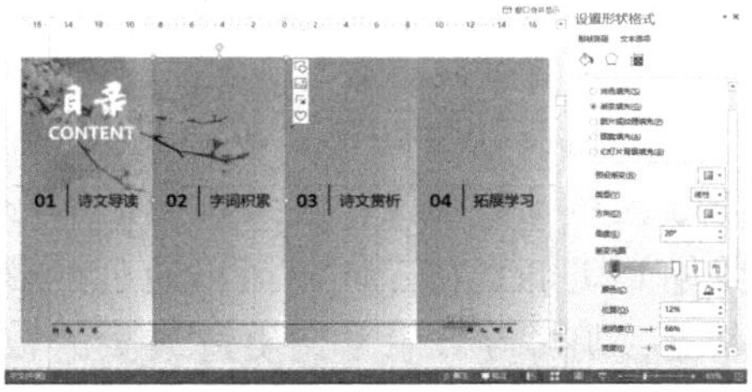

图 3－14　使用渐变蒙版

图 3－15　使用多图背景

②半图型目录页设计技巧。

A. “一半图片一半内容”：设置内容位置和矩形的长度、宽度，效果见图 3－16。

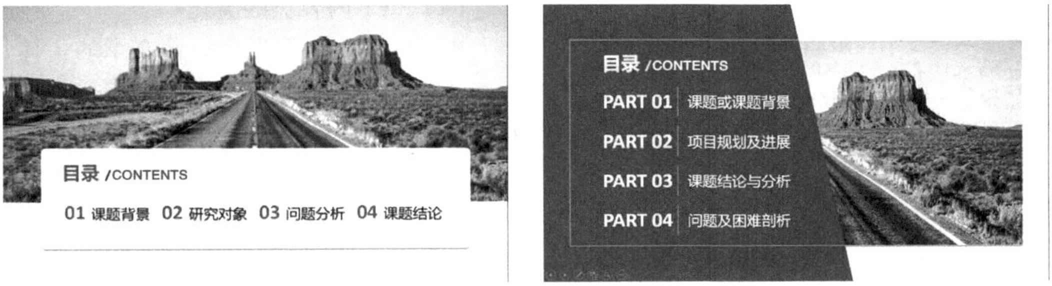

图 3－16　半图型目录页（上下）（左右）结构

B. “毛玻璃效果”：将图片虚化，使画面更具有立体感，效果见图 3－17。

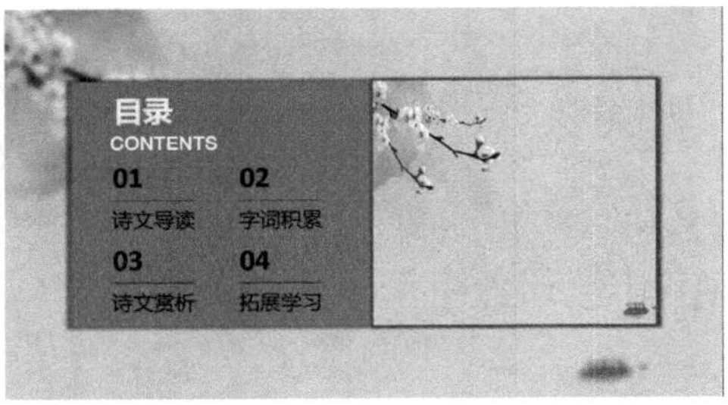

图 3－17　毛玻璃效果

图 3－18　化学学科模板

图 3－19　目录页作为过渡页设计效果

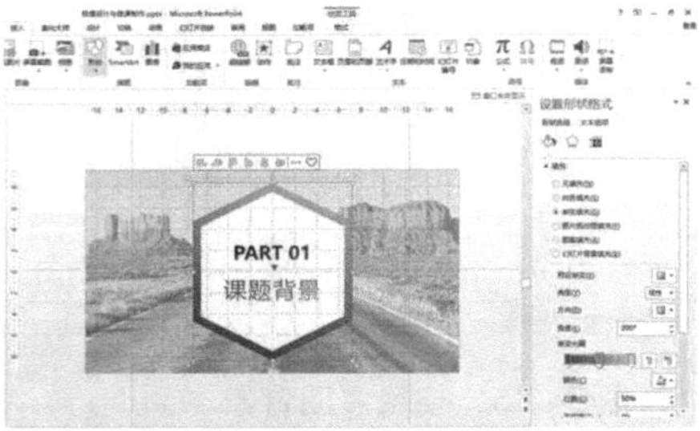

图 3－20　使用形状（六边形）

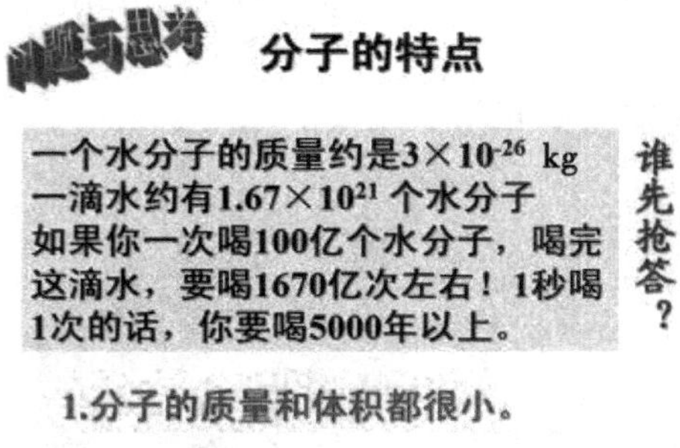

图 3－21　美化前效果

（3）PPT 过渡页的美化。

过渡页一般由标题和数字序号组成。在 PPT 内容较多时，过渡页起到承上启下的作用，可以让读者清楚了解内容的位置。我们同样可以利用图片、形状、蒙版、渐变元素等来使 PPT 更加吸引眼球，见图3－18。

①以目录页为过渡页：直接通过颜色加深、文字加大加粗等来突出某一章节内容，这是最简单的过渡页设计，见图 3－19。

②使用形状：圆形、五边形、六边形、三角形、不规则形状、线条、线框等形状都是美化 PPT 的素材，同时可以通过给形状添加渐变、阴影等效果来突出过渡页的核心部分，见图 3－20。

③使用文字效果：利用前面学习的文字效果对过渡页进行美化，如放大字号、渐变字体、书法字体、文字与图片的布尔运算等。

（4）PPT 内容页的美化。

PPT 的内容页相当于一篇文章的主体部分，在设计的过程中同样十分重要，下面以化学课件“分子的特点”为例介绍几种美化方法。美化前效果见图 3－21。

美化方法一：将文本内容分开。课件设计的过程中最忌将大段的文字堆积在一起，不仅影响阅读者的观看效果，而且影响整体美观。美化的最简单方法是利用虚线、形状等将文本内容按照逻辑顺序分开，重点内容加大加粗，换一种颜色等强化突出效果，见图 3－22。

图 3－22　美化方法一：将文本内容分开

美化方法二：增加与文本内容相关的图片。将增加的图片平铺在整个 PPT 页面作为背景，可以添加矩形半透明蒙版，也可以添加渐变蒙版。此处美化的课件是“分子的特点”，因此笔者添加与水相关的背景图片，美化后效果见图 3－23。

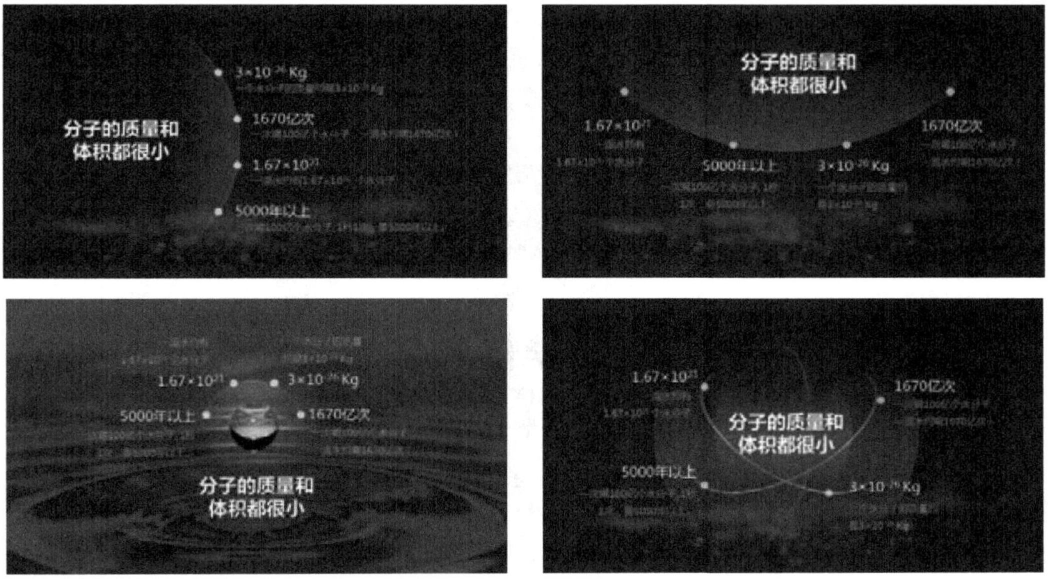

图 3－23　美化方法二：增加与文本内容相关的图片

美化方法三：图文搭配。利用与文本内容相关的图片、图标、形状等与文本相结合，美化效果见图 3－24。

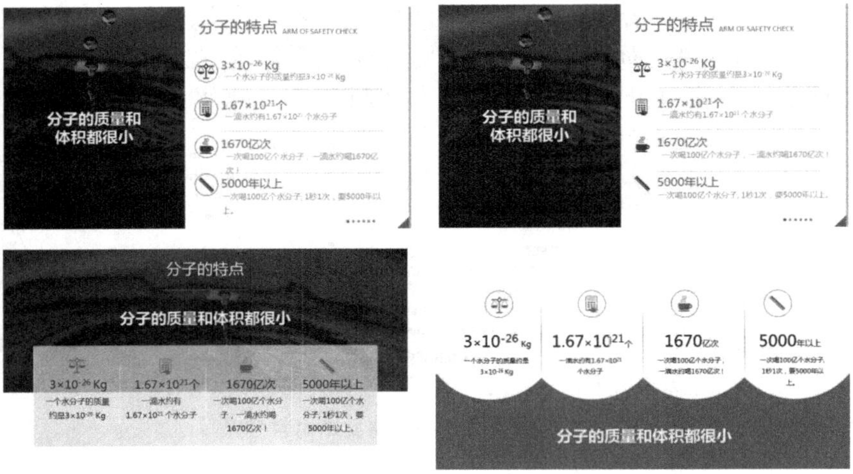

图 3-24　美化方法三：图文搭配

（5）PPT 封底的美化。

简洁大方的封底可以给人留下深刻印象。“谢谢观看”“请批评指正”“THANK YOU”等是封底常用的字眼，在任何场合都适用，见图 3-25。除此之外，使用标语、产品信息、企业或个人联系方式、二维码等也是一种创意，同样可以借鉴前面所学内容用图片、形状、蒙版、装饰元素、渐变等来使页面更出彩。

图 3-25　封底美化

3.1.2　PPT 设计及美化资源获取方式

前面介绍了 PPT 设计及美化原则，但是想设计出美观的 PPT 课件，我们仍然需要寻找合适的设计资源，如图片、文字、模板等。

1. PPT 课件资源

一线教师在备课的过程中离不开 PPT 课件的下载，以下笔者介绍几个下载 PPT 课件的资源网站供读者参考：①国家基础教育资源网。②农村中小学现代远程教育资源网。③中央电化教育馆教学资源库。④中小学资源网。⑤学科网。

以上介绍的资源网站，涵盖了各学段各学科课件、教案、练习等教学资源，非常适合教师备课时使用。

2. PPT 图片资源

我们清楚图片在 PPT 课件设计过程中的重要作用，但是百度等途径获取的图片常常有水印、模糊，影响课件的设计效果，笔者推荐几个下载高清无码图片的网站，如 Pixabay、Pexels、TheStocks。

3. PPT 模板资源下载

PPT 的美化实操过程若能在一个合适的模板基础上进行，将起到事半功倍的效果。笔者推荐读者使用优品 PPT，这是一个完全免费的 PPT 模板、字体、图表等下载网站，非常实用，可以直接百度搜索"优品 PPT"，点击进入官网即可下载使用。

4. PPT 插件——美化大师

模板可以通过网上下载，也可以利用 PPT 插件——美化大师下载。美化大师涵盖了海量的 PPT 模板素材、图片、形状、图表、幻灯片，是一款功能十分强大的 PPT 美化插件。

安装后启动 PPT，在工具栏选项会多出"美化大师"选项，里面有海量的 PPT 制作素材。见图 3－26。

图 3－26 PPT 美化大师截图

3.1.3 利用极简技术制作 PPT 微课的设计流程

前面介绍了 PPT 的美化设计及 PPT 相关资源的获取方法，那如何快速极简地制作一个 PPT 微课呢？笔者结合自身实践经验，总结出利用极简技术制作 PPT 微课的四步法，见图 3－27。此处以部编版三年级语文上册"修改病句"为例，展开介绍。

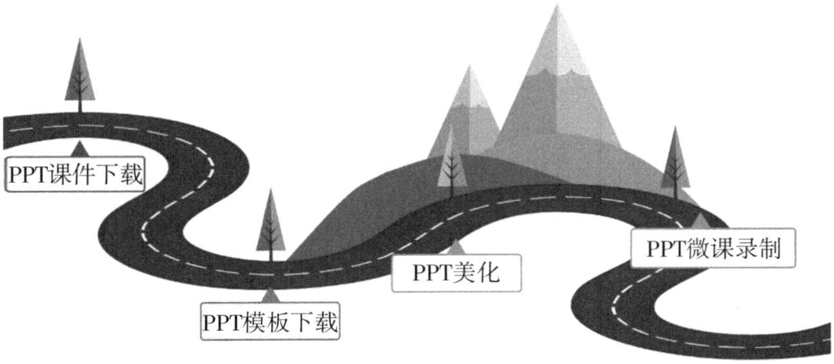

图 3－27 利用极简技术制作 PPT 微课的设计流程

1. PPT 课件下载

登录前面介绍的资源网站，下载相关课件资源。结合自身备课情况，修改 PPT 课件。

若已准备 PPT 课件，可忽略此过程。

2．PPT 模板下载

登录优品 PPT 官方网站，点击“PPT 模板”，下载相关模板，见图 3－28。

图 3－28　PPT 模板下载

3．PPT 美化

结合前面介绍的 PPT 设计及美化技巧，美化 PPT 课件，见图 3－29。

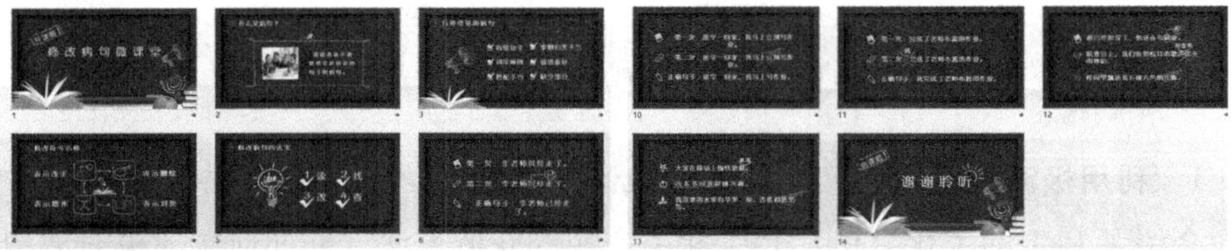

图 3－29　PPT 美化

4．PPT 微课录制

声音质量的好坏也是影响微课效果的重要因素之一。制作者应该尽量选择安静的环境，避免人声、公路汽车喇叭声等噪声的干扰，同时尽量选择高品质的录音设备，最后在后期处理时可以再降噪。PPT 微课的录制过程有多种方法，下面介绍三种常用的录制微课的方法。

（1）利用 PPT 自带的录制功能。

这种方法利用的是 PPT 本身自带的录制功能，适用于 2010 版本以上的 PPT 软件，录制过程如下：

①打开制作好的 PPT 课件。

②在电脑上连接 USB 接口的录音耳机，高品质的录音设备录制出来的微课效果更好，能有效避免噪声、杂音等。

③录制 PPT。具体操作如下：点击“幻灯片放映”—“录制幻灯片演示”，选择“从头开始录制”或“从当前幻灯片开始录制”。这两种录制方式的区别如下：

“从头开始录制”指的是从 PPT 课件的第一页开始录制，这种选择代表着后面录制的声音会覆盖前面录制的声音。这种录制方式适合对课件内容把握较好，能熟练、一气呵成地录完整个微课的教师。

“从当前幻灯片开始录制”指的是从当前选中的这一页 PPT 课件开始录制，这种录制方式适合对 PPT 课件不熟悉的教师，可以将 PPT 课件分开录制，即一页一页地录制。

实际录制过程难免会出现错误，因此建议选择“从当前幻灯片开始录制”，可以避免中间出错而从头开始，见图 3－30。

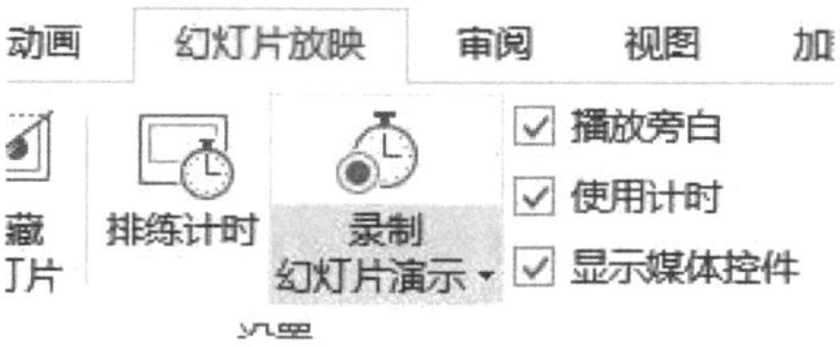

图 3－30　录制幻灯片演示

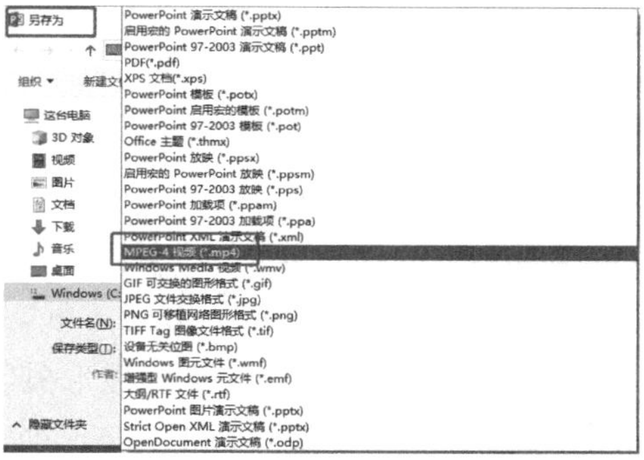

图 3－31　另存为“MP4”格式

④录制成功后，我们可以点击“幻灯片放映”试听录制效果，若对效果满意，我们可以按以下操作将 PPT 文件导出成视频格式：点击 PPT 工具栏的“文件”—“另存为”—“保存类型”—“MPEG-4 视频（*.mp4）”或“Windows Media 视频（*.wmv）”，见图 3－31。

（2）利用 Camtasia Studio 9（CS9）的录制功能。

①打开要录制的 PPT 课件，连接好录音设备。

②打开 CS9，点击“Record”录制按钮，弹出录制对话窗口。在“Select area”选项下设置分辨率，点击“Full screen”可以全屏录制微课，点击“Custom”和“Dimensior”可以自定义设置录制分辨率。建议点击“Full screen”全屏录制微课，见图 3－32。

图 3－32　录制（全屏）

注：也可使用前面介绍的其他录屏软件。

③倒计时开始后，将 PPT 课件全屏放映，对着录音机讲解。当整个微课录制成功后，点击电脑键盘上的 Esc 键，即可停止录制，CS9 自动弹出编辑窗口，我们可以预览微课录制效果，也可以编辑微课，最后点击“Share”可分享生成为视频，CS9 的详细操作步骤请看本书第 4 章。

（3）音画分录法制作微课。

①选择安静的录课环境，根据微课讲稿录制微课音频，可以选用专业的录音设备，也可以使用智能手机的“录音机”录制微课音频，录制成功后，将音频通过 QQ、微信的文件功能发送到电脑，或者使用数据线将音频文件拷贝至电脑。

②利用 CS9 录制制作好的微课画面，注意录制的时候用手机播放微课音频，根据音频切换 PPT 课件，使微课画面和音频同步（音画同步）。

③画面录制成功后，将音频导入 CS9 的时间轴中，进行剪辑处理、添加背景音乐后即可生成微课视频。

3.2 PPT 基础操作

通过前面的学习，虽然读者已经掌握了简单快速制作 PPT 微课的操作方法，但仍有必要深入地学习 PPT 的基础操作、动画设置及 PPT 在具体学科中的应用。

3.2.1 PPT 演示文稿的基本介绍

PPT 是办公应用中的好助手，它以形象生动的特性赢得了越来越多的人的喜爱，无论是产品演示、方案说明，还是技术研讨，都会用到 PPT 来辅助讲解，还可以加入图片、声音甚至动画，使幻灯片更具表现力和说服力。PPT 在制作微课中扮演着不可或缺的角色，常用技巧更要掌握。PPT 制作过程中，有很多小技巧可以帮助我们把课件制作得更精彩。

1. 安装

（1）我们把下载好的 iso 文件解压出来，然后单击运行“setup”文件。

（2）在弹出的安装窗口中，我们推荐选择“自定义”按钮。

（3）我们可以在红色方框里选择自己不需要安装的 Office 2013 组件，选择完毕以后，选择“文件位置”标签，来设置安装 Office 2013 的软件位置。

（4）我们一般推荐大家把 Office 2013 安装到 D 盘，把 C 换成 D 就可以了，其他不用修改，然后单击“立即安装”按钮。

（5）当安装的时候，会出现一个进度条，我们等待进度条完成就可以了，完成以后会看到一个图解，我们点击关闭即可。

2. 界面介绍

PowerPoint 2013 操作界面见图 3－33：

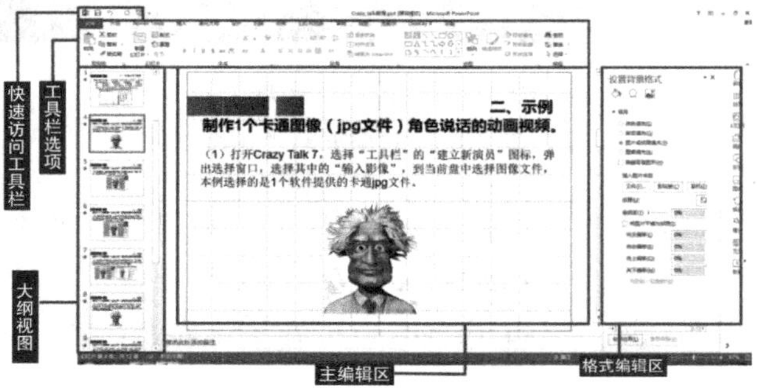

图 3－33　操作界面

（1）快速访问工具栏：有“保存”“返回”“还原”按钮，都是几个比较常用的命令。

（2）工具栏选项：有“开始”“插入”“切换”“动画”等栏目，顾名思义，工具栏就是用来编辑 PPT 的工具，其中比较常用的是“插入”“切换”“动画”。后面会详细介绍。

（3）主编辑区：一个 PPT 一般拥有多个幻灯片，当我们选中一张幻灯片后，在主编辑区就会显示出来，这样我们就可以在主编辑区对它进行编辑。

（4）格式编辑区：一般情况下是隐藏的，当我们选中主编辑区的图片或文字，然后右键选择格式编辑时，右边就会出现格式编辑区，可以对选择的对象进行“颜色”“线条”等编辑。

3.2.2 基本操作

1. 文件的创建

安装 PPT 后，我们在电脑桌面用鼠标右键点击“新建”—“Microsoft PowerPoint 演示文稿”，这样我们就创建好 PPT 文件了，2013 版本以上后缀为 . pptx。不一样的后缀文件由不一样的软件打开，而 . pptx 文件默认由 PPT 软件打开，见图 3－34。

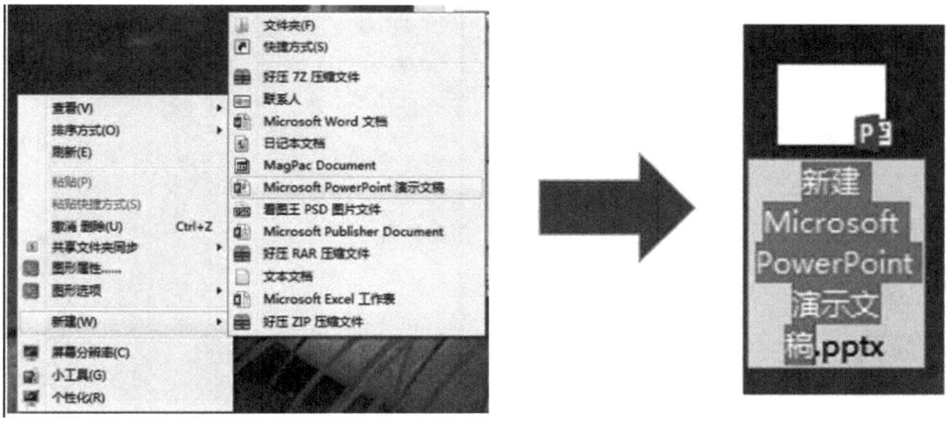

图 3－34 创建 . pptx 后缀文件

2. 文件的打开和保存

（1）打开。

双击文件或者点击右键再选择“打开”。

打开文件后，会出现如图 3－35 的界面。我们在左边的大纲视图点击“新建幻灯片”，添加后效果见图 3－36。

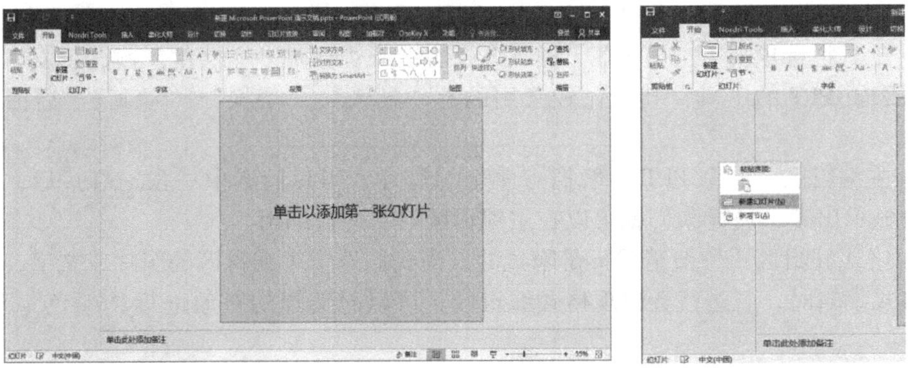

图 3－35　打开界面图

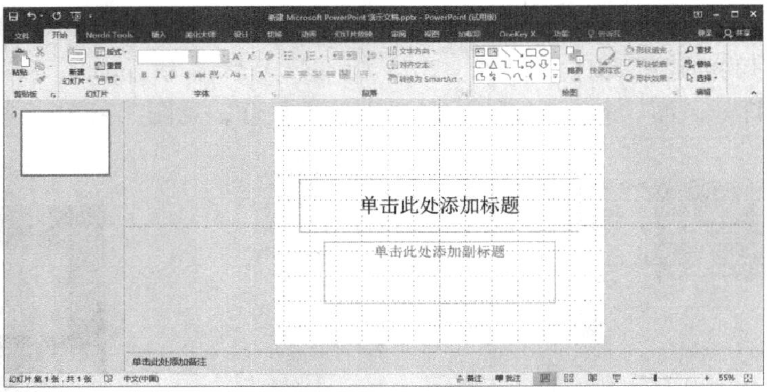

图 3－36　创建界面

（2）保存。

①快捷键：Ctrl + S。

②“文件”—“保存”。

③“文件”—“另存为”（此法可存为其他格式的文件）。若想生成视频格式，可选择 MPEG-4 视频或 Windows Media 视频格式。

3．文字、图片、音频的插入

在工具栏中有一个“插入”栏，可以插入文字、图片、图表、艺术字、音频等，见图 3－37。

图 3－37　“插入”栏

（1）插入文字。点击文本框，鼠标会变成十字标，在想添加的位置单击，就会出现一个方框，此时就可以输入文字。选中文字，在“开始”栏可以对文字的大小、颜色等进行编辑。

（2）插入图片。图片的插入有两种方法：一种是点击“插入”栏的图片，然后找到图片所在位置添加；另一种是直接将电脑里的图片按住鼠标左键拖至幻灯片中。选中图片时，工具栏会出现一个“格式”栏，可对图片属性进行编辑，见图 3－38。

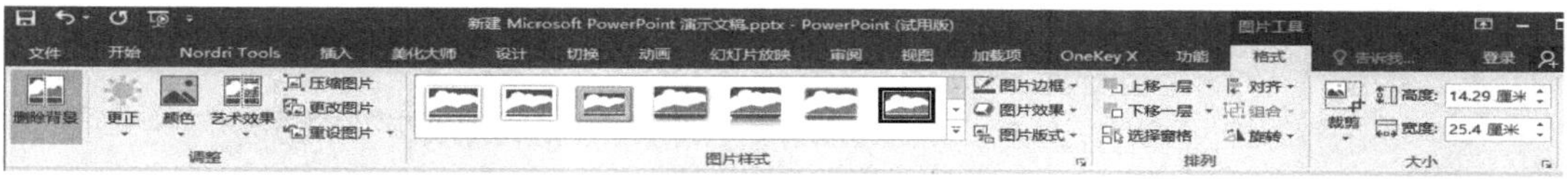

图 3－38　“格式”栏

（3）插入音频和视频。点击“插入”栏中的“音频（视频）”选项，然后找到音频（视频）所在位置进行添加。

4. 幻灯片的切换

幻灯片 1 到下一张幻灯片之间的过渡，在默认情况下是直接切换，即无效果。在工具栏的“切换”栏中，可以对该切换效果进行设置，见图 3－39。

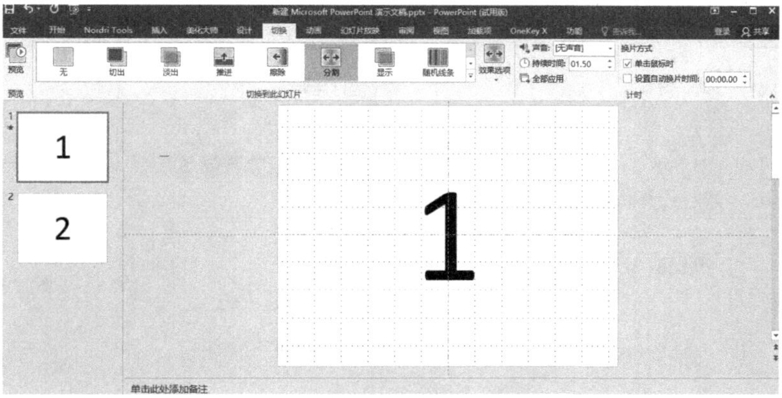

图 3－39　“切换”栏

如果我们想对第二张幻灯片添加切换效果，即第一张结束后第二张出现前的过渡效果，那么操作方法是：选择幻灯片 2（目标），然后在“切换”栏中选择效果（单击即可）。

3.2.3　常用功能

1. 显示比例的设置

（1）显示比例。

不论在哪种视图中，均可以通过改变工具栏上的显示比例来调节：单击“视图”—“显示比例”—“调整/百分比”—“确定”，见图 3－40。

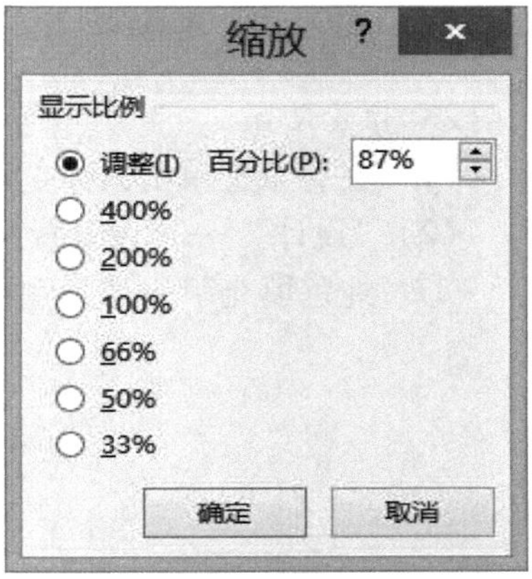

图 3－40　显示比例

同时也可拖动调节屏幕下方的比例栏，或按住 Ctrl 键不放手，滑动鼠标滚轮调整，见图 3 –41。

图 3 – 41　比例栏

幻灯片大小与显示比例是不一样的，幻灯片大小是幻灯片放映时本身的大小，而显示比例是在制作幻灯片过程中显示的大小。

(2) 幻灯片大小。

设置幻灯片大小："设计" — "幻灯片大小" — "自定义幻灯片大小"，见图 3 –42、图 3 –43。

大部分教师制作出来的 PPT 微课不能全屏显示，即所谓的"存在黑边"，就是幻灯片大小设置错误，应选择 16 ∶9 的比例。

图 3 – 42　设置幻灯片大小

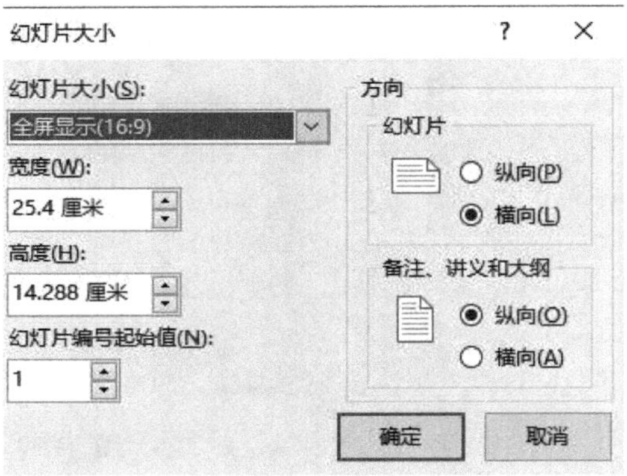

图 3 – 43　自定义

2. 背景设置

(1) 在背景上单击鼠标左键，选择"设置背景格式"。

(2) "设计" — "设置背景格式"。

①"纯色填充"—选择颜色，可调节其"透明度"，见图 3 –44、图 3 –45。

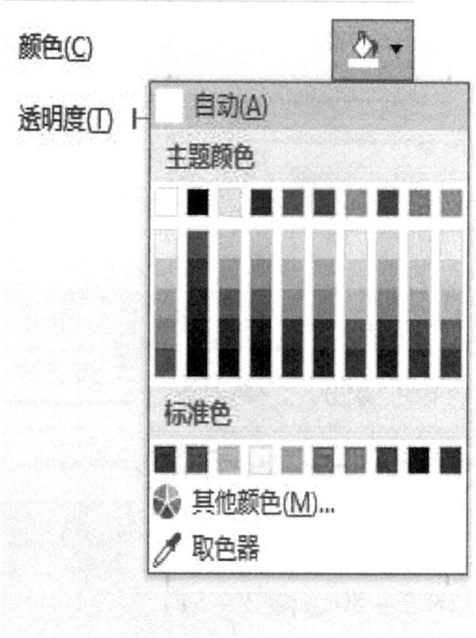

图 3－44　纯色填充

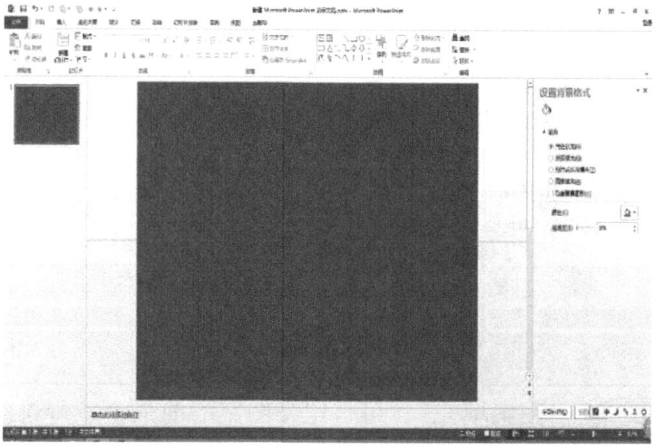

图 3－45　纯色填充效果

②“渐变填充”，设置渐变类型，可以自定义渐变光圈、位置等，见图 3－46、图 3－47。

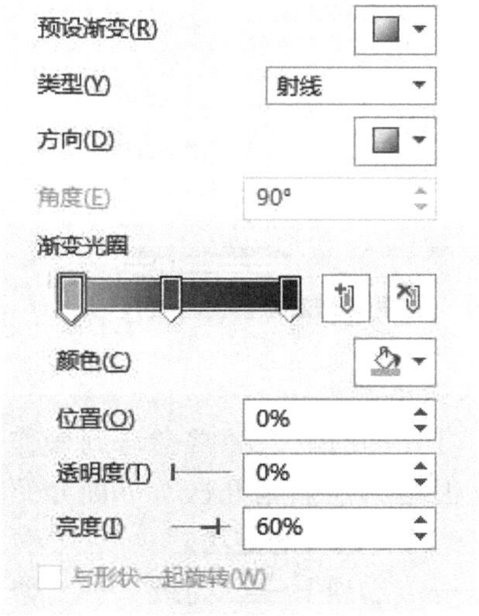

图 3－46　渐变填充

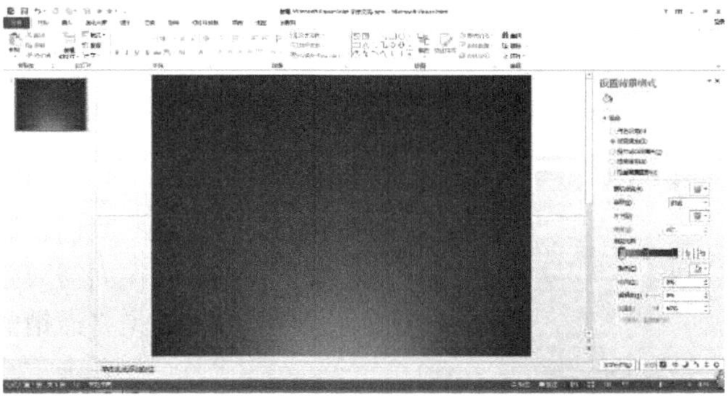

图 3－47　渐变填充效果

③“图片或纹理填充”—“文件”（插入计算机中的图片作为背景）—“剪贴板”（选择此选项前，应有一个复制图片步骤，单击后，将之前复制的图片作为背景），见图 3－48、图 3－49。

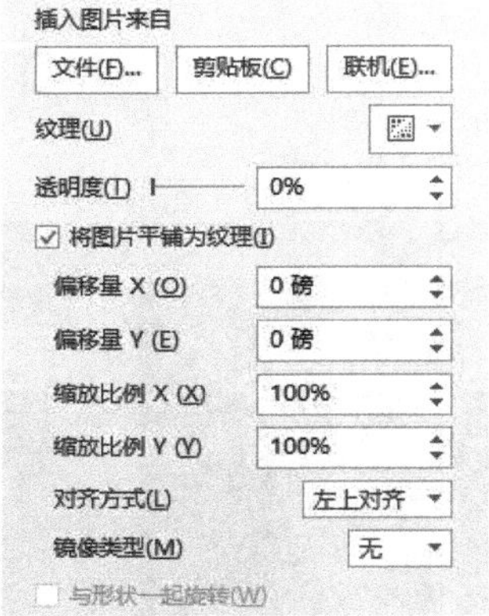

图 3－48　**图片或纹理填充**

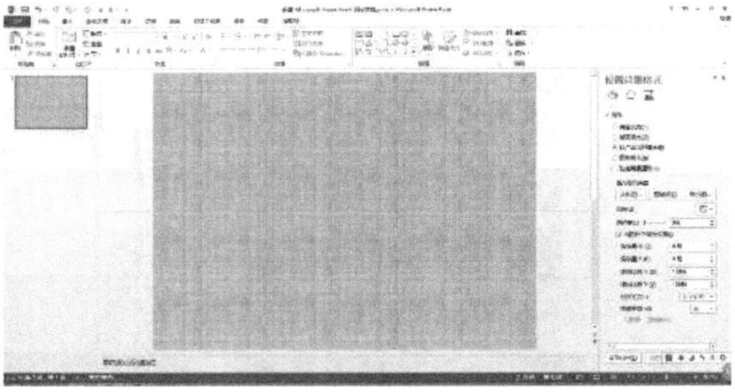

图 3－49　**图片或纹理填充效果**

④“图案填充”，可自定义图案的前景色、背景色，见图 3－50、图 3－51。

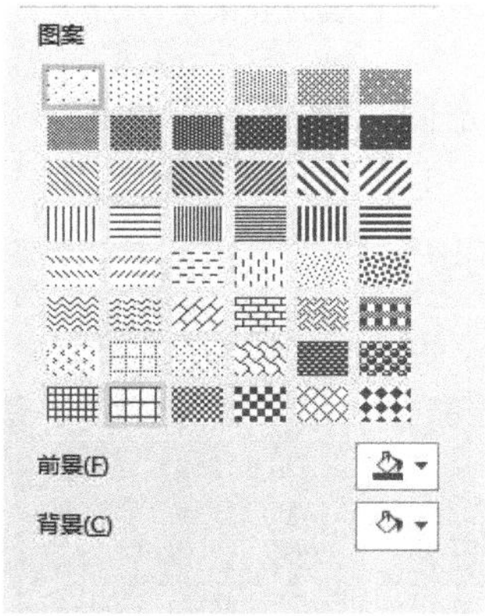

图 3－50　**图案填充**

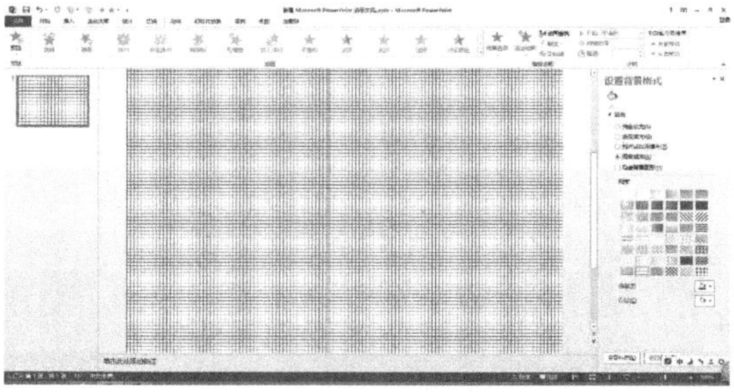

图 3－51　**图案填充效果**

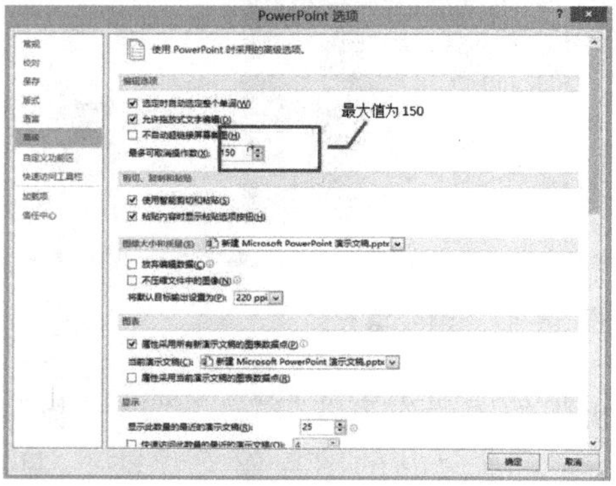

图 3－52　**更改撤销次数**

3. 更改撤销次数限制

我们在制作幻灯片的时候，经常会遇到操作错误而需要返回，但是只能撤销几次，下面介绍的是将撤销的次数提高到最大的方法。

单击“文件”—“选项”—“高级”—“修改”—“确定”，见图 3－52。

4. 幻灯片的视图模式

在制作 PPT 的时候，PowerPoint 提供了不同的工作环境，称为视图。在 PPT 中，给出了 5 种演示文稿视图模式：普通视图、大纲视图、幻灯片浏览视图、备注页视图、阅读视图。在不同的视图模式下所显示的内容不同，可以使用相应的方式查看和操作演示文稿。可以利用“视图”选项卡或左下角的视图按钮进行切换，见图 3－53。下面介绍每种视图模式的界面及主要作用。

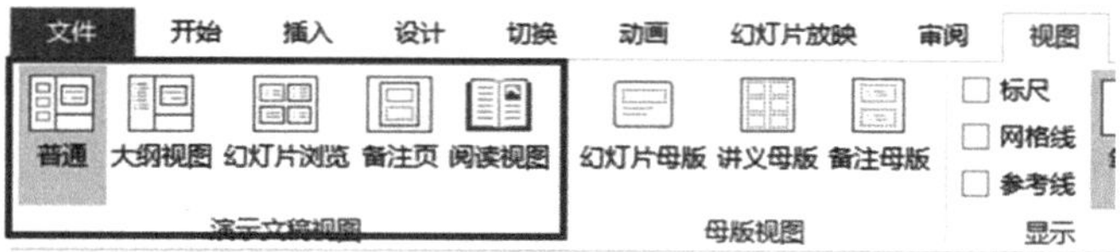

图 3－53　视图模式

（1）普通视图。普通视图是 PPT 的默认视图模式，主要用来对演示文稿中的每一张幻灯片进行详细的设计和编辑，见图 3－54。普通视图采用三框式画面显示，包括幻灯片缩略图栏、幻灯片栏、备注栏。

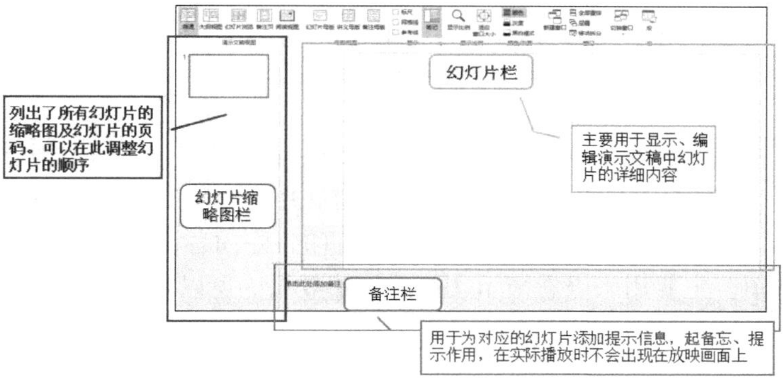

图 3－54　普通视图

（2）大纲视图。主要用于查看、编排演示文稿的文字大纲。和普通视图相比，幻灯片缩略图栏换成了大纲栏并且被扩展，而幻灯片栏被压缩。见图 3－55。

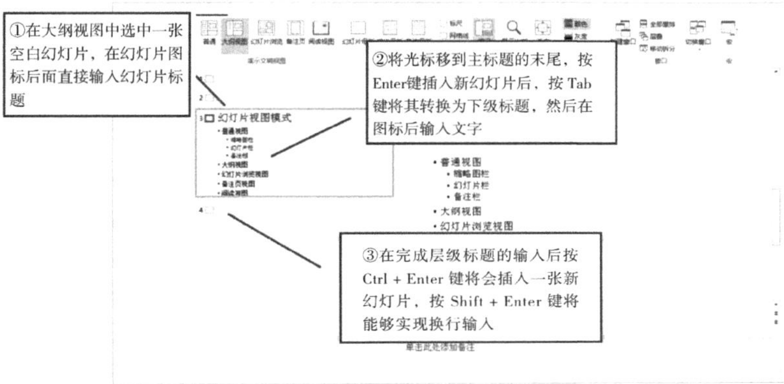

图 3－55　大纲视图

（3）幻灯片浏览视图。在此视图中，演示文稿中全部幻灯片按序号顺序显示其缩略图，主要用于复制、删除幻灯片，调整幻灯片的顺序，但不能用于编辑、修改个别幻灯片的内容，见图3－56。

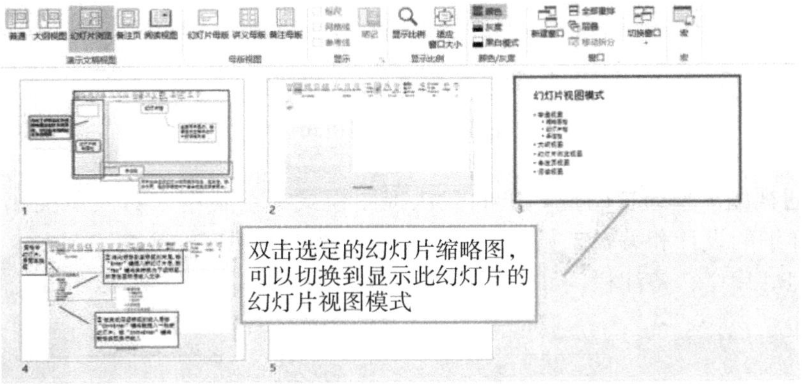

图3－56　幻灯片浏览视图

（4）备注页视图。主要是用来编辑备注页的。备注页视图分为两个部分：上半部分是幻灯片缩略图，下半部分是备注页栏。可以边看幻灯片的缩略图，边在备注页栏内输入幻灯片的备注内容。打印演示文稿时，可以选择只打印备注内容，见图3－57。

（5）阅读视图。主要用来查看演示文稿的放映效果。可以将阅读视图看作窗口模式下的幻灯片放映，见图3－58。

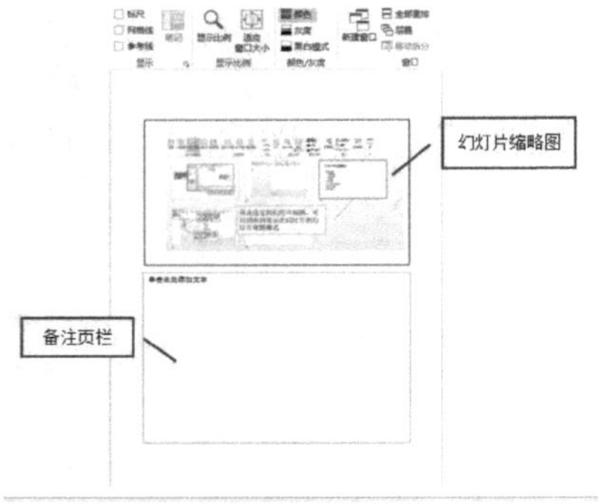

图3－57　备注页视图

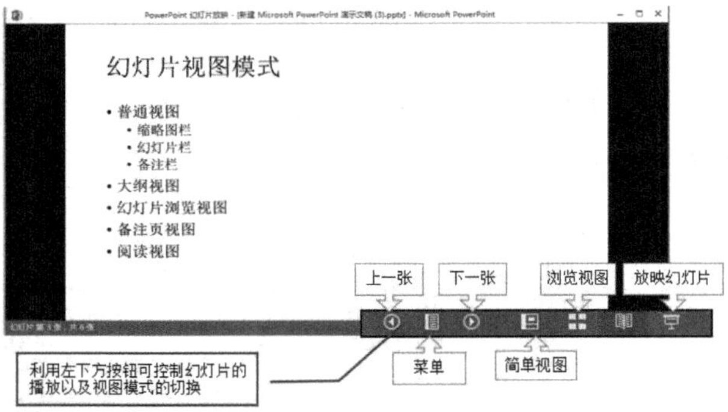

图3－58　阅读视图

5. PPT的不同保存格式

在制作完PPT课件后，一般习惯保存为默认的PowerPoint演示文稿（＊.pptx）。其实，PowerPoint内还有其他很多种保存模式可供我们选择。

保存的方法："文件"—"另存为"—"浏览"—"保存类型"—想保存的格式，见图3－59。

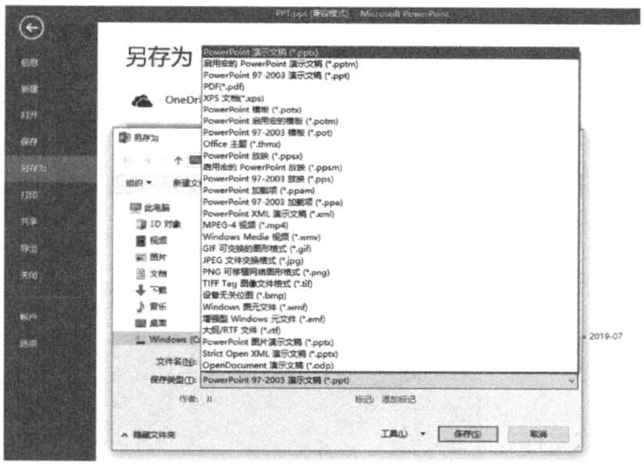

图 3－59　保存

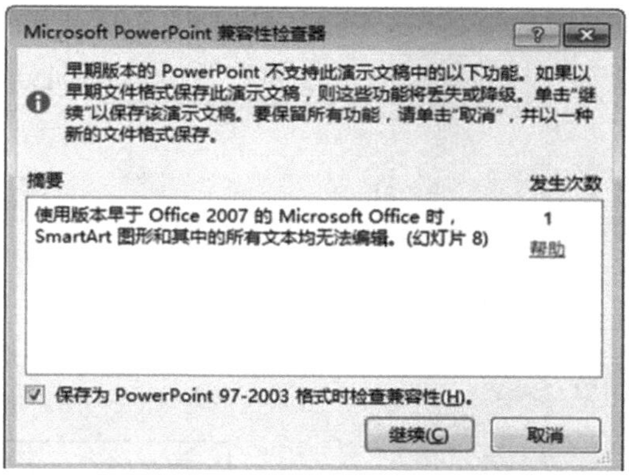

图 3－60　保存"＊. ppt"格式

下面介绍几种常用的保存模式：

（1）PowerPoint 97－2003 演示文稿（＊. ppt）。因为版本的不同，所以用 2010 版以上的 PowerPoint 制作出来的文件默认保存的格式为"PowerPoint 演示文稿（＊. pptx）"，此格式无法用 2003 版本以下的 PowerPoint 打开。所以只要将文件保存为兼容的"PowerPoint 97－2003 演示文稿（＊. ppt）"格式就可以用低版本的 PowerPoint 打开高版本 PowerPoint 制作的课件。由于高版本添加了一些新的功能在低版本中可能不支持，如果我们使用了这些功能，那么保存时会弹出如图 3－60 所示的兼容性提示框，在这里我们直接点击"继续"按钮，将文件保存就可以了。

（2）PowerPoint 放映（＊. ppsx）。课件制作完毕后，可将其保存为"PowerPoint 放映（＊. ppsx）"。使用时双击文件图标即可直接开始放映，而不再出现幻灯片编辑窗口。保存为此格式的文件，可以减少放映幻灯片步骤，也可以避免放映时由于操作不慎等原因而将后面的演示内容提前"曝光"，还可以避免课件内容被他人意外改动。

（3）PowerPoint 模板（＊. potx）。利用此保存格式，可以将设计好的幻灯片保存为 PowerPoint 模板，日后就可以随时轻松调出来直接应用。

（4）大纲/RTF 文件（＊. rtf）。如果想把课件中的文本部分单独保存下来，可以把课件保存为大纲/RTF 文件，RTF 格式的文件可以用 Word 等软件打开。需要注意的是，用这种方法只能保存添加在文本占位符（即在幻灯片各版式中用虚线圈出的用于添加文本的方框）中的文本，而自己插入的文本框中的文本以及艺术字等无法保存。

（5）保存为图片。PowerPoint 提供多种图片保存格式，如 gif、jpeg、bmp、png 等，可以根据实际需要进行选择。同时，还可以选择保存全部幻灯片还是只保存当前幻灯片。如果保存全部幻灯片，保存后的图片会统一放在同一个文件夹里。

6. 将不同元素对齐排列

我们在制作完幻灯片后，会对内容进行适当的调整美化，而整齐的排列会让人感觉比较舒服，方法如下：按住 Ctrl 键选中需要排列的文本框或图片—"格式"—"对齐"—选择需要的对齐类型，见图 3－61。

例如绘制一个圆形，复制多个，将其中一个拖动至其他位置，选中某一元素—“格式”—“对齐”—“左对齐”—“纵向分布”，见图 3－62。

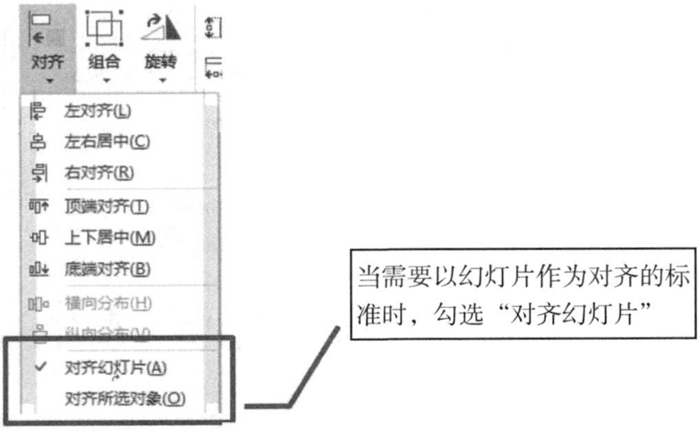

图 3－61　排列对齐

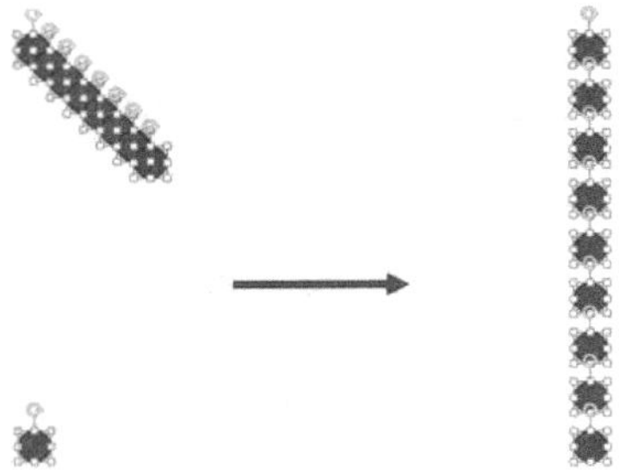

图 3－62　例图

7. *选择窗格、动画窗格*

我们在制作 PPT 时，有时候会运用到很多形状、图片、文本框等元素，并且可能层层覆盖，这个时候，我们要选中其中一个元素就显得很麻烦，下面介绍如何快速选中元素而不影响之前设定好的图层顺序。

（1）任意选中某一元素—“格式”—“排列”—“选择窗格”，见图 3－63。

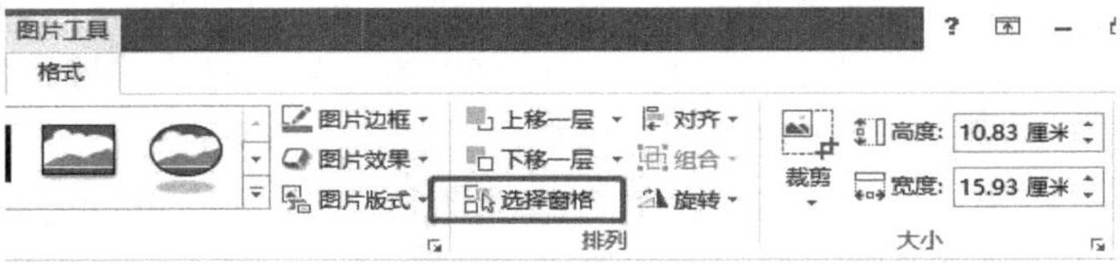

图 3－63　选择窗格

（2）任意选中某一元素—“动画”—“高级动画”—“动画窗格”。

8. *插入视频及添加视频动画效果*

在制作课件时，常常要在幻灯片中插入视频。下面介绍最简单的一种插入方法——直接插入法：“插入”—“视频”—“PC 上的视频”—选中视频文件—“插入”。

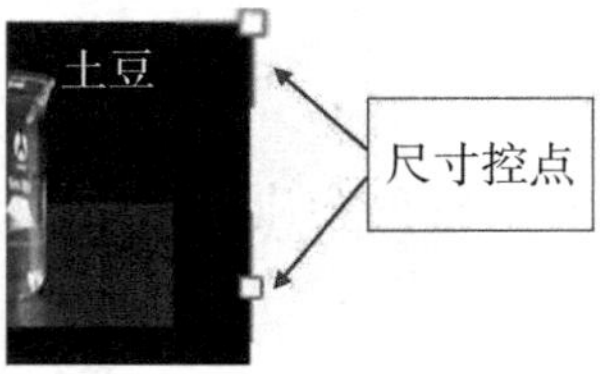

图 3－64　控点

需要注意的是目前 PPT 视频直接支持的格式有 AVI、MPG、WMV、ASF。一般用 WMV 格式插入的视频比较稳定，不容易出现“媒体不可用”状况。所以在插入视频前可以先用“格式工厂”等软件将视频的格式转换为 PPT 可用模式。

插入视频后，选中视频画面，拖动“尺寸控点”可以直接修改视频画面的大小，见图 3－64。

利用“动画”选项，可以选择如何控制视频的播放。下面示例如何设置通过单击动作控制视频播放与暂停，见图 3－65。选中视频画面—“动画”—“播放”—“计时”—“单击时”—“添加动画”—“暂停”—“计时”—“单击时”。

图 3－65 视频动画

利用此方法，就可以使用激光笔的点击控制视频的播放与停止，同时也可以继续添加“进入”“退出”动画，使视频和图片一样在需要时出现，播放完就消失。

9. 将声音文件嵌入文档

在课件中插入音频文件也十分简单。单击“插入”—“音频”—“PC 上的音频”—选中要插入的音频—“插入”。插入音频后，可以设置音频在后台一直播放，直至整个幻灯片放映结束。

“播放”—“在后台播放”或者直接在“音频选项”处选择需要的效果，见图 3－66。

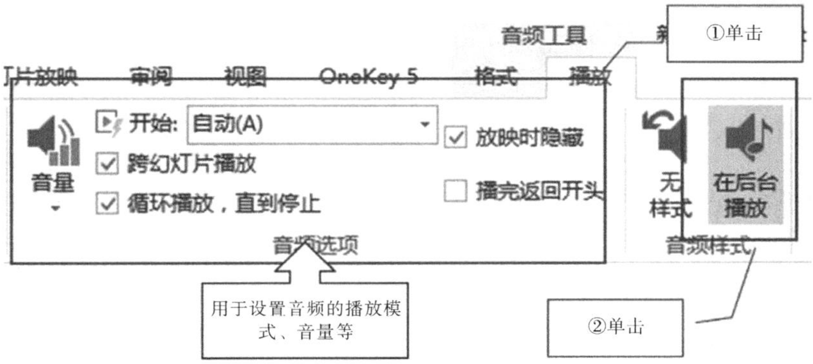

图 3－66 音频选项

10. 母版的应用

在设计幻灯片的时候，经常需要为幻灯片添加某些特定的 LOGO 或者要在多张幻灯片上添加同样的内容，但又不希望在设计其他地方的时候受到影响。这个时候，母版就起到了重要的作用。

（1）“视图”—“幻灯片母版”，见图 3－67。

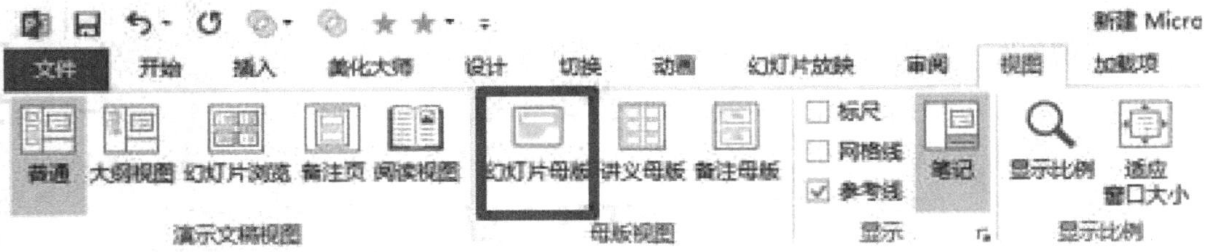

图 3－67　母版

（2）可在母版的文档中任意添加内容，如文本框、LOGO、图片、形状等。除此之外，还可为幻灯片添加页眉和页脚，单击“幻灯片母版”—“母版版式”—勾选—“确定”，见图 3－68。

（3）更改母版的背景颜色。单击“幻灯片母版”—“背景”—“背景样式”（或右击鼠标—“设置背景格式”，操作与在非母版视图中一致）。

（4）为母版中的元素添加各类动画。在普通视图中无法修改母版中的动画或形状、图片的编辑设置。

（5）完成母版编辑后，单击“关闭母版视图”完成，见图 3－69。

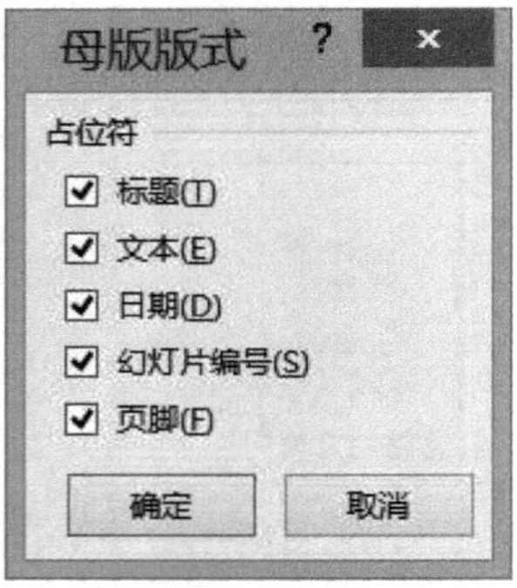

图 3－68　母版版式

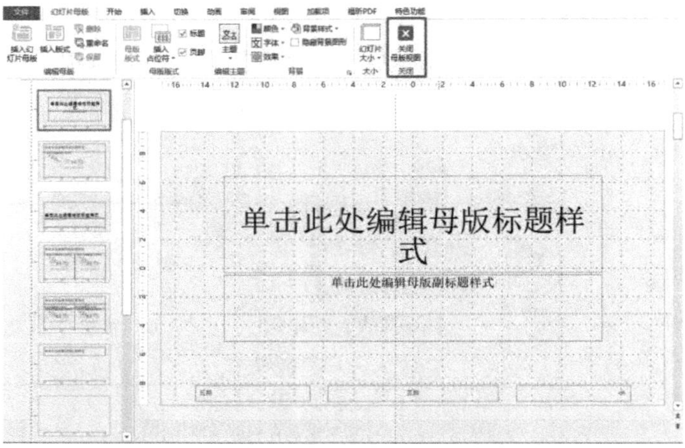

图 3－69　关闭母版视图

11. 幻灯片的打印

制作完课件后，有时需要将课件打印成纸质文件，但是通常一个课件里含有很多张幻灯片。如果直接打印的话，每一张 A4 纸只能打印一张幻灯片，这样实在是比较浪费纸张。

所以一般打印幻灯片时，较多的是选择打印“讲义”，即可以设置在一张 A4 纸上打印多张幻灯片，单击“文件”—“打印”—“讲义”—“6 张水平放置的幻灯片”，见图 3－70。

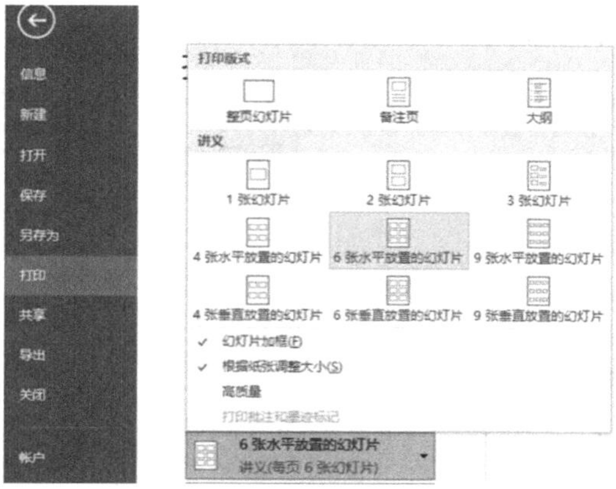

图 3－70　打印幻灯片

3.3　PPT 动画讲解

3.3.1　PPT 简单动画设计

动画栏可以对对象（文字、图片、形状等）设置动画效果。按照特点，动画效果分为“进入”“强调”“退出”“动作路径”四种。

（1）“进入”。在 PPT 菜单的“动画”—“添加动画”里面“进入”或“添加进入效果”，都是自定义动画对象的出现动画形式，比如可以使对象逐渐淡入焦点、从边缘飞入幻灯片或者跳入视图中等。

（2）“强调”。在 PPT 菜单的“动画”—“添加动画”里面“强调”或“更多强调效果”，有“基本型”“细微型”“温和型”以及“华丽型”四种特色动画效果，这些效果的示例包括使对象缩小或放大、更改颜色或沿着其中心旋转。

（3）“退出”。这种自定义动画效果的区别在于与“进入”效果类似但是相反，它是自定义对象退出时所表现的动画形式，如让对象飞出幻灯片、从视图中消失或者从幻灯片旋出。

（4）“动作路径”。“动作路径”效果是根据形状或者直线、曲线的路径来展示对象游走的路径，使用这些效果可以使对象上下移动、左右移动或者沿着星形或圆形图案移动（与其他效果一起）。

以上四种自定义动画，可以单独使用任何一种动画，也可以将多种效果组合在一起。例如，可以对一行文本应用“飞入”进入效果及“陀螺旋”强调效果，使它旋转起来。也可以对自定义动画设置出现的顺序以及开始时间，延时或者持续动画时间等。

幻灯片自定义动画技巧：“动画刷”。“动画刷”是一个能复制某个对象的动画，并应用到其他对象的动画工具。在菜单“动画”的“高级动画”里面的“动画刷”，使用方法：点击有设置动画的对象，双击“动画刷”按钮，当鼠标变成刷子形状的时候，点击你需要设置相同自定义动画的对象即可。

【小技巧】“动画刷”—快速复制动画，具有类似“格式刷”的功能，见图 3－71。

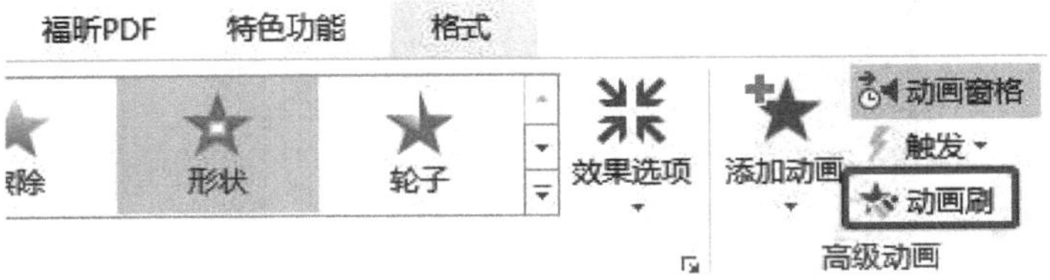

图 3－71　动画刷

3.3.2　PPT 个性动画设计

PPT 动画的复杂动作是由单一动作加上不同时间所组成的。简洁绚丽的动画可以为作品演示增添光彩，但是不论一个动画多么复杂，它都是由最简单的动作组成的。利用不同动画效果的组合可以创造出高级的动画效果。

需要注意的是，添加多种动画效果时要单击“添加动画”。如果不使用“添加动画”，则不会添加新的效果，而是会更改已应用的效果。下面通过讲解几个例子来学习 PPT 动画的作用。

1. 简单动画的个性设置

（1）基本缩放的“按字/词”发送效果。

这种动画一般适合运用在 PPT 的主标题和图片，使画面趣味性更强。设置步骤：选中文字—“添加动画”—“添加进入效果”—“基本缩放”—动画窗格—“效果”—效果（六种缩放方式）—“动画文本”—“按字/词”，见图 3－72、图 3－73。

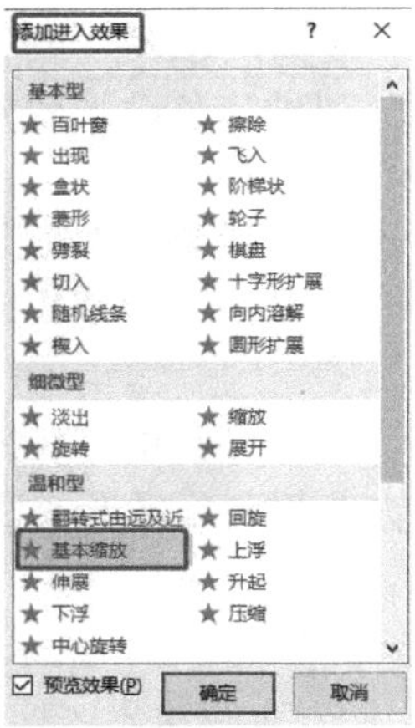

图 3－72　基本缩放

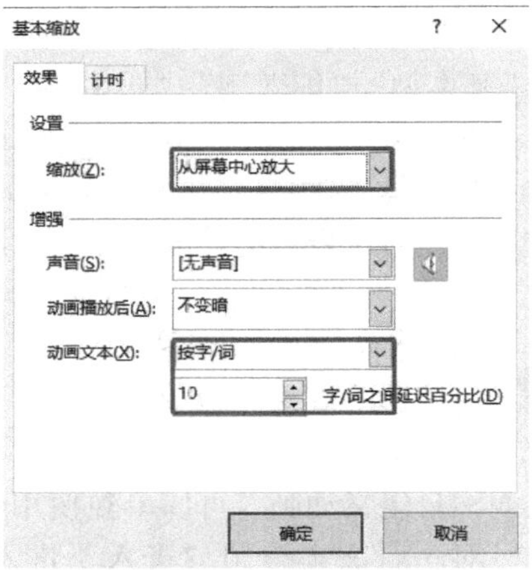

图 3－73　效果设置（基本缩放）

（2）飞入的“平滑结束”和“按字/词”发送效果。

这种动画一般适合运用在 PPT 的副标题，使画面更生动。设置步骤：选中文字—“添加动画”—“添加进入效果”—“飞入”—动画窗格—“效果”—方向（8 种进入效果）—“平滑结束”（平滑结束的时间视具体情况而定，此处以 0.5 秒为例）—“动画文本”—“按字/词”，见图 3－74、图 3－75。

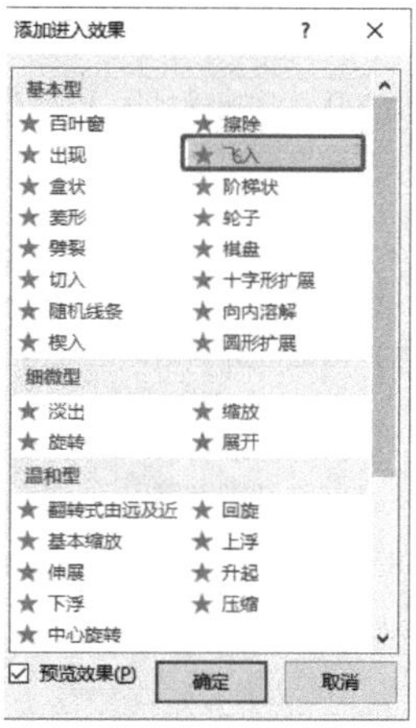

图 3－74　飞入

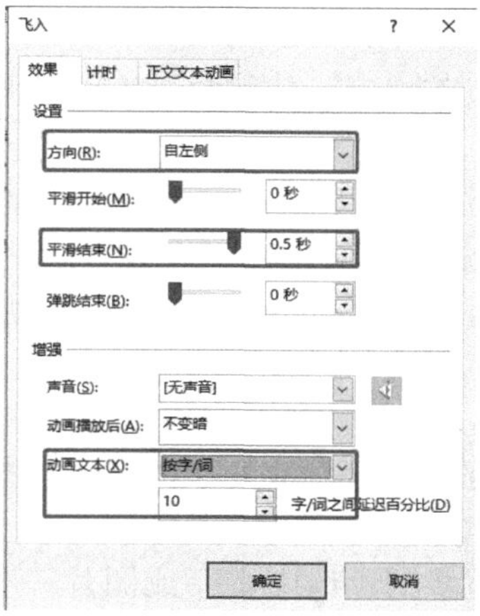

图 3－75　效果设置（飞入）

（3）飞入的“弹跳结束”和“按字/词”发送效果。

这种动画一般适合运用在 PPT 内容页的主标题。设置步骤：选中文字—“添加动画”—“添加进入效果”—“飞入”—动画窗格—“效果”—方向（8 种进入效果）—“弹跳结束”（时间为 0. 32 秒）—“动画文本”—“按字/词”，见图 3－76。

（4）直线路径的“重复”和“自动翻转”效果。

这种动画一般适合运用在教学演示上，使画面显得活泼。设置步骤：选中文字或图片—“添加动画”—“其他动作路径”—“直线”　（多种方向）—动画窗格—“效果”—“平滑开始”“平滑结束”（时间均为 0 秒）—“自动翻转”—“计时”—“开始（上一动画之后）”—“重复（直到幻灯片末尾）”。

（5）“打字机”效果。

这种动画一般适合运用在 PPT 任何文字上，像在用键盘打字，如果配上打字声音效果更好。设置步骤：选中文字或图片—“添加动画”—“添加进入效果”—“出现”—动画窗格—“效果”—“按字母”，见图 3－77。

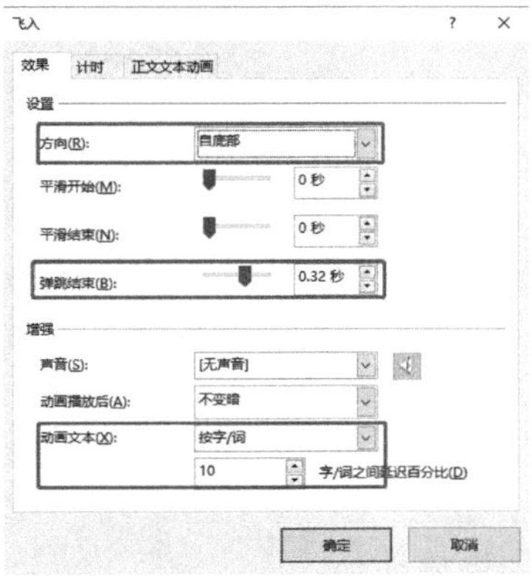

图 3－76　弹跳结束

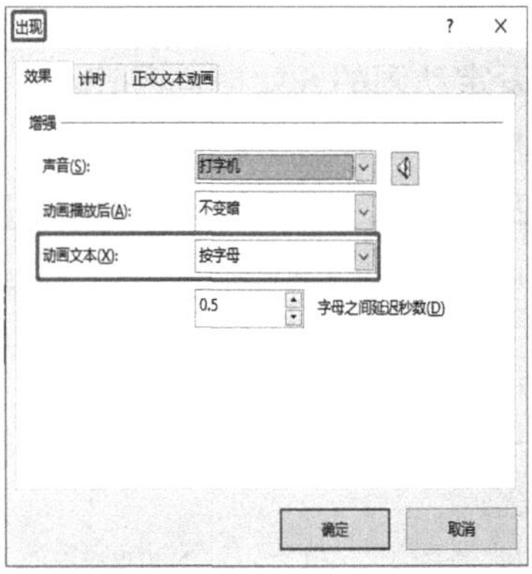

图 3－77　打字机效果

2. 单个对象的组合设置

“缩放”和“陀螺旋”的组合：这种动画一般适合运用在正文的大段文字与图片上，使画面显得活泼。

设置步骤：选中文字或图片—“添加动画”—“添加进入效果”—“缩放”—动画窗格—“效果”—“计时”—“开始（上一动画之后）”；选中文字或图片—“添加动画”—“添加强调效果”—“陀螺旋”—动画窗格—“效果”—“计时”—“开始（上一动画之后）”。

3. 多个相同对象、相同动画的组合效果

这种动画一般适合运用在正文的文字与图片，显得画面整齐有序。

如上面一排图片动画效果是从左飞入到右，下面一排图片动画效果是从右飞入到左，见图3-78。设置步骤：选中文字或图片—“添加动画”—“添加进入效果”—“飞入（向右侧）”—“效果”—“平滑结束（0.5秒）”—“计时（0.2秒）”；选中文字或图片—“添加动画”—“添加进入效果”—“飞入（向左侧）”—“效果”—“平滑结束（0.5秒）”—“计时（0.2秒）”。

图3-78 图片动画效果

3.3.3 设定动画的开始时间及速度

1. 开始时间

在“自定义动画”的“计时”选项的设置中，有“单击时”“与上一动画同时”“上一动画之后”，或右击动画有“效果”选项或双击动画出现窗口，见图3-79。

“单击时”，即单击鼠标左键、方向键向上或向下或回车键，均能使元素播放动画。

“与上一动画同时”，即与上一个元素同时播放动画，如果同时选中多个元素批量设置动画，则第一个元素是“单击时”，其余的元素均为“与上一动画同时”，播放时，几个元素同时播放。

“上一动画之后”，即上一个动画播放完后立即播放动画。

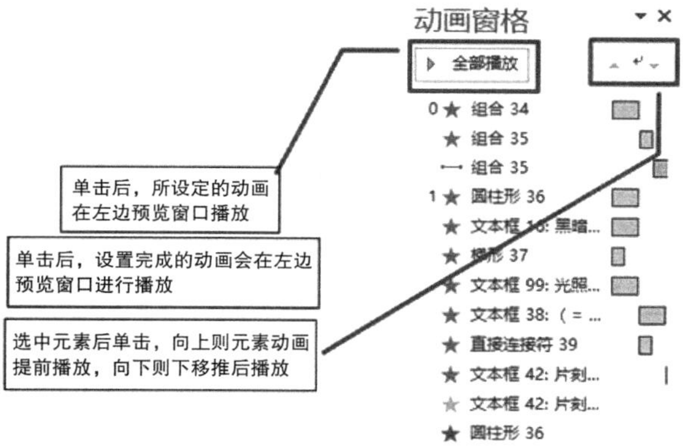

图 3－79　**动画窗格**

2. 速度

设置“延迟”，即推迟播放的时间，可直接在“计时”面板设置延迟时间，见图 3－80。

设置“期间”，即动画的播放持续的时间，有“非常快（0.5 秒）”“快速（1 秒）”“中速（2 秒）”“慢速（3 秒）”“非常慢（5 秒）”。也可直接在“计时”面板设置“持续时间”。见图 3－81、图 3－82。

设置“重复”，即重复播放动画的次数。

图 3－80　**设置“延迟”**

图 3－81　**设置“期间”**

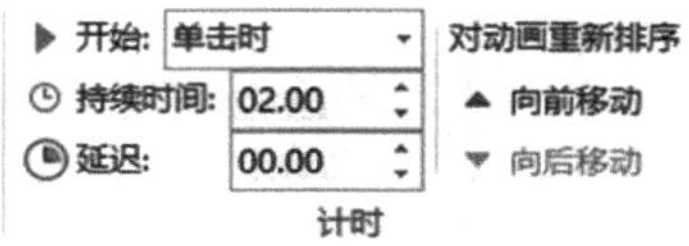

图 3－82　**设置“持续时间”**

本章详细介绍了 PPT 的操作方法及 PPT 微课的录制方法，建议在阅读本章的基础上观看本书配套教学慕课“微课设计制作与教学应用”。

第4章 Camtasia Studio 9 微课设计与制作

- 了解 Camtasia Studio 9 的基本概念和作用
- 了解 Camtasia Studio 9 的工作界面
- 掌握 Camtasia Studio 9 的基本操作和在微课制作过程中的运用

Camtasia Studio 9（CS9）是一款操作简单、集屏幕录制和音视频剪辑于一身的音视频处理软件。随着微课的普及和新冠肺炎疫情下各地开展的“线上+线下”混合式教学模式，CS9 凭借其简洁的操作界面、简单的操作方式、强大的音视频剪辑和处理功能深受广大一线教师的热捧。本章主要从 Camtasia Studio 9 极简微课、Camtasia Studio 9 软件介绍、界面介绍和基本操作四个方面展开介绍。

4.1 CS9 极简微课

以下简单介绍 CS9 微课录制的操作步骤：

（1）点击“Record”录制按钮。弹出录制窗口，此处我们可以设置录制的区域、录制声音的来源、摄像头等，见图 4－1。

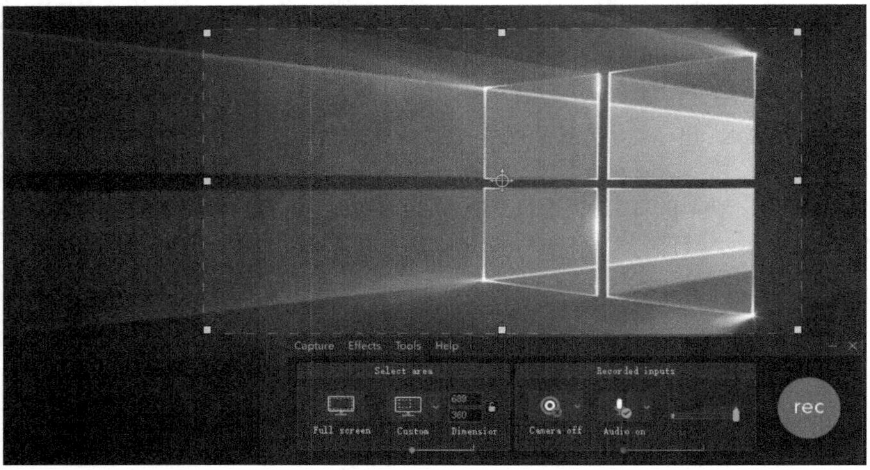

图 4－1　录制屏幕

（2）打开要录制的授课内容，如 PPT 课件、Focusky 课件等，切换到播放模式，见图 4－2。

图 4－2　打开 PPT 课件

（3）点击“rec”按钮。开始屏幕录制，授课教师将讲解搭配课件内容同步录制。

（4）录制完成后，点击键盘上的 Esc 键退出录制。

CS9 具体的操作步骤可查阅本章的 4.4.1“录制”。

4.2　CS9 软件介绍

4.2.1　基本简介

Camtasia Studio 是美国 TechSmith 公司出品的一种专业屏幕录像和编辑的软件。CS9 官方版提供了强大的屏幕录像、视频剪辑和编辑、视频菜单制作等功能，界面简洁明晰、操作方便快捷。用户使用该软件可以方便地进行屏幕操作的录制和配音、视频的剪辑和过场动画、添加说明字幕和水印、视频压缩和播放。

4.2.2　软件特色

该软件能在任何颜色模式下轻松地记录屏幕动作，包括影像、音效、鼠标移动的轨迹、解说声音等；另外，它还具有及时播放和编辑压缩的功能，可对视频片段进行剪接、添加转场效果。它输出的文件格式很多，可以是 GIF 动画、AVI、RM、QuickTime 电影（需要 QuickTime 4.0 以上）等，可以将多种格式的图像、视频剪辑连接成电影，并可将电影文件打包成 EXE 文件，在没有播放器的机器上也可以进行播放，还附带一个功能强大的屏幕动画抓取工具，内置一个简单的媒体播放器，用起来极其顺畅。

4.2.3　功能介绍

1. 强大的屏幕录像功能

软件功能包括视频菜单制作、视频的剪辑和编辑、视频播放等。用户可以方便地进行屏幕操作的录制和配音、视频的剪辑和过场动画、添加说明字幕和水印、制作视频封面和菜单、视频压缩和播放。Camtasia 录像器能在任何颜色模式下轻松地记录屏幕动作，包括光标的运动、菜单的选择、弹出窗口、层叠窗口、打字和其他在屏幕上看得见的所有内容。除了录制屏幕，软件还允许操作者在录制的时候在屏幕上画图和添加效果，以便标记出想要录制的重点内容。

2. 强大的视频播放和视频编辑功能

软件有强大的后期处理能力，可在录制屏幕后，基于时间轴对视频片段进行各类剪辑操作，如添加各类标注、媒体库、画中画、字幕特效、转场效果、旁白、标题剪辑等，当然也可以导入现有视频进行编辑操作，包括 AVI、MP4、MPG、MPEG、WMV、MOV、SWF、RM、GIF 等文件格式，操作简单。

3. 录制 PPT 功能

使用 Camtasia Studio PPT 插件可以快速地录制 PPT 视频并将视频转化为交互式录像放到网页上面，也可转化为绝大部分的视频格式，如 AVI、SWF 等。

无论是录制屏幕还是 PPT，用户都可以在录制的同时录制声音和用摄像机进行录像。在最后制作视频时，用户可以把摄像机录像以画中画格式嵌入主视频中。

4.3 CS9 界面介绍

CS9 界面见图 4－3。

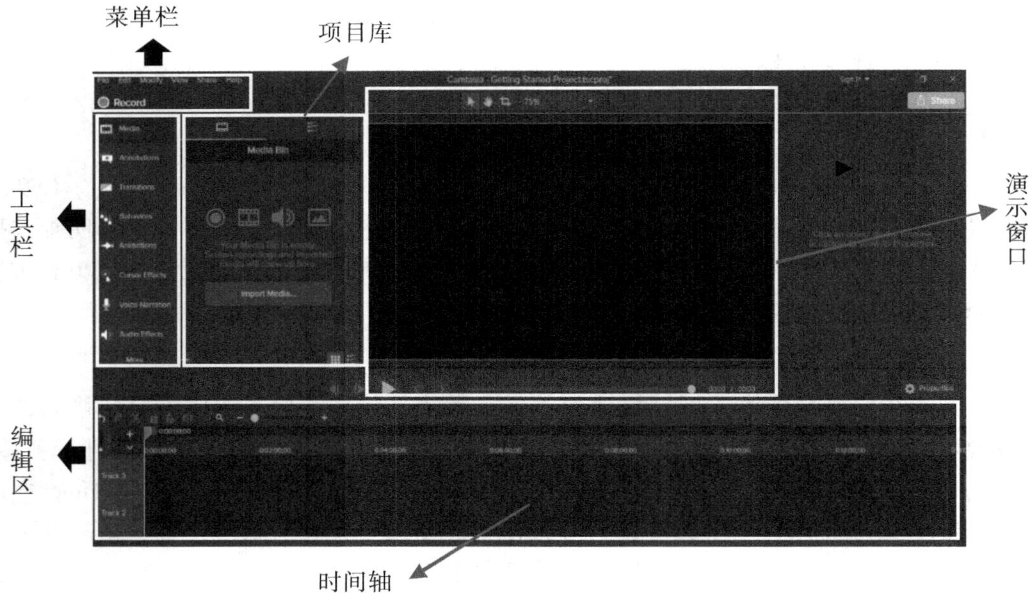

图 4－3 CS9 界面

4.3.1 演示窗口

在演示窗口可进行视频预览，对视频尺寸大小、画布的尺寸大小及画布的颜色进行调节。

（1） 编辑。使用编辑模式可以在画布上任意拖动所选的元素（视频、图片、文字等），调整其大小。

（2） 平移。使用平移模式可以拖动画布，有助于更好地查看。

（3） 裁剪。使用裁剪模式可以裁剪视频中不需要的区域。

（4）

画布选项。调整画布缩放级别（不影响最终视频）；在画布选项中，选项设置还能调整画布的尺寸大小及画布的颜色，见图 4 – 4。

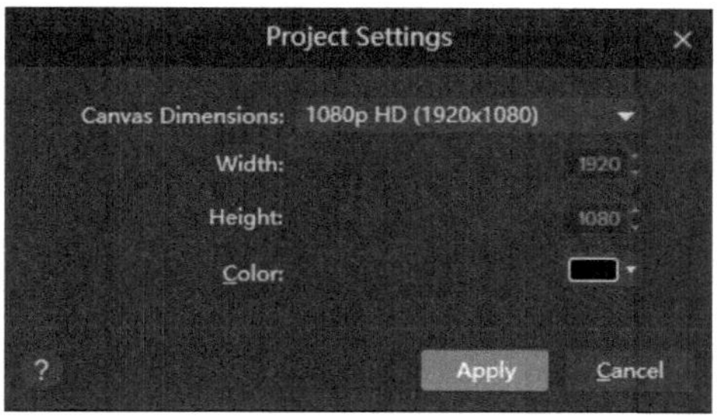

图 4 – 4　调整画布

（5） 上下帧切换。点击该按钮可以精确地确认微课视频所需的时间点。如在剪切音频噪声时，我们需要精确地找出噪声所在的时间点，这时就可以点击该按钮，精确地找出噪声所在的位置，见图 4 – 5。

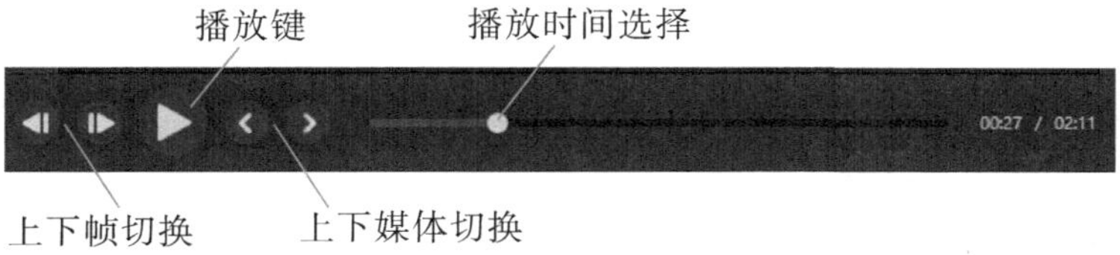

图 4 – 5　上下帧切换

4.3.2　编辑区

进行多轨道编辑，用于查看时间轴，调节视频、音频和图片，可进行分割合并等操作。

（1） 撤销上一操作：用于撤销上一操作。

（2）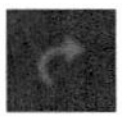 重复上一操作：用于重复上一操作。

（3） 剪切：用于剪切选中的区域。

（4） 复制：用于复制选中的区域。

（5）粘贴：用于粘贴剪切及复制的内容。

（6）分割：在分割点分割所选媒体。

（7）添加轨道：轨道可用于放置视频、音频、图片等元素。

（8）轨道纵向缩放：纵向放大或缩小轨道的比例，可方便编辑时更好地处理轨道上的元素，如放大可更加精细地剪辑。

（9）轨道横向缩放：即横向放大或缩小轨道的比例，在剪辑视频噪声时，可调节轨道横向缩放放大轨道，以便更加精细地剪辑噪声。

4.3.3 工具栏

（1）

媒体库和库：媒体库放置视频项目中用到的视频、音频和图像文件。库放置跨项目使用的媒体时间轴场景和组。

（2）

注释：添加文本、箭头、形状和高亮以增强视频。其他类型包括模糊、聚光灯、热点和击键。

（3）

转场：添加到开头和结束，或添加媒体表示时间推移和媒体之间平滑过渡。

（4）

行为：使用文本和媒体动画预设，组合出独特效果。拖拽到时间轴或者画布上以添加到最终视频。

（5）

动画：使用动画来放大、缩小或平移。添加运动效果以旋转、倾斜、缩放等。

（6）

指针效果：在 Camtasia 录像中增强指针。使用高亮、聚光灯和放大或添加点击声音和效果。

（7）

语音旁白：时间轴播放时录制使用者的语音。粘贴文本或脚本以轻松朗读录制旁白。

（8）

音频效果：增强和提高音频质量，如音量均衡、删除背景噪音或调整剪辑速度。

（9）

视觉效果：添加效果，如删除颜色（绿色荧幕）、阴影和剪贴速度。

（10）

交互：添加交互式测验或问卷调查。要在最终视频中包含测验，请使用 Screencast 或者 Smart Player 预设进行生成。

（11）

字幕：创建符合 ADA 标准的字幕。也可以导入 SAML 或者 SRT 文件，或导出字幕文件。选项包括手动或自动同步文本或语音转文本录音。

4.4 CS9 基本操作

4.4.1 录制

1. 直接录制电脑屏幕

（1）点击 

出现录制选项，见图 4-6。

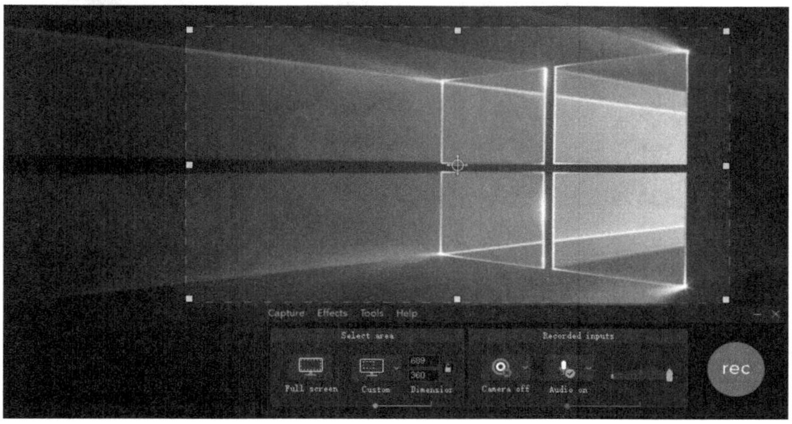

图 4-6 录制屏幕

在“Select area”选项中可以对录制的区域进行设置：

点击“Full screen”可以全屏录制，点击“Custom”可以自定义拖动绿色虚框选择录制区域。

点击  可以直接输入数值确定录制的区域，点击  可以锁定录制的区域。

在“Recorded inputs”可以设置“画中画”效果，同时可以对音频输入设备进行设置。

点击“Camera off”选择打开录制电脑摄像头，调节好录制的镜头、光线等，可以在录制的过程中把授课者的头像录制进视频中，台式电脑需要安装摄像头，笔记本电脑可以用自带的摄像头也可选择外接摄像头。

点击“Audio on”启用音频录制，在音频录制设置中，可以选择需要录制的声音。

此处以录制 USB 接口麦克风为例，即录制过程只录制麦克风的声音，见图 4-7。

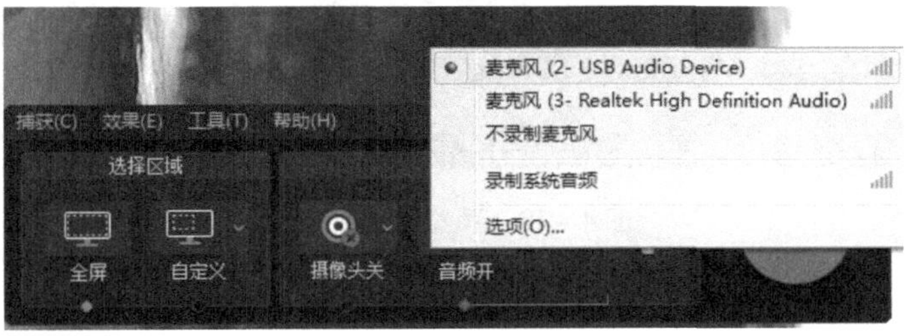

图 4-7 录制设置

（2）设置完成后，点击  开始录制，见图 4－8。

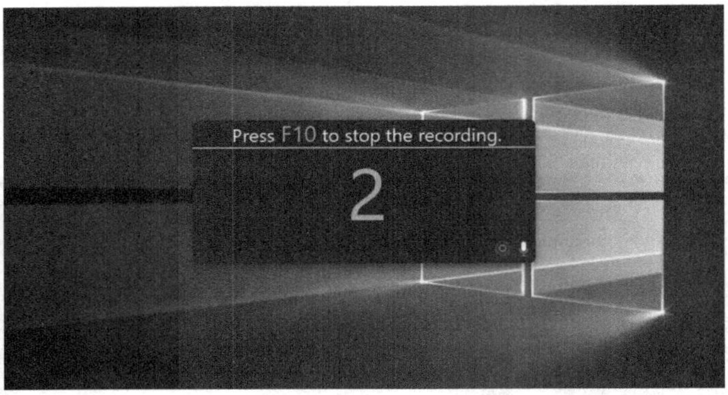

图 4－8　开始录制

（3）录制过程中，点击“Delete”删除录制；点击“Pause”可暂停录制；当录制完成后，点击“Stop”结束录制，也可以预览编辑视频，见图 4－9、图 4－10。

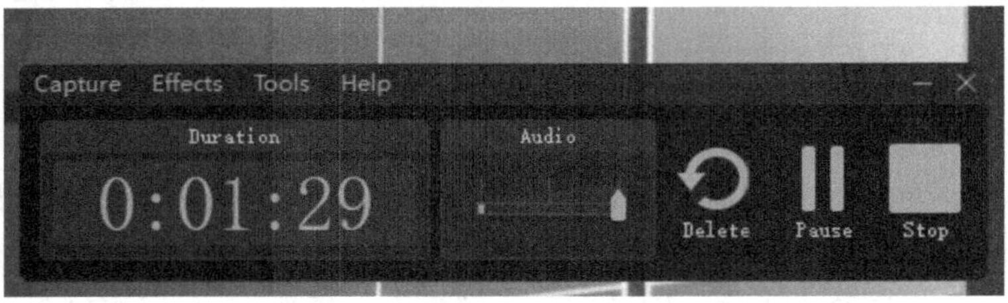

图 4－9　录制过程

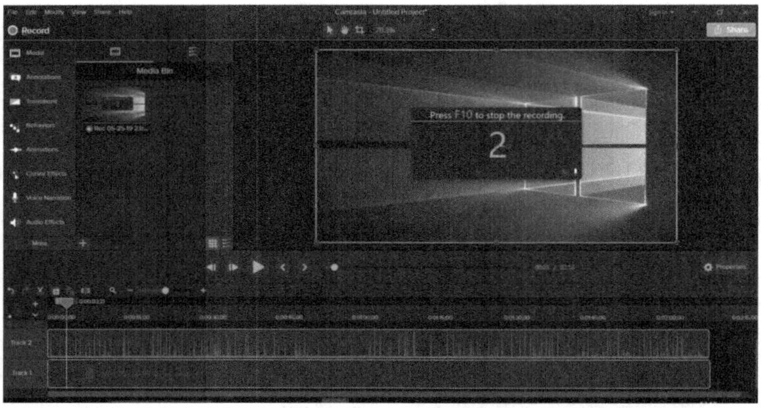

图 4－10　预览编辑视频

（4）在编辑区和工具栏，可以对已录制的视频进行检查并加工；剪辑完成后，在菜单栏上选择“Share”可分享生成为视频，见图 4－11。

图 4－11　选择“Share”生成视频

2．录制 PPT

（1）在 CS9 中选择

录制，或直接打开幻灯片选择“加载项”点击

开始录制。

（2）录制选项如图 4－12 所示，点击“Click to begin recording”，开始录制。

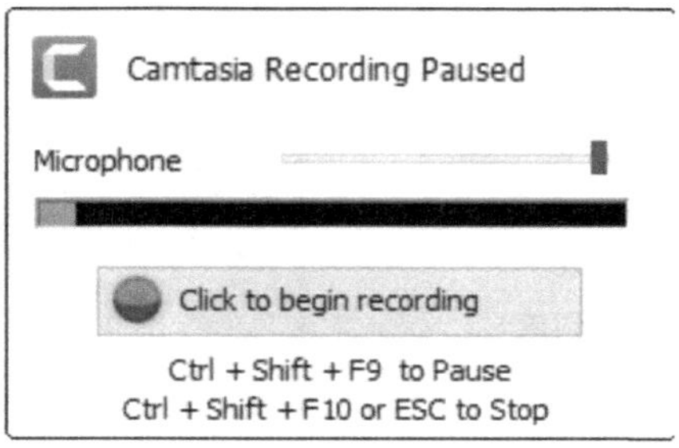

图 4－12　开始录制 PPT

（3）录制结束后，点击键盘左上角 Esc 键退出录制，后期可以在 CS9 进行剪辑处理。

4.4.2　视频剪辑

1．视频分割

在剪辑视频的过程中有时需要将视频分成两个部分，这时候我们需要对视频进行分割，具体操作如下：

（1）点击轨道上需要分割的视频，将移动杆移动至视频分割点，右击移动杆，右键选择“Split”（分割），可完成视频分割；或直接点击剪辑栏上的“Split”按钮进行分割。见图 4－13、图 4－14。

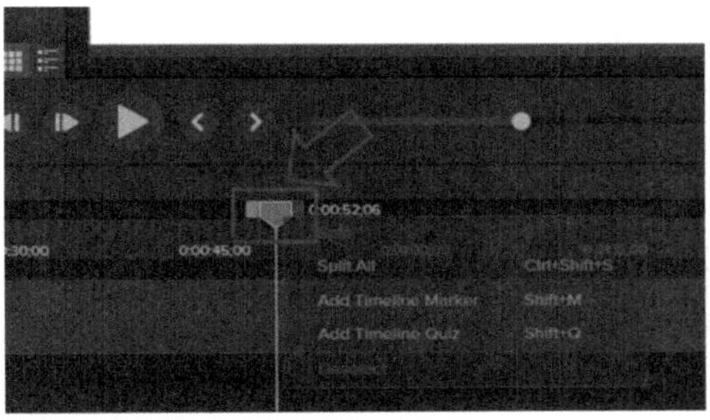

图 4－13　移动移动杆

图 4－14　分割视频

（2）分割视频中间片段：有时候需要将视频的中间部分分割出来，这时我们可以拖动移动杆上的绿、红标选择需要分割的起点和结束点，点击选中部分，单击右键，选择“Add Timeline Selection to Library”（添加播放指针选中到库），将选中视频存入库后可进行另外的操作，见图 4－15。

（3）假设想要分割得比较精准，则需要准确选择时间：拖动进度条到显示大概要进行分割的界面；或者直接播放视频到要分割的界面；然后向右拖动轨道横向缩放，或点击“＋”将时间轴显示比例放大；最后拖动轨道区中的  选择分割的时间，见图 4－16。

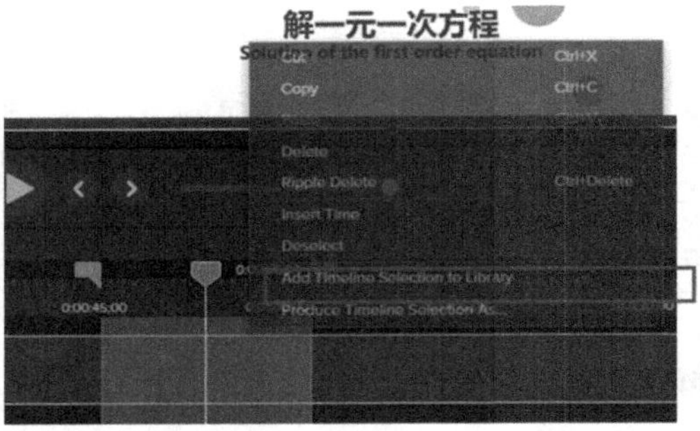

图 4－15　添加播放指针选中到库

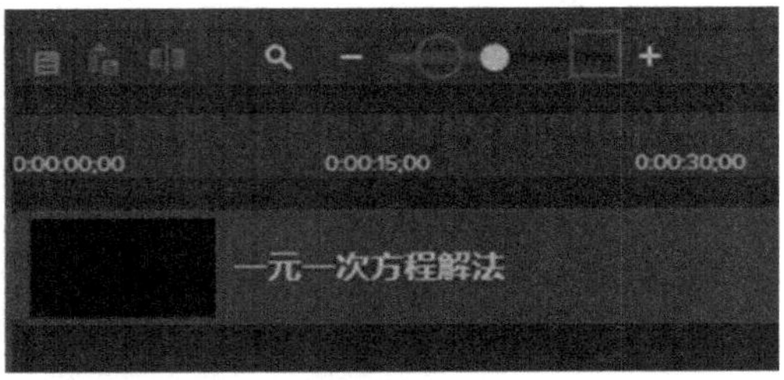

图 4－16　放大、缩小编辑对象

2. 删减视频

当我们需要将视频中不需要的部分删掉时，则进行删减视频的操作。将视频分割后，鼠标单击选中不需要的部分，按 Delete 键删除即可；或选中不需要的部分，右键选择“Delete”也可完成操作。见图 4－17。

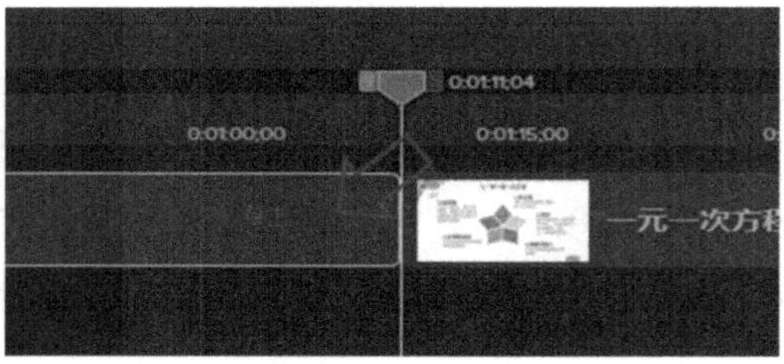

图 4－17　删减视频

3. 合并对象

当我们需要将各个分散在时间轴的视频、音频或图片等组合在一起时，则进行合并操作。按住 Ctrl 键，鼠标左键多选需要合并的部分，然后右键点击“Group”（组）进行合并。如果时间轴上的所有视频、音频或图片都需要合并，可以按住 Ctrl 键，同时按住“A”，全选后右键点击“Group”（组）进行合并。

4.4.3　注释和添加文本

当我们需要在视频中添加标注或强调效果，使表达更加清晰具体时，我们可以用到

“注释” 功能。

（1） 添加注释。点击 “Annotations” 添加形状，我们可以在形状上添加文本，更改形状大小颜色以适应画面及突出重点，见图 4－18。

图 4－18　添加注释

（2） 添加文本。同样在注释功能里点击 “Style” 下拉框，点击  编辑文本，在轨道上调节文本出现的时间，也可以延长或缩减保持时间，见图 4－19、图 4－20。

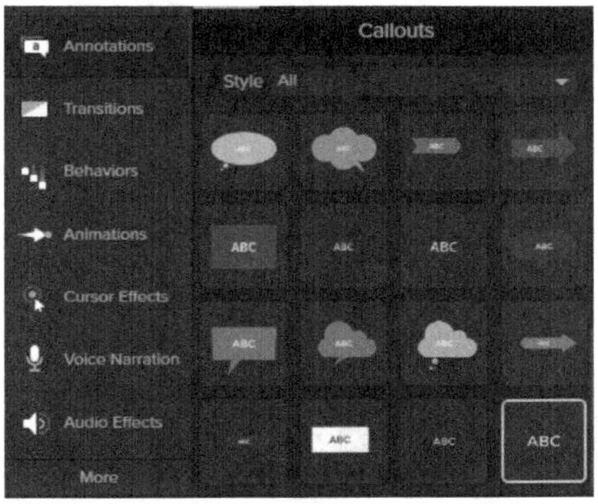

图 4－19　编辑文本

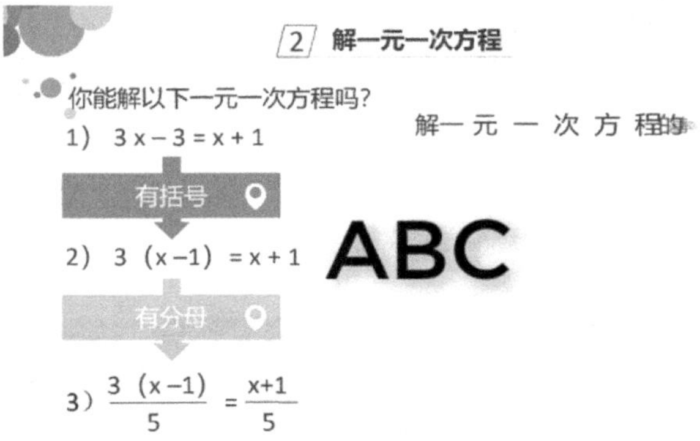

图 4－20　添加文本

注：以上形状添加 “行为” 动画，效果更佳。

4.4.4　动画缩放

有时视频的某个部分需要突出展示，这时我们可以用到 “动画缩放” 功能。

在 “Animations” 对焦视频中需要突出展示的画面，在播放到该画面时点击缩放，通过拖动缩放虚框调节缩放大小，轨道上出现缩放标志 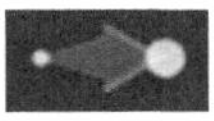，双击可编辑缩放效果，拉伸可调节缩放时间。如需回到原始画面大小，需再添加一个缩放将大小调回。

4.4.5 音频处理

（1）选中轨道上的视频或音频，右击“Edit Audio”（编辑音频）或直接点击“Audio Effects”（编辑音频）进行编辑，见图4－21至图4－23。

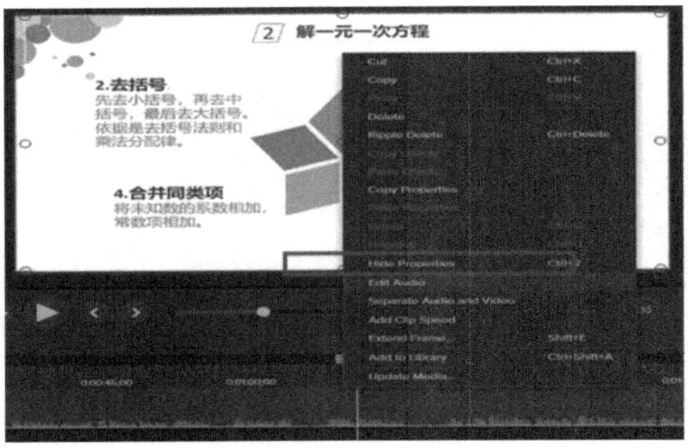

图4－21　选中视频或音频

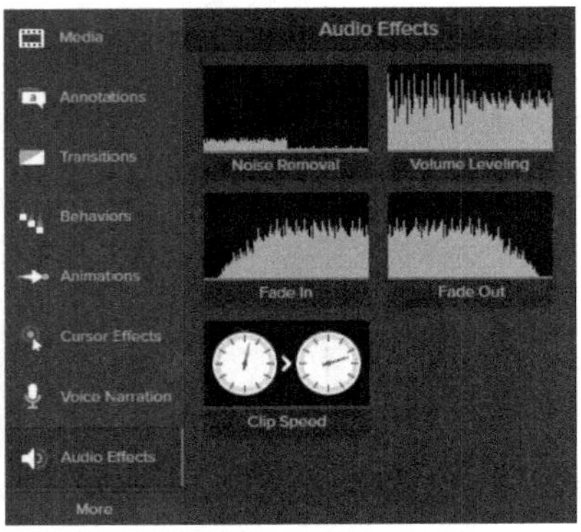

图4－22　编辑音频

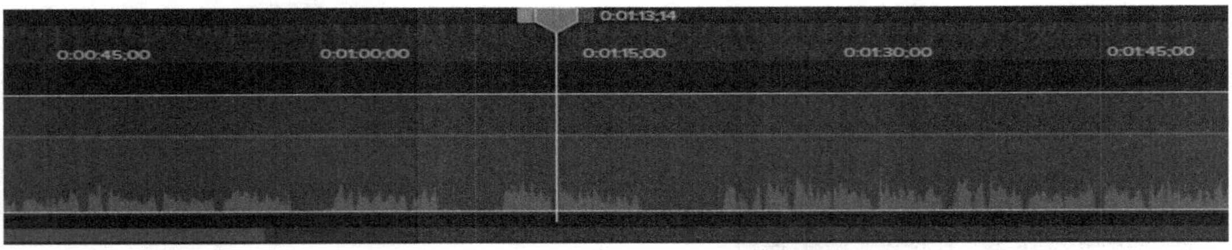

图4－23　效果预览

（2）将鼠标移至绿色线，移动进行音量调节，见图4－24。

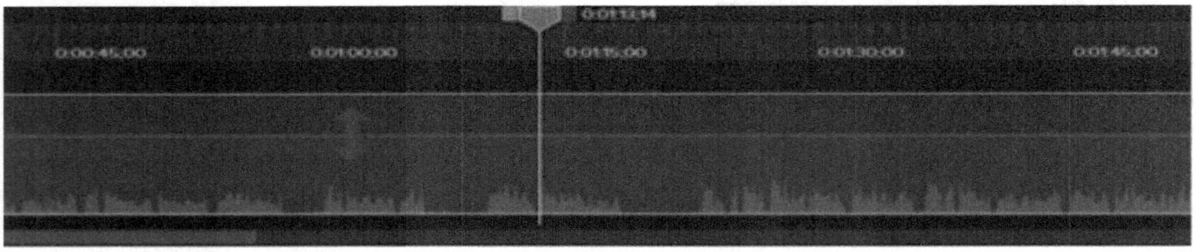

图4－24　调节音量

（3）此外，可以通过“Volume Leveling”（启用音量变化）使整个视频音量大小均衡，解决声音忽高忽低的问题，音量的大小则根据个人的需要调节，见图4－25。

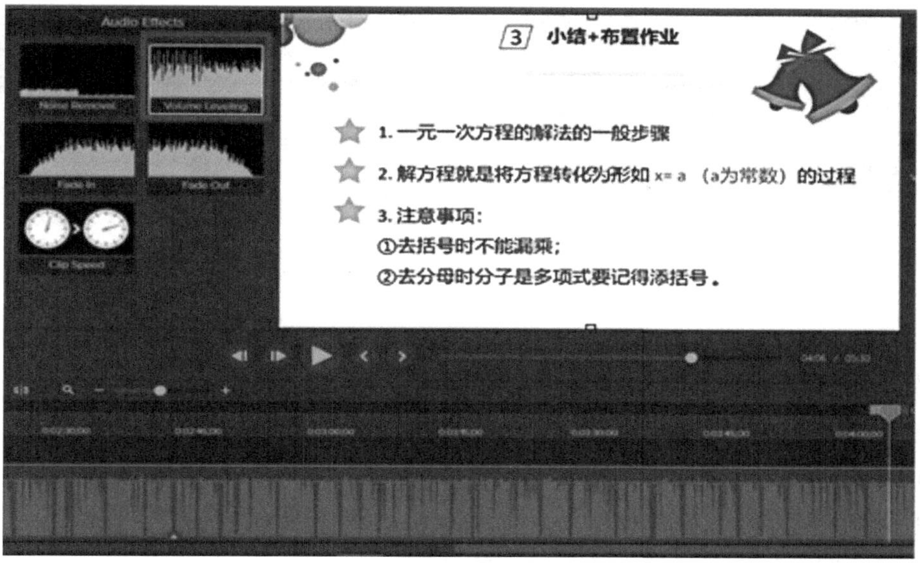

图 4－25　启用音量变化

4.4.6　消除噪声

（1）选中轨道上的视频或音频，右击“Edit Audio”或直接点击“Audio Effects”进行编辑。勾选“Noise Removal”（启用噪声去除），见图 4－26。

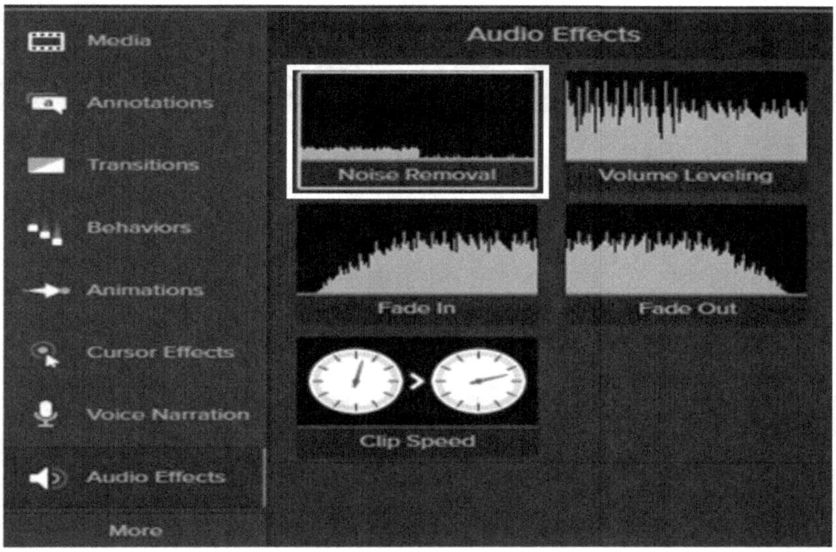

图 4－26　启用噪声去除

（2）如果某一小段时间内，并没有录音，则可以通过将这一段先剪出来再将其设为静音，从而达到去除噪声的效果，见图 4－27、图 4－28。

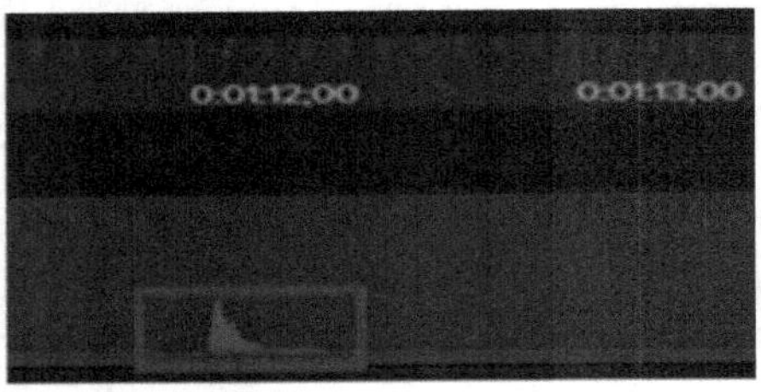

图 4－27　剪辑并静音处理

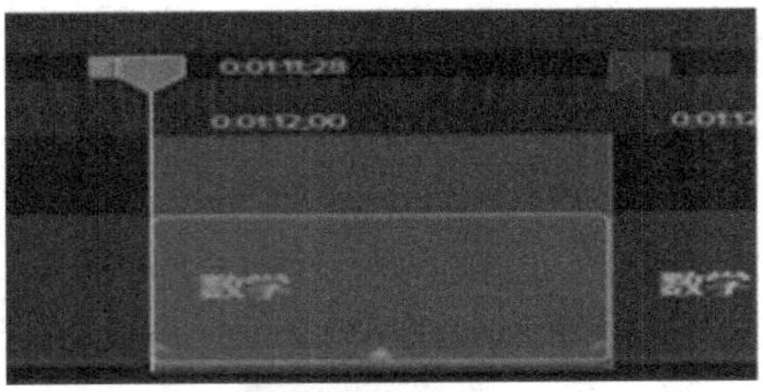

图 4－28　去除噪声

CS9 只能减少噪声，如果要真正做到消除噪声，最好的方法就是最大限度地去除环境和硬件设备上的干扰。

4.4.7　添加开头或转场

（1）在 Library（公共库）里选择主题或声音文件，直接在播放画面里添加开场文字，在轨道上调节时间，见图 4－29。

（2）连接两个媒体的动画效果，双击预览播放效果，选择“Transitions”（添加到所选媒体），将效果应用于选中媒体的头尾，见图 4－30。

图 4－29　公共库

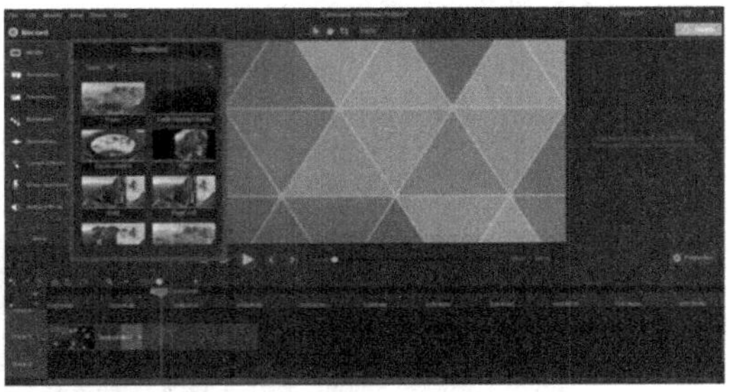

图 4－30　添加转场效果

4.4.8　指针效果

在时间轴上选中视频（该视频需使用 CS 录制才能使用指针效果，幻灯片需使用加载项中的 CS 插件录制），在“Cursor Effects”中编辑效果，见图 4－31、图 4－32。

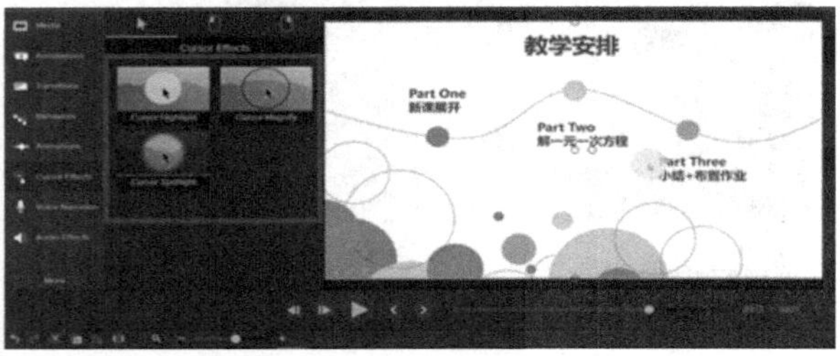

图 4－31　指针效果

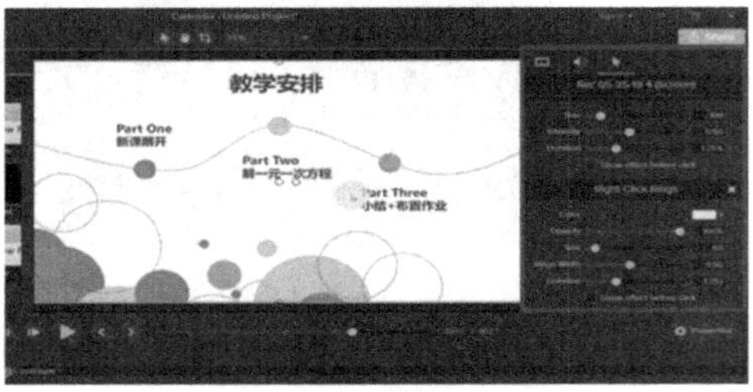

图 4－32　编辑效果

4.4.9 添加字幕

1. 一键添加字幕（语音转字幕）

选择字幕，然后点击“Speech-to-Text”，依次进行转换，见图 4－33 至图 4－36。（在普通话足够标准的情况下，才建议使用此法）

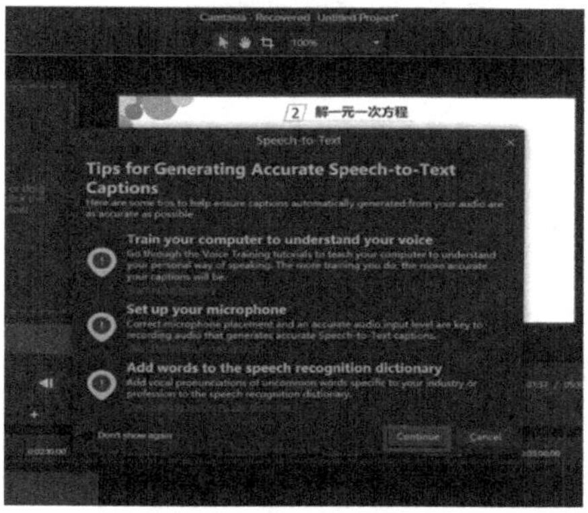

图 4－33 点击“Continue”

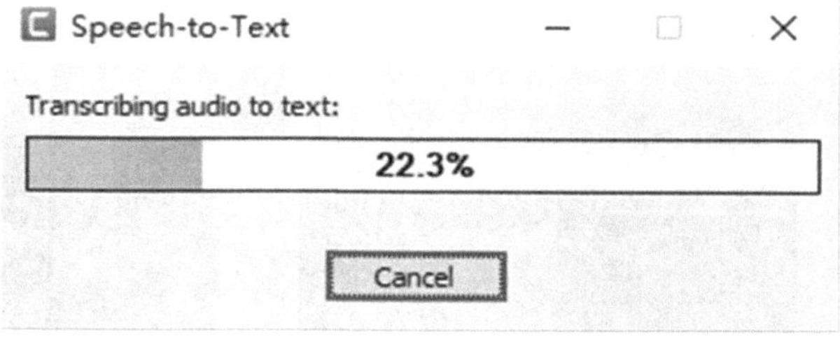

图 4－34 语音转字幕

图 4－35 生成后

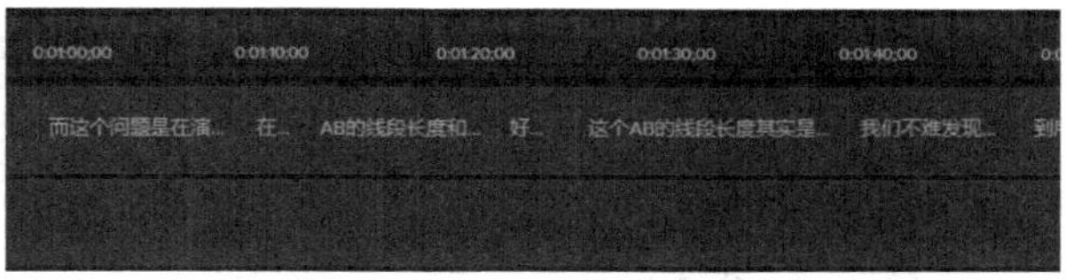

图 4－36 编辑区预览

2. 手动添加字幕

（1）在  中输入字幕，见图 4－37。

（2）在时间轴上调整字幕以对应音频，见图 4－38。

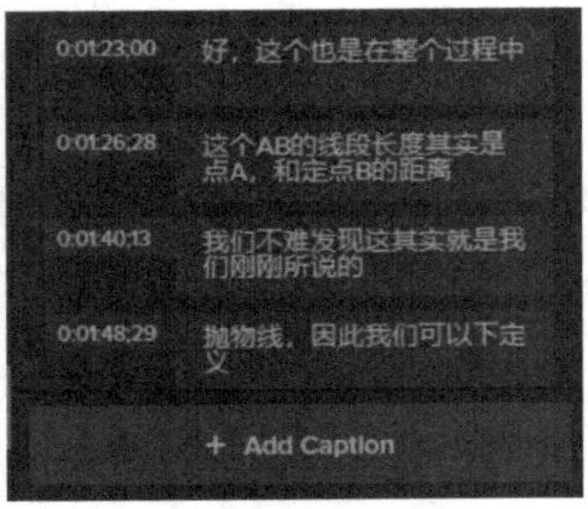

图 4 - 37　手动添加字幕

图 4 - 38　调整字幕对应音频

（3）通过“Sync captions”（同步字幕）对应音频，见图 4 - 39、图 4 - 40。

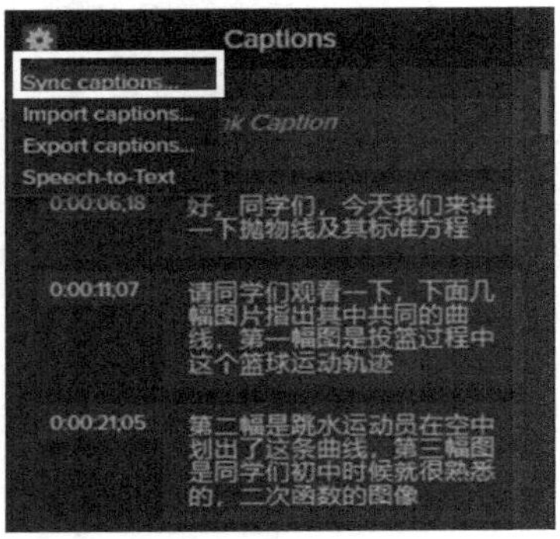

图 4 - 39　对应音频

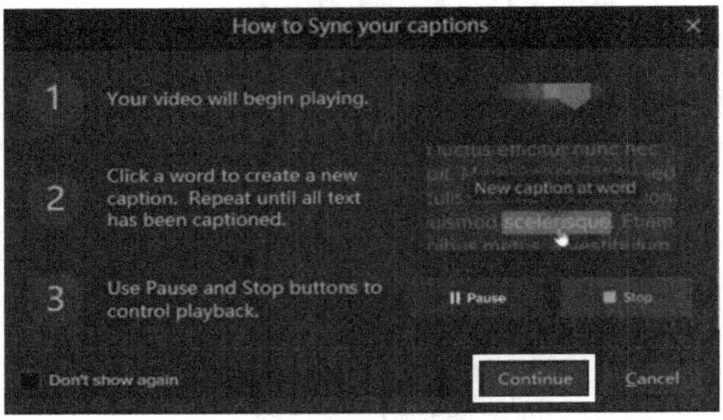

图 4 - 40　同步字幕

（4）用鼠标点击每一句话的头一个字，进行分句，见图 4 - 41、图 4 - 42。

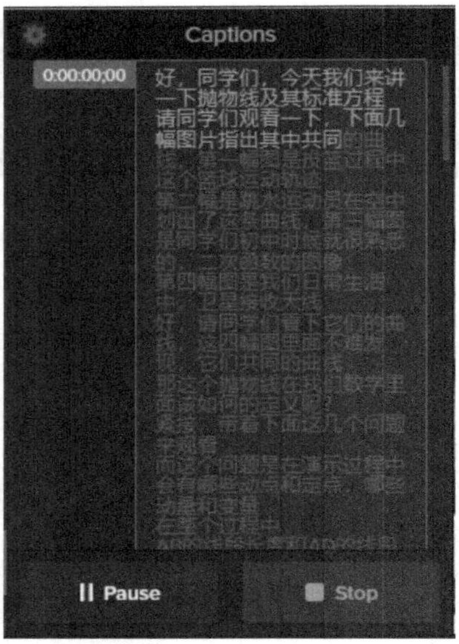

图 4 - 41　选择句子

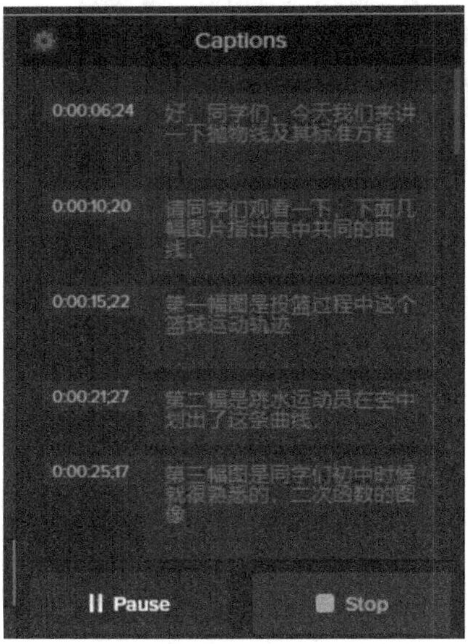

图 4 - 42　分句

（5）点击 Pause 暂停录入字幕，点击 Stop 保存录制。

4.4.10　**测验（网页中打开）**

（1）在视频中添加小测验，在将播放杆移动到要添加的时间点时，右键选择“Add Timeline Quiz”（添加测验）功能，编辑测验名称，见图4－43。

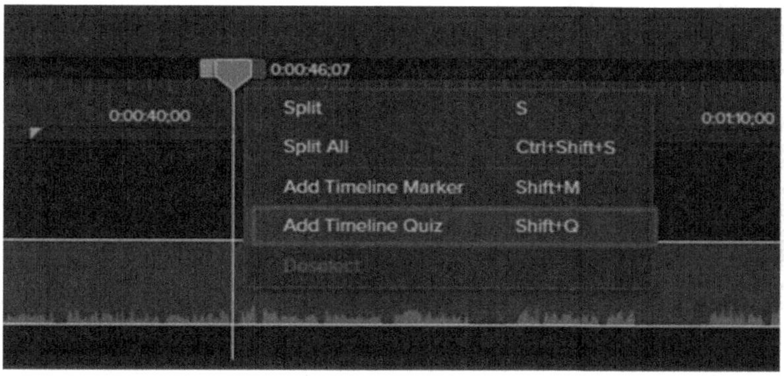

图4－43　添加测验

（2）编制问题类型、文本以及预设答案，见图4－44。

（3）注意要保证视频播放过程测验触发器能发生，生成视频时要选择自定义设置，见图4－45。

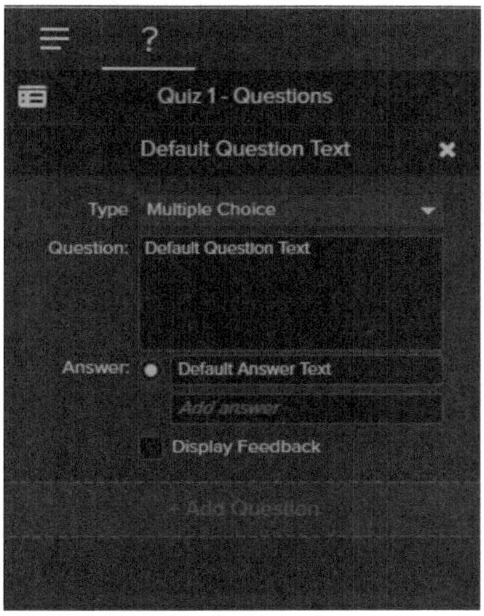

图4－44　编制问题类型、文本以及预设答案

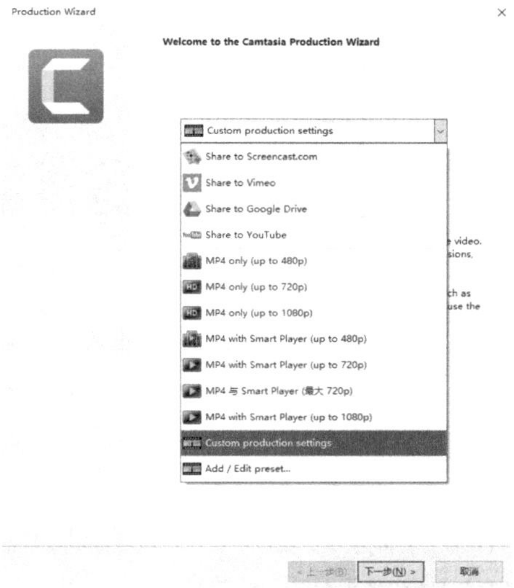

图4－45　生成自定义设置

（4）视频渲染成功后用浏览器打开HTML文档。

4.4.11　导入视频

（1）单击“Import Media”（导入媒体），选择要导入的视频，单击“打开”，见图4－46。

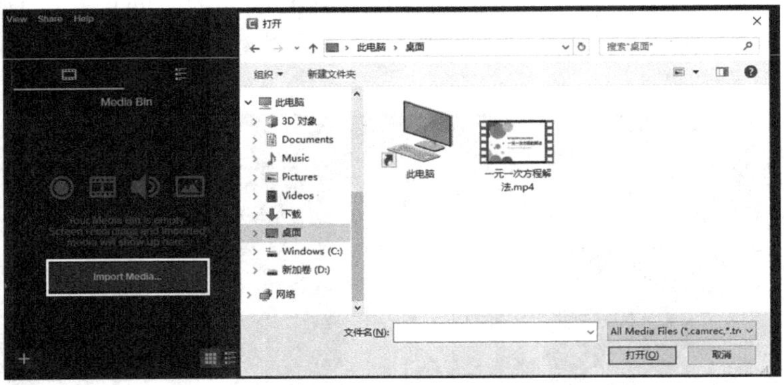

图4－46　导入媒体

（2）双击已导入的视频，随即出现视频画面，进行预览，见图4－47。

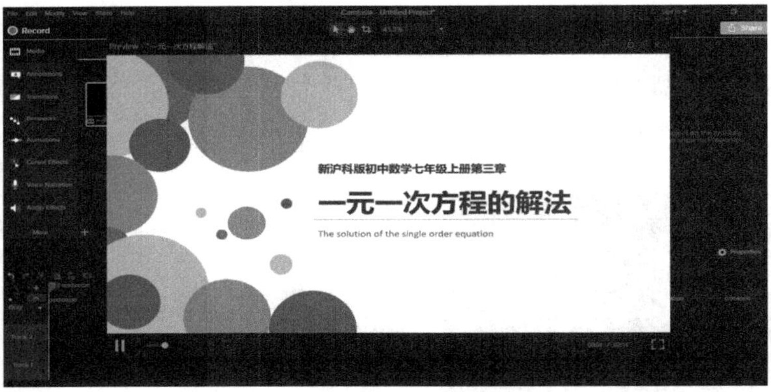

图4－47　预览视频

（3）鼠标拖动视频到时间轴轨道，拖入轨道之后才可对其进行加工、剪辑。

（4）对多个视频进行合并、剪辑：按照导入视频的方法导入多个，并把它们都拖到视频轨上，再用4.3.2的方法对其进行分割、删减、合并。

4.4.12　制作画中画效果

（1）录制：步骤与4.4.1录制基本相同，重点是要打开前置摄像头。

（2）设置头像出现的位置、大小。

①录制完成后进行编辑，单击头像，鼠标则变为 ✥，拖动即可移动头像的位置，见图4－48。

②拖动 ⤡ 即可放大缩小，见图4－49。

图 4－48　调整位置

图 4－49　放大、缩小

（3）设置头像时隐时现。

①将录有头像的 Camtasia 录制文件打开后，即可得到两个视频轨（摄像头以及屏幕）和一个音频轨，轨道序号大的画面将覆盖在轨道序号小的画面上面，见图 4－50。

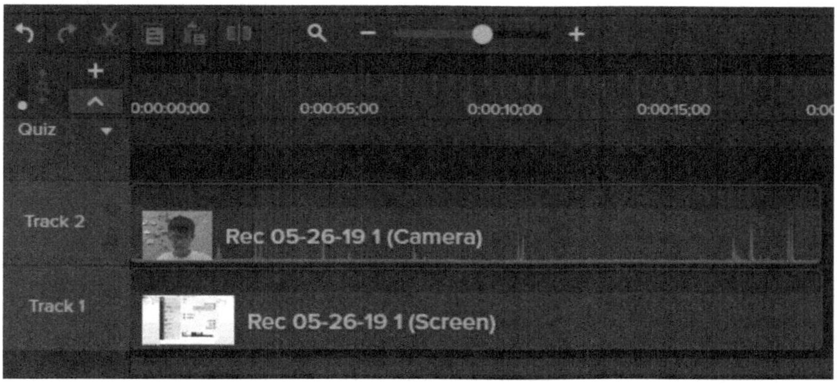

图 4－50　轨道衔接

②分割头像视频（轨道 2），分为 A、B、C、D 若干部分，假设需要出现头像的视频片段是 A、C，则将 B、D 删去，即可实现头像时隐时现的效果，见图 4－51、图 4－52。

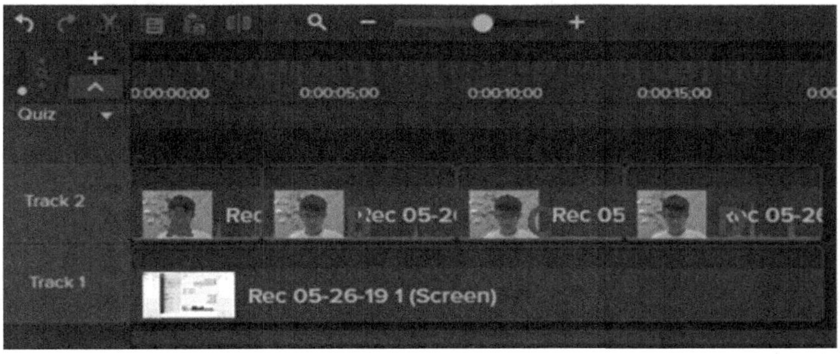

图 4－51　分割头像视频

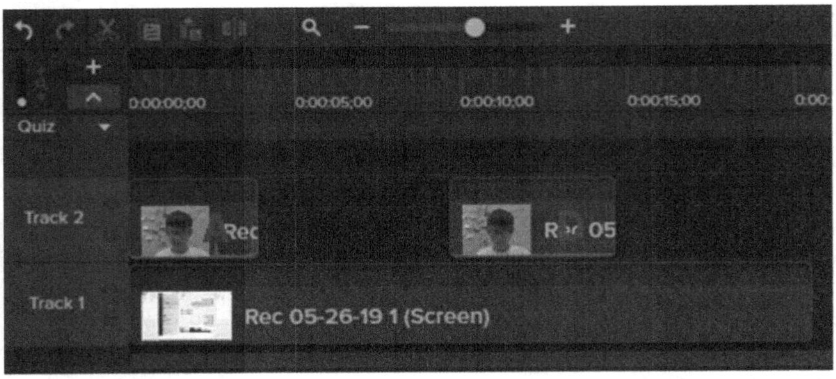

图 4－52　分割后效果

4.4.13　添加背景音乐

（1）将要添加背景音乐的视频导入后，用同样的方法导入音频，见图 4－53。

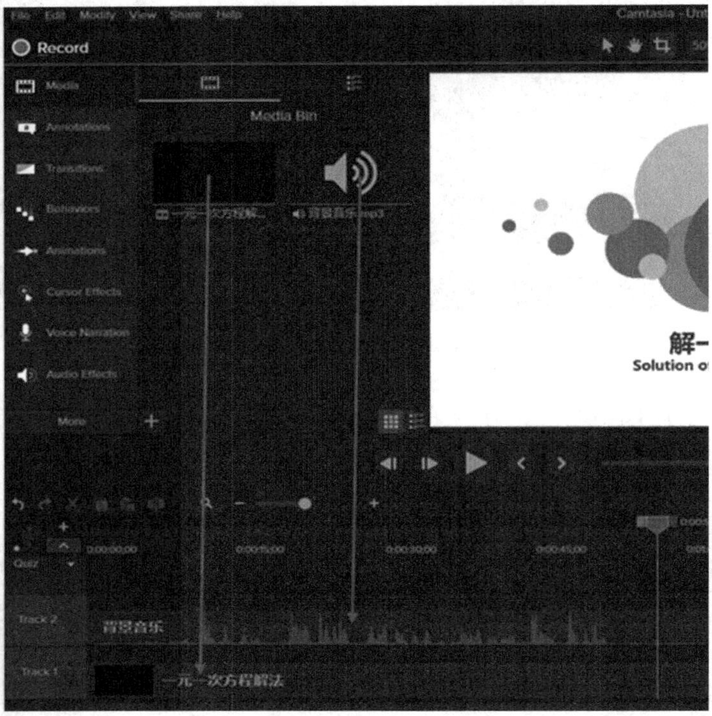

图 4－53　导入音频

（2）用 4.4.5 调节音量的方法调节背景音乐音量，背景音乐的剪辑同视频的剪辑一样，用鼠标左右拖拽实现背景音乐出现的时间。

4.4.14　对视频重配音

（1）如果对录制的配音不满意，可进行重新配音，先将视频原先的音频设为“静音”，见图4－54、图4－55。

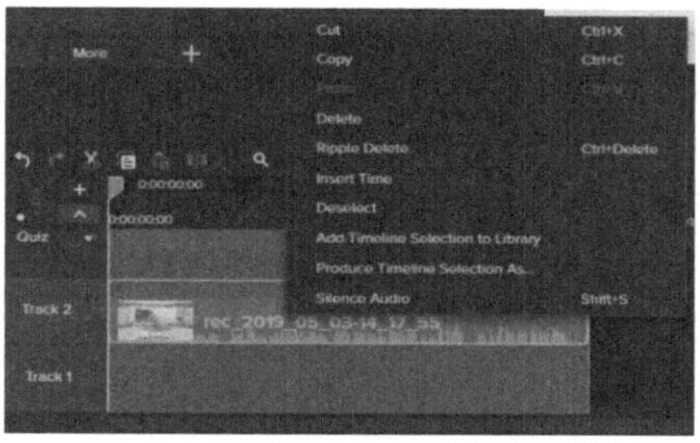

图4－54　选中音频

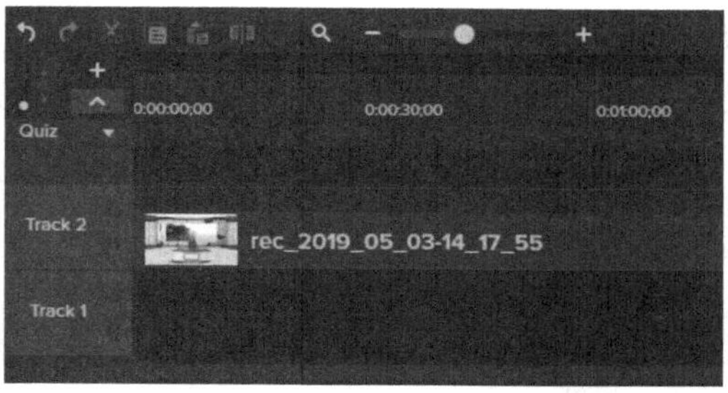

图4－55　静音处理

（2）再录制语音旁白“Voice Narration”，并保存，见图4－56至图4－58。

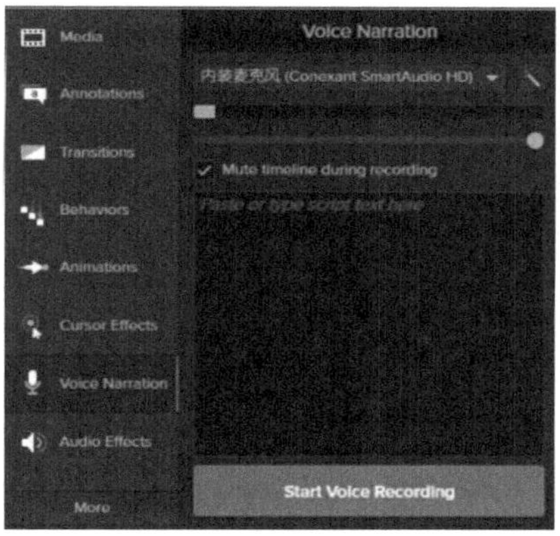

图4－56　录制语音旁白

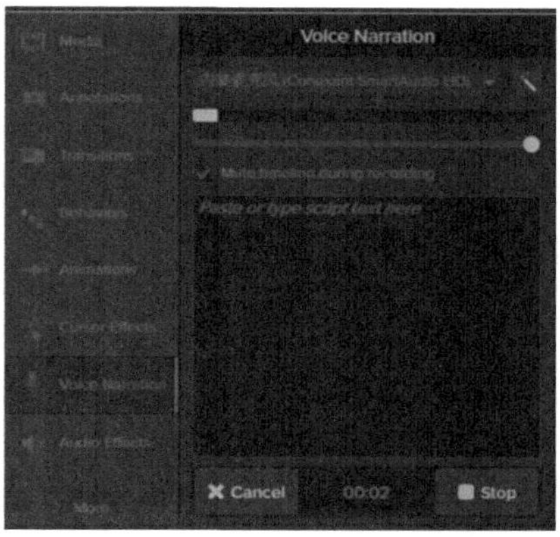

图4－57　录制中

（3）这时，将多出一个轨道，“Narration 1”即重新配音的音频，见图4－59。

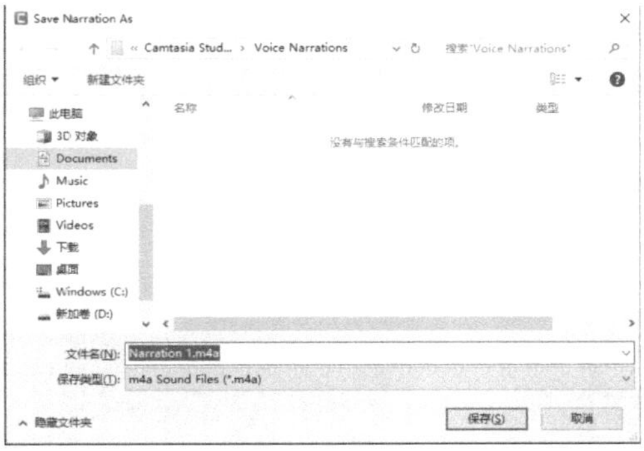

图4－58　保存

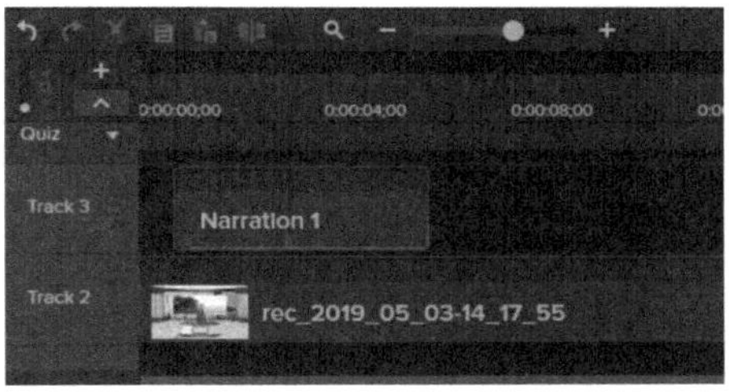

图4－59　生成新轨道

（4）背景音乐添加完毕。

4.4.15　生成视频

所有编辑操作完成后，我们需要导出微课视频。具体操作如下：点击“Share”—“Local File”，在弹出的对话窗格设置视频尺寸，点击“自定义生成设置”按钮，选择“仅 MP4（最大 1080p）”，见图 4-60。

设置完成后开始渲染，见图 4-61，渲染完成后即可完成制作。

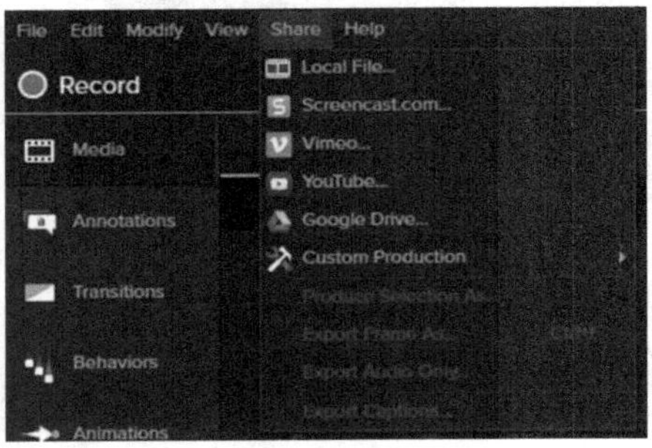

图 4-60　生成微课视频

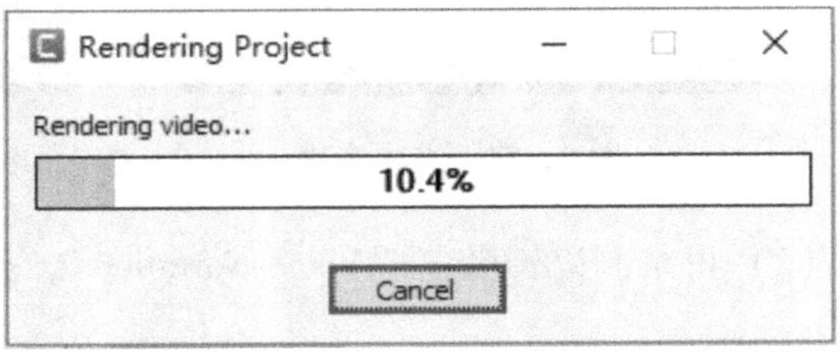

图 4-61　开始渲染

本章主要介绍了 CS9 的基本操作及如何利用 CS9 剪辑、制作一个完整的微课视频，只有在实际操作过程中，才能真正地掌握相关知识的原理，并运用到自己的微课设计过程中，大家动手实操一下吧。

第5章 Focusky 微课设计与制作

- Focusky 极简微课
- 了解 Focusky 软件特色以及下载安装步骤
- 了解 Focusky 的工作界面
- 掌握 Focusky 的基本功能及相关操作

Focusky 微课是一种新型的微课表现形式，其丰富的动画和人物角色形象非常适合制作 MG 动画，相对于传统的 PPT 微课，Focusky 微课内容表现力更强、更具吸引力。因此，Focusky 微课近年来广泛应用于教育教学、公司企业宣传等场景。本章主要从 Focusky 极简微课制作与设计、Focusky 软件特色介绍、软件下载及安装、界面介绍和功能介绍五个方面展开。

5.1 Focusky 极简微课

Focusky 极简微课的设计思路与前面章节介绍一致，即根据授课 PPT 课件制作 Focusky 课件，并结合授课教师的讲解录制成微课视频即可。

图 5-1　Focusky 极简微课设计流程

以下以科学版小学《科学》“液体的热胀冷缩”为例，讲解 Focusky 极简微课的具体设计流程。

（1）第一步，确定 PPT 课件。根据课题确定教学内容和设计思路，制作 PPT 课件。

（2）第二步，制作 Focusky 课件，见图 5-2。Focusky 的操作方式非常简单方便，与 PPT 的界面基本一致，本章后续会详细介绍。

（3）第三步，录制微课。根据前面章节介绍的方法，可用 CS9 等录屏软件录制。除此之外，此处介绍 Focusky 自带的录屏功能。点击 Focusky “屏幕录制” 按钮，便可打开并实现屏幕视频录制，快速录制屏幕内容，见图 5-3。

图 5－2　制作 Focusky 课件

图 5－3　录制微课

5.2　Focusky 软件特色介绍

Focusky 是由广州万彩信息技术有限公司推出的一款新型多媒体幻灯片制作软件，内置大量模板和素材，具有丰富的动画效果，操作界面简单易懂，与现有幻灯片制作软件的操作相似。不仅如此，Focusky 还可以导入 PPT，与 PPT 局限的框架不同，Focusky 具有无限的画布，在画布上滚动鼠标轮可以放大或缩小局部画面，元素清晰，无限放大后仍然不模糊。值得一提的是，不同于传统 PPT 单线条时序的切换播放，Focusky 采用从整体到局部的演示方式，循序渐进，以路线的呈现方式，模仿视频的转场特效，加入生动的 3D 镜头缩放、旋转和平移特效，就像一部 3D 动画电影，给观看者带来强烈的视觉冲击。

5.3　Focusky 软件下载及安装

5.3.1　Focusky 下载

（1）在浏览器上搜索 Focusky，进入 Focusky 官网，在首页可以免费下载 Focusky。（Focusky 支持 Windows XP、Windows 7、Windows 8、Windows 10、Mac OS X 10.7 以上的版本）

（2）在下载窗口上，下载 Windows 版本或 Mac 版本（苹果版本）。点击下载后，在“新建下载任务”窗口选择软件下载位置。论坛能够获取 Focusky 特别版或个人版的信息，按照活动要求即可获取，见图 5－4、图 5－5。

图 5－4　下载窗口

图 5－5　“新建下载任务”窗口

5.3.2　Focusky 安装

（1）打开文件夹，双击安装主程序，运行，见图 5－6。

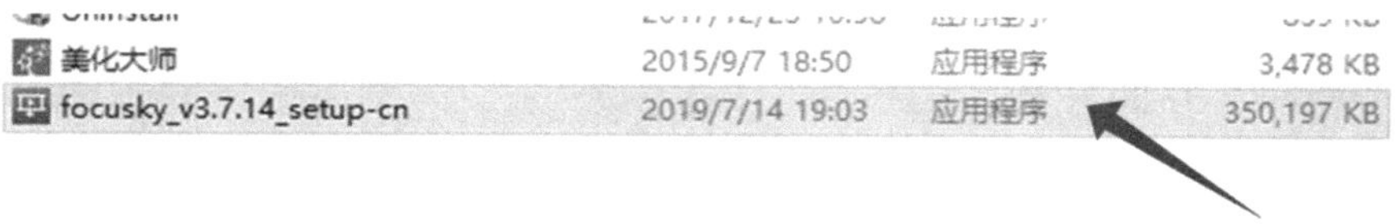

图 5－6　运行主程序

（2）阅读 Focusky 许可协议，选择“我接受协议”，进行下一步操作，见图 5－7。

（3）在弹出的对话窗口中点击“浏览”，选择软件安装位置（一般不建议选择电脑系统盘“C 盘”），接着点击“下一步”，见图 5－8。

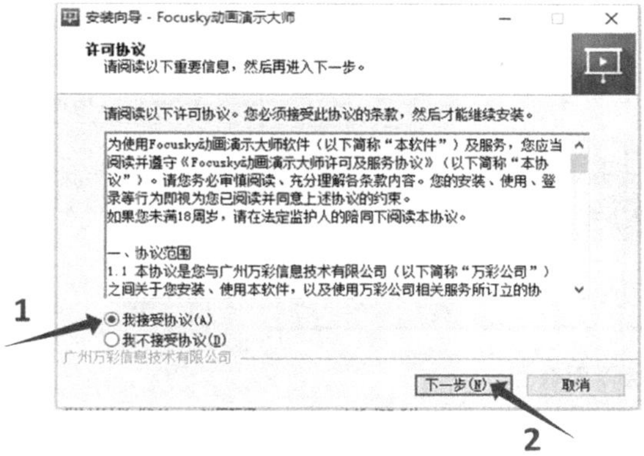

图 5－7　接受协议

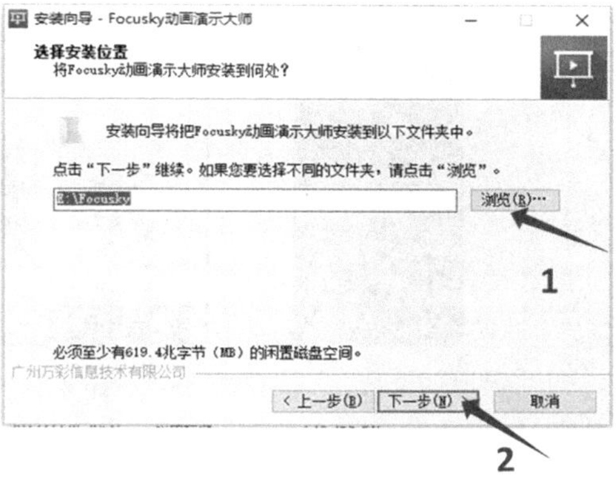

图 5－8　选择安装位置

（4）选择安装向导程序快捷键，创建位置后点击“下一步”，进行安装，见图 5－9。

（5）等待安装完成，结束安装程序，即可开始使用软件，见图 5－10。

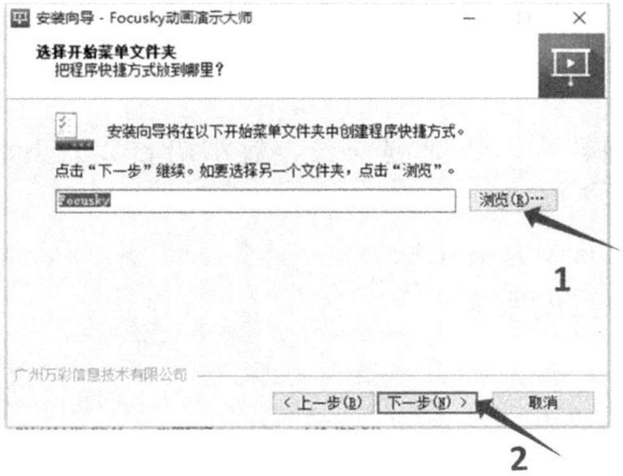

图 5－9　选择安装向导

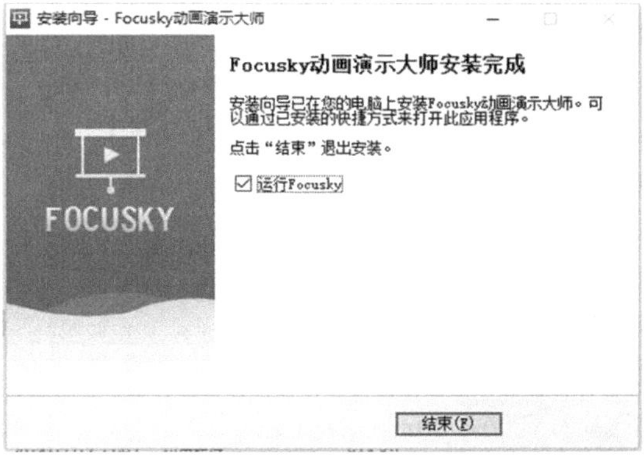

图 5－10　安装完成

5.4 Focusky 界面介绍

5.4.1 开始界面

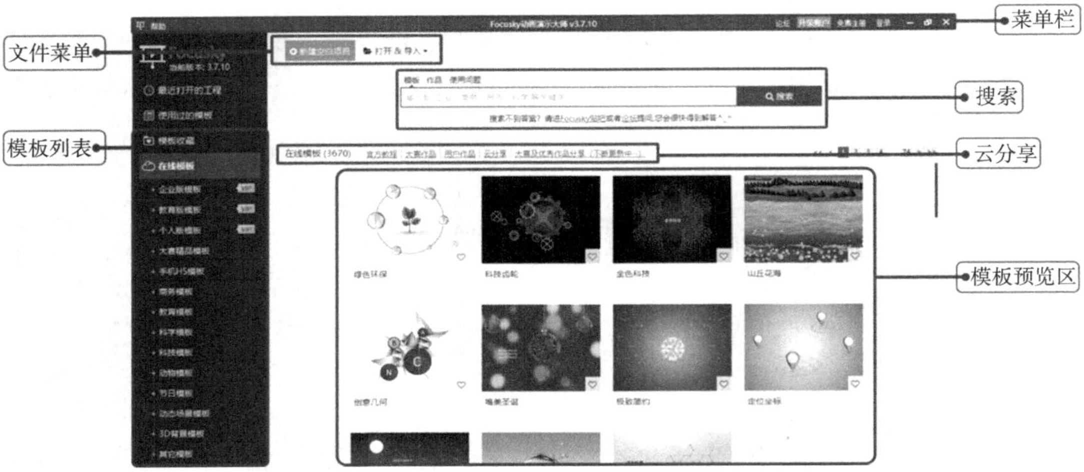

图 5－11 开始界面介绍

（1）菜单栏。

Focusky 开始界面的菜单栏依次分为“帮助”“论坛”“升级账户”“免费注册”“登录”，见图 5－12。

图 5－12 菜单栏

①“帮助”：为 Focusky 用户提供帮助、视频教程、快捷键列表、显示语言以及升级账号等功能，给予 Focusky 用户便利的帮助。

②“论坛”：点击“论坛”可以一键进入 Focusky 官方论坛。

③“升级账户”：方便用户升级账户，体验更好的服务。

（2）文件菜单。见图 5－13。

图 5－13 文件菜单

①“新建空白项目”：用户可以选择“新建空白项目”或者选择其他布局。项目布局

设置完成后，在“工程设置”处设置路径数量，路径数量代表页数；同时可以设置显示比例，此处建议选择“16∶9”全屏显示比例，并在“模板背景颜色设置”处设置背景颜色。“新建空白项目”不同于直接套用模板，而是给予用户广阔的创作空间。见图5－14。

②“打开＆导入”：点击“打开＆导入”按钮可以打开Focusky工程文件、导入PPT新建项目、用图片创建工程以及创建文字云项目，方便用户将已有的内容转换为Focusky作品。见图5－15。

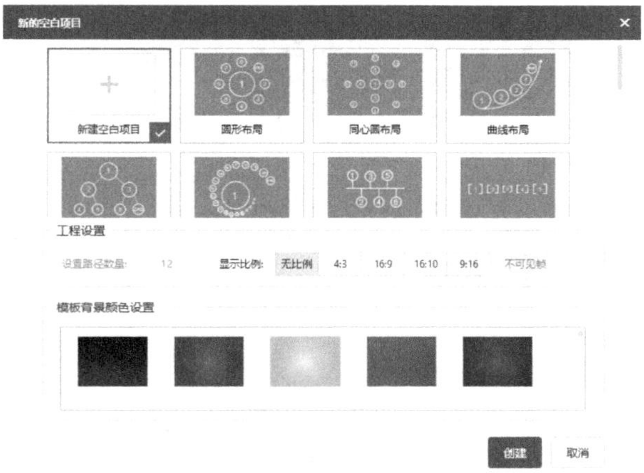

图5－14　新建空白项目

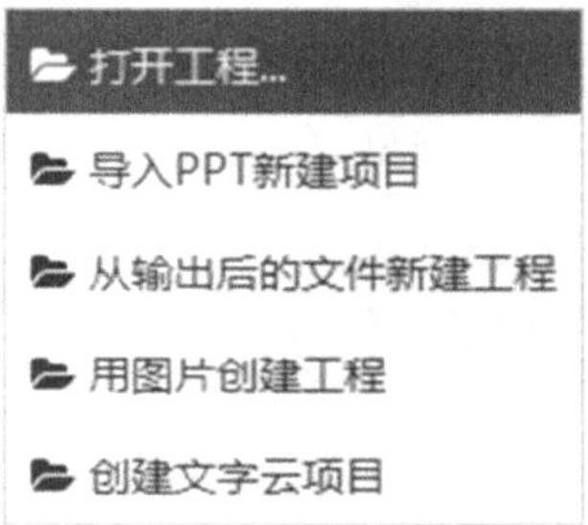

图5－15　打开＆导入

（3）搜索。

①点击“模板”按钮，可在此处搜索软件自带的模板。

②点击“作品”按钮，可在此处搜索其他用户制作的作品。

③有什么使用问题直接搜索，寻找模板更便利，一键即可进入贴吧或论坛。见图5－16。

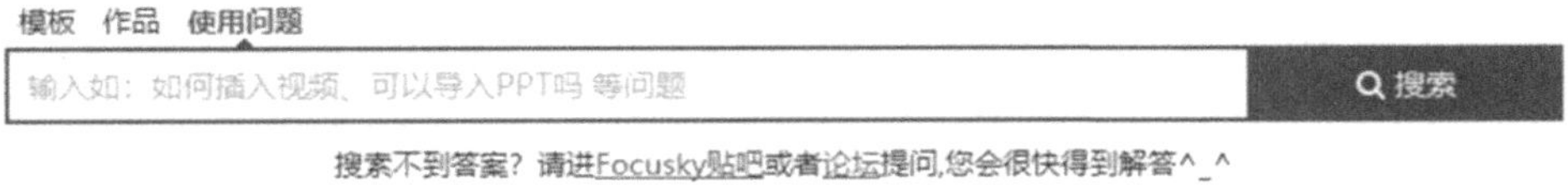

图5－16　搜索

（4）云分享。

点击可查看官方教程、案例以及其他用户的在线云分享，在线观看优秀作品。见图5－17。

图5－17　云分享

（5）模板列表。

详细的模板分类，便于用户快速找到自己想要的模板，见图 5－18。

（6）模板预览区。

让用户通过预览选择适合的模板，见图 5－19。

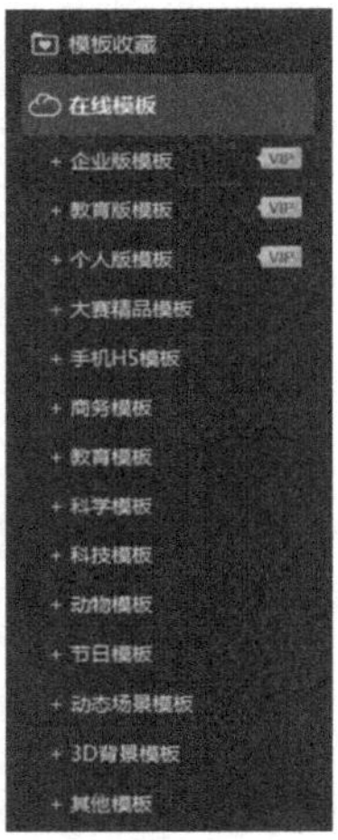

图 5－18　**模板列表**

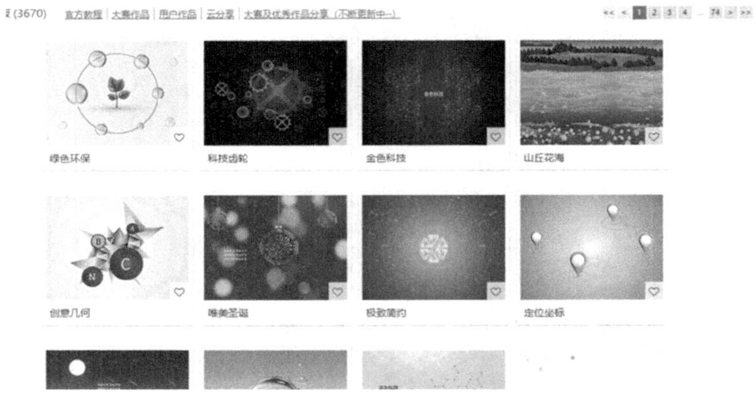

图 5－19　**模板预览区**

5.4.2　**操作界面**

创建空白项目或者选用模板后，进入 Focusky 操作界面，见图 5－20。此处以选择模板为例进行讲解。

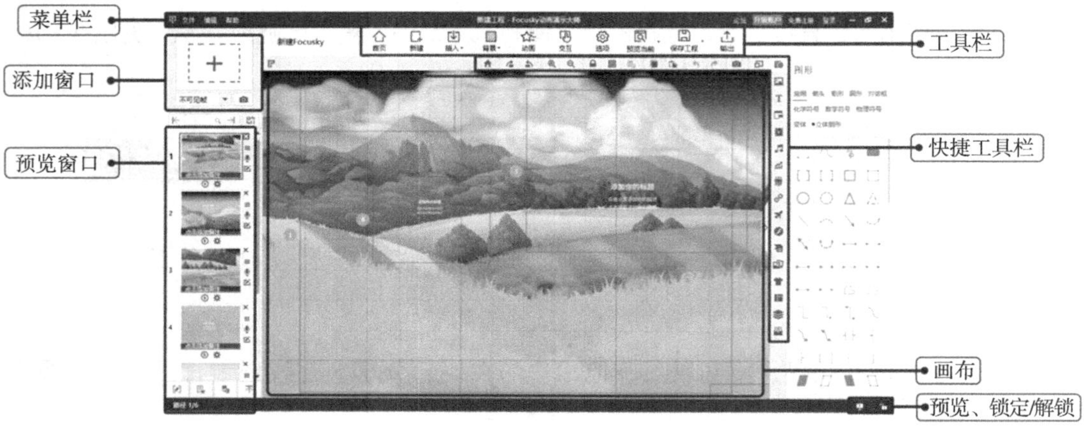

图 5－20　Focusky **操作界面**

（1）菜单栏：与开始界面的菜单栏类似，见图 5－21。

图 5－21　菜单栏

①“文件”：此处可以新建 Focusky 工程、打开以前制作的 Focusky 工程、保存文件或者将用户所做工程保存成模板、管理模板；预览所做文件效果或将文件输出成另一种文件格式。

②“编辑”：撤销、重做、复制、粘贴以及选项；选项中有 Focusky 设置。

③“免费注册”：新用户需要注册账户，可以点击此处进行注册。

④“登录”：老用户可以点击此处直接登录。

（2）工具栏左侧的方框可以编辑命名工程，见图 5－22。

图 5－22　编辑命名工程

（3）工具栏，见图 5－23。

图 5－23　工具栏列表

①“首页”：返回 Focusky 的开始界面。

②“新建”：新建工程，Focusky 可同时新建多个工程。

③“插入”：根据需要可插入思维导图、图形、文本、图片等一系列内容，“插入”按钮是用户在制作 Focusky 时经常用到的一个功能。此处详细介绍插入思维导图、插入图形、插入文本、插入角色四个功能。

插入思维导图：点击思维导图，弹出“思维导图主题库”对话窗口，见图 5－24。选择其中一个主题，点击确定。双击“我的主题”可以修改主题内容，点击“添加节点”可以添加节点主题，点击“添加线条”可以添加思维导图线条，见图 5－25。

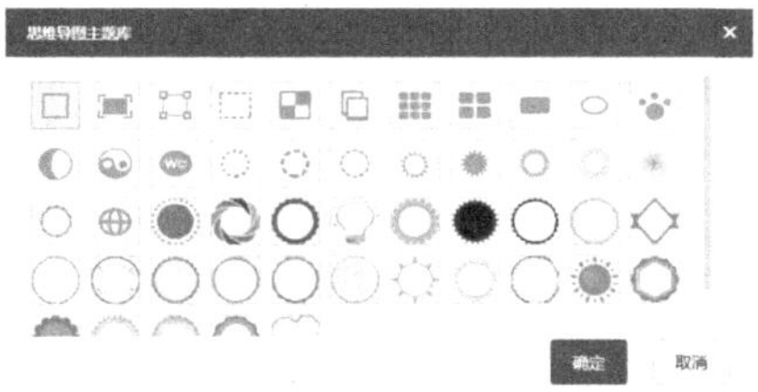

图 5－24　思维导图主题库

图 5－25　思维导图设计图（以物质的分类为例）

插入图形：此处有详细的图形分类，用户可以根据自己的需要选择具体分类。选中任意一个图形，鼠标出现一个“＋”，在对应的 Focusky 空白页面拖动，即可画出对应的图形。右边窗口会弹出图形设置窗口，我们可以对图形的样式、图层、字体、阴影效果等进行编辑。见图 5－26。

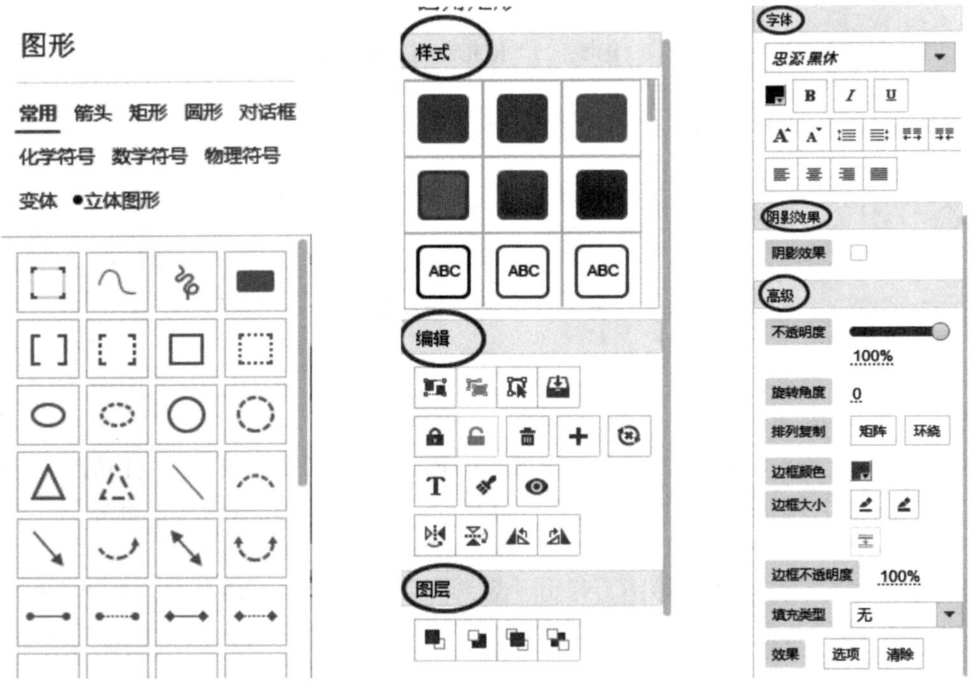

图 5－26　图形设置窗口

插入文本：点击“插入”—“文本”，在 Focusky 空白页面拖动，即可画出文本输入框，在文本框输入文字，并在上方文本设置窗口对文本字体、字号、颜色等进行设置。

插入角色：点击“插入”—“角色”，点击角色分类下拉按钮可以加载更多的角色分类。在右方角色设置窗口选择想要的角色类型，角色即可出现在 Focusky 页面中，在右方对话窗口可以设置角色效果，如旋转角色位置等，见图 5－27。

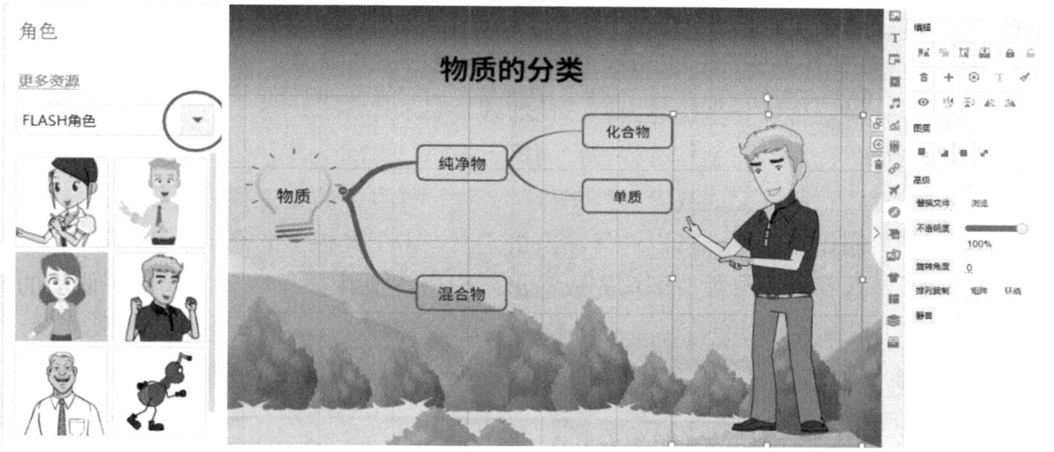

图 5－27　**角色设置窗口**

④“背景”：可以设置背景的颜色及背景的格式，也可设置 3D 背景和视频背景。

⑤“动画”：点击“动画”，选中需要添加动画的元素，点击“添加动画”进入动画编辑界面。动画分为“进入特效”“强调特效”“退出特效”“动作路径”“变体特效”5 种，可为所有需要添加动画的元素添加动画效果，见图 5－28。

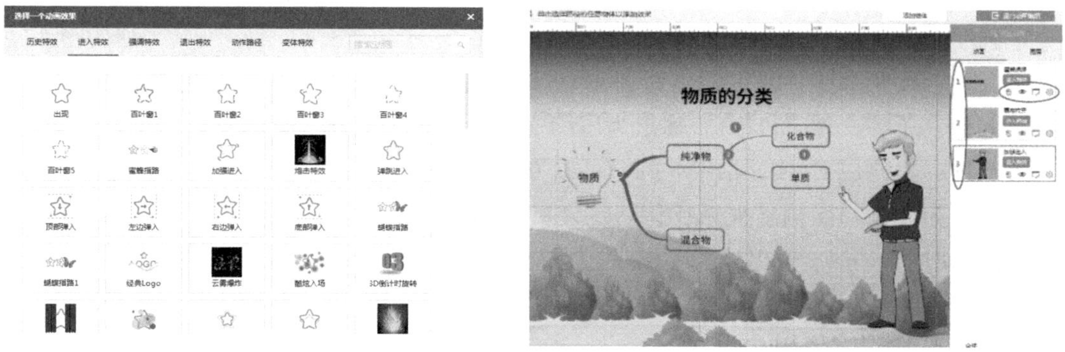

图 5－28　**动画设置窗口**

在动画设置窗口对动画进行设置，每个动画前面的数字“1、2、3”代表每个动画出现的顺序。若需要调节动画出现的顺序，选中某个动画，向前后拖动即可。

点击播放动画：设置动画出现的顺序，分为 3 种，分别是“点击时出现”“与上一动画一起”和“在上一动画之后”。

预览：点击预览可以预览动画效果。

更改动画效果：若对动画不满意，点击可以修改动画效果。

动画设置：此处可以设置动画时长、动画延迟时长等。

⑥“交互”：可以设置通过添加鼠标动作到操作对象（物体 A），引发另外一个触发对象（物体 B 或其他任意物体）发生触发行为（如属性、动画等）改变。

⑦“选项”：设置可以分享描述内容、预加载、展示等。

⑧“预览当前”：对当前制作过程进行浏览。

⑨“保存工程”：制作完成或者暂停制作时，进行保存，防止工程丢失。

⑩“输出”：制作完成时，可以选择输出格式。点击工具栏上的输出，选择输出类型，点击“下一步”，选择所需参数，即可完成输出。输出类型共有八种（其中最常使用的是 Windows 应用程序以及视频）：

第一种：输出到云：分享到微信。输出到云服务器可以随时随地通过手机查看展示，分享到微信朋友圈。

第二种：Windows 应用程序（. exe）。通过输出 Windows 应用程序，可以随时随地为听众做演讲，任何 Windows 用户不需要安装 Focusky 都可以打开。

第三种：视频。通过输出为视频文件，便于展示上传到视频网站，如优酷、腾讯，也可以把视频文件刻录到 DVD，分发给其他用户。

第四种：Flash 网页（. html）。输出为网页版本，可以上传演示稿到网站上，进行分享。

第五种：HTML 5 网页。输出为 HTML 5 网页后，可以在微信中查看展示，更可以快速分享到朋友圈中。

第六种：MAC App。通过输出为 Mac OS X 应用 App，便于进行展示演讲。

第七种：压缩文件（. zip）。输出为压缩文件，体积小，分享更方便。

第八种：输出成 PDF。输出为 PDF 可以方便将演示文稿打印出来，格式稳定。

如输出为视频，所输出视频比例将为 4 ∶ 3，输出为 16 ∶ 9 的视频将需要升级账号为 VIP；直接使用 Focusky 输出功能输出视频，视频上会出现 Focusky 样式的水印。

（4）添加窗口。

可通过点击/拖拉添加窗口。

（5）画布（编辑窗口）。

主要功能是在画布中插入人物、形状、图片等内容，但所插入内容不可超过画布边缘。

（6）快捷工具栏。

①  显示所有物体：显示所有的画布。

②  顺时针旋转画布和逆时针旋转画布：对画布进行不同方向的旋转，可以调整画布位置。

③  放大和缩小：可放大缩小画布，便于编辑内容。

④  锁定画布：锁定之后鼠标无法移动画布，避免编辑时误移画布，导致排版错乱。

⑤ 网格：编辑区显示网格，方便对内容进行排版。

⑥ 对齐：当需要对内容进行方向对齐或者居中处理，即可使用。

⑦ 复制、粘贴、撤销、反撤销。

⑧ 添加窗口：添加当前窗口到路径。

⑨ 显示比例：改变画布的比例大小。

⑩ 图形：可以添加图形或者符号，进行编辑。

⑪ 图片：可从本地图库添加图片或者点更多资源选择图片，也可直接搜索关键字添加相关图片。

⑫ 文本：添加文本内容，对字体格式、排列进行编辑，与 PPT 相同，可用艺术字替代普通文字，添加图片纹理来美化文字，提高文字的美感与质感。

⑬ 内容布局：从所给的布局类型选择添加布局，并且可对内容进行排版。

⑭ 视频：从本地添加视频，实时进行屏幕录制添加和直接复制视频链接添加视频。

⑮ 音乐：可以从所给的音乐里面搜索选择，添加本地音乐，可采取直接录制录音，也可通过电脑进行声音合成。

⑯ 图表：Focusky 提供多种图表类型，搜索添加，轻松插入图表，快速自定义图表数据。

⑰ 角色：添加角色，丰富演示稿，有三种不同类型的角色，或者点更多资源进行查找。

⑱ 链接：即添加网页。

⑲ 特殊符号：添加特殊符号，进行编辑。

⑳ SWF：与图片相同，可以从本地进行添加 SWF 或者点更多资源选择 SWF，也可以直接搜索关键字进行相关添加。

㉑ 艺术图形：选择添加艺术图形，进行编辑。

㉒ 幻灯片：只能添加选择本地已有的图片，添加完成后可设置类型。

㉓ 主题：选择已有主题或者导入本地主题，并且设置样式。

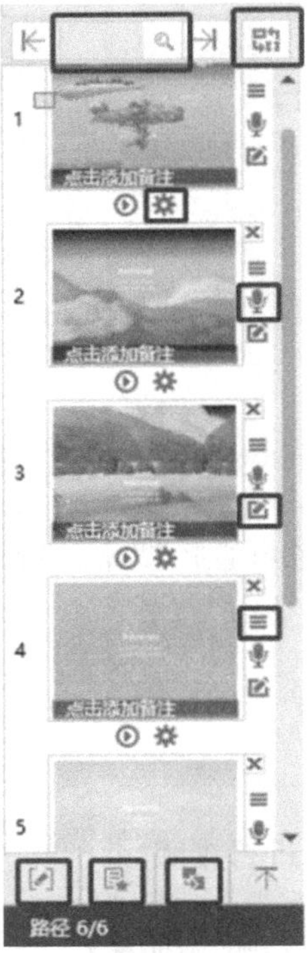

图 5－29　预览窗口

㉔　布局：添加帧布局，进行编辑。

㉕　图层：与 Photoshop 的图层类似，在多图层的情况下，可通过显示或隐藏图层，让编辑与制作简单化。

㉖　我的素材库：平时制作常用的和找到的素材，可以进行收藏，保存到“我的素材库”这里，方便以后使用，也可以导入或者删除素材，对于用户想要保存以便循环使用的素材，可以从“我的素材库”中将已使用的各种素材导出到本地。

（7）预览、锁定/解锁。

“预览”：预览用户所制作的 Focusky 工程；“锁定/解锁”：锁定或解锁所有物体。

（8）预览窗口。

与 PPT 预览窗口相似，途径即页数。在搜索框内，输入页码跳转到指定页面，搜索框旁设置应用所有路径元素的形状。每一个小的编辑窗口，下面可以设置转场属性，右边可以添加声音、字幕、备注及其他设置。底部从左至右为编辑途径、为途径内容添加动画效果、调整路径顺序以及设置路径停留时间。见图 5－29。

①编辑途径：点击任何一个物体加入路径列表，通过 1 拖动路径以进行插入、删除、替换路径。见图 5－30。

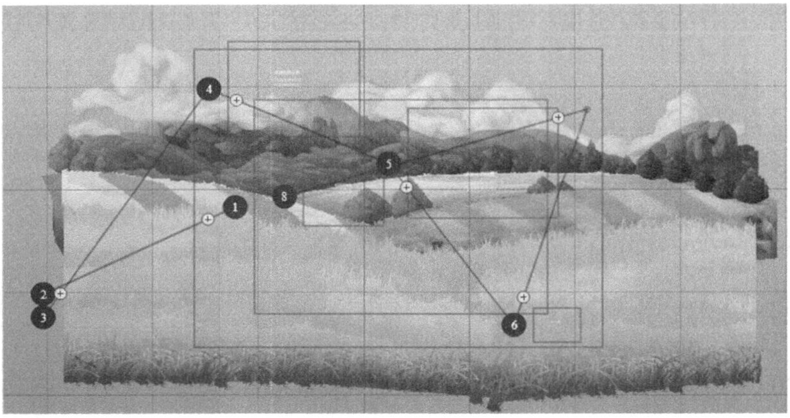

图 5－30　编辑途径

②为途径内容添加动画效果：即添加动画。

③调整路径顺序，设置路径停留时间：自定义镜头播放顺序，设置路径镜头的停留时间、转场时间、是否自动转场等镜头参数，让动态幻灯片演示按照用户的思路与想法自然流畅地演绎。见图 5－31。

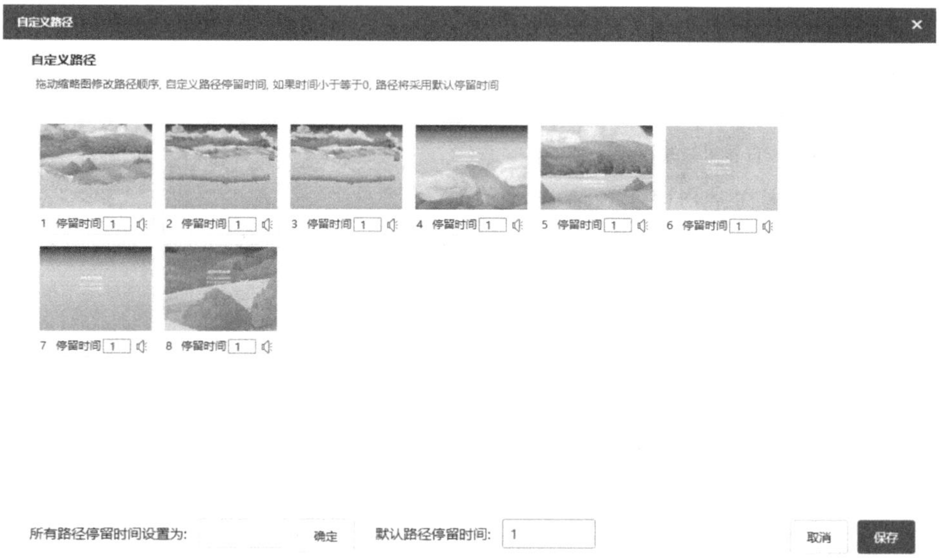

图 5-31　调整路径顺序，设置路径停留时间

5.5　Focusky 功能介绍

5.5.1　新建项目

（1）通过“新建空白项目”制作 Focusky 作品。

（2）通过“打开 & 导入”制作 Focusky 作品。

①打开工程：可以打开原有工程继续创作，见图 5-32。

②导入 PPT 新建项目：可导入已制作完成的 PPT，选择页面、布局方式以及模板后，开始创建工程。

③用图片创建工程：与导入 PPT 过程相同，导入对象转换为图片。

④创建文字云项目：点击“创建文字云项目”，分行输入所有文字，选择适合的参数后创建，见图 5-33。

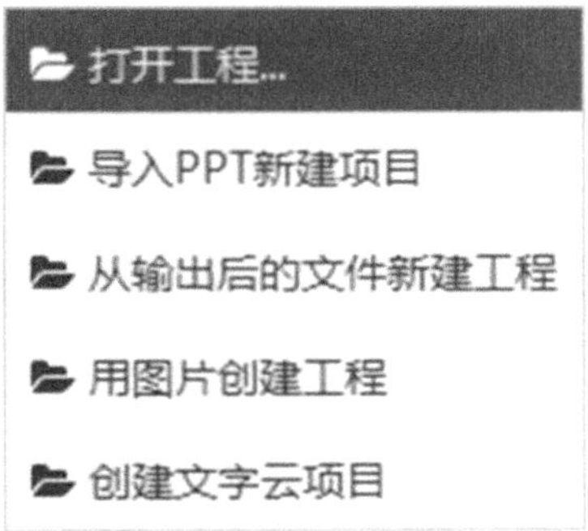

图 5-32　打开工程

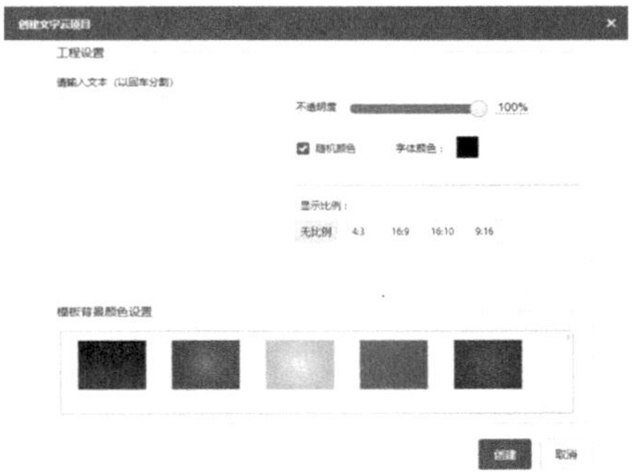

图 5-33　创建文字云项目

（3）选择模板，进行制作。

在模板列表上有详细的模板分类，便于用户迅速找到自己想要的模板。选择适合的模板，可以在模板内直接进行创作。新建项目向导功能给予不想用现成模板的用户进行自由创作的空间，不用纠结该如何布局。

5.5.2 支持各国文字语言

Focusky 除了支持中文以外还支持输入其他各种语言，如英语、日语、韩语、法语、阿拉伯语等。只需安装相应的字体，即可使用，见图 5－34。

图 5－34 文字语言

图 5－35 添加声音与字幕

5.5.3 字幕和配音

（1）点击预览窗口上每个路径旁边的喇叭，即可给每一个路径添加合成声音与字幕，见图 5－35。

（2）语音合成功能。点击“快捷工具栏”—“音乐”—“声音合成”功能，在弹出的输入文字对话窗口输入讲稿内容，在右方选择角色声音，点击“试听”即可试听角色声音，若不满意，可以切换角色，最后调节音量、语速即可，见图 5－36。

图 5－36 语音合成功能

图 5－37 添加自定义背景音乐

5.5.4 自定义背景音乐

点击快捷工具栏中的“音乐”按钮，添加自定义背景音乐，音乐与作品的完美结合，可提升作品质量，见图 5 – 37。

5.5.5 交互功能

不同于 PPT 只有演示功能的是，Focusky 通过元素之间的交互，使整个微课视频更加生动。

（1）点击工具栏上的“交互”，见图 5 – 38。

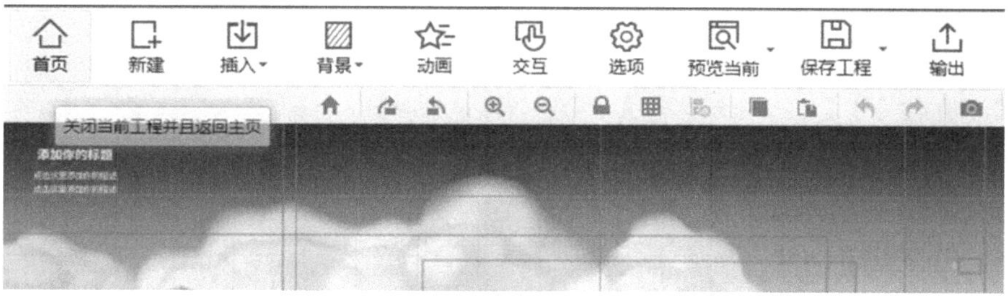

图 5 – 38　点击“交互”

（2）点击“增加交互”，即可选择对象进行交互，见图 5 – 39。

图 5 – 39　选择对象进行交互

5.5.6 手写注释功能

在演示时可以对内容进行注释或者进行标注、强调，见图 5 – 40。

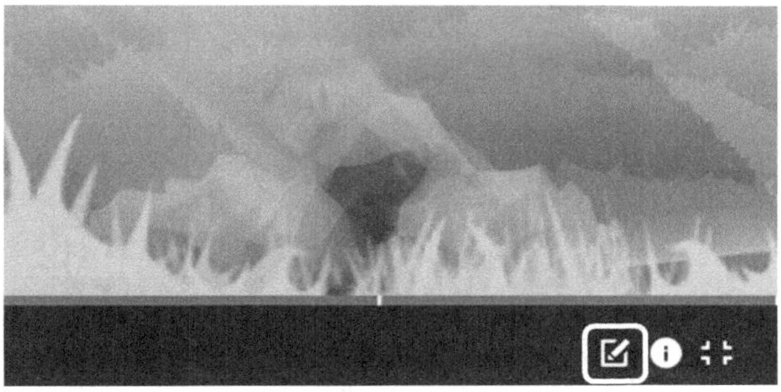

图 5 – 40　手写注释

5.5.7　倒计时功能

在演示过程中具有倒计时功能，可以清晰明了地展示所剩时间。除视频和 PDF 格式不支持倒计时功能设置外，其他输出方式皆可使用，见图 5－41、图 5－42。

图 5－41　展示设置

图 5－42　倒计时设置

5.5.8　分屏演示功能

分屏演示功能主要方便用户通过投影仪展示 PPT，制作 PPT 时演示者可以加入备注信息以方便自己向观众讲解。演示时，演示者可以看到视图以及备注的信息，方便演示者对整个演示中的操作进行备注。见图 5－43 至图 5－45。

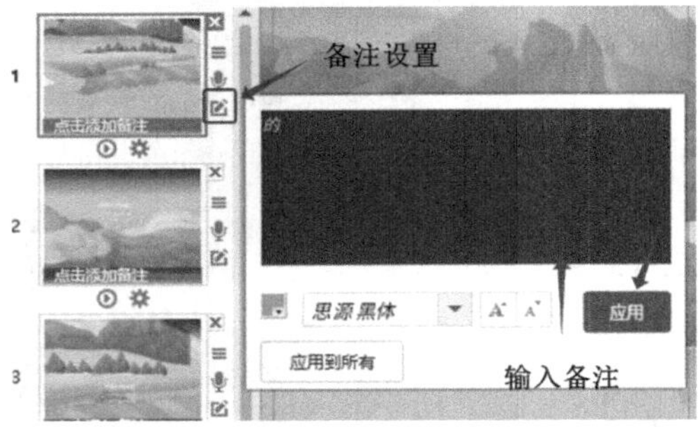

图 5－43　进行备注

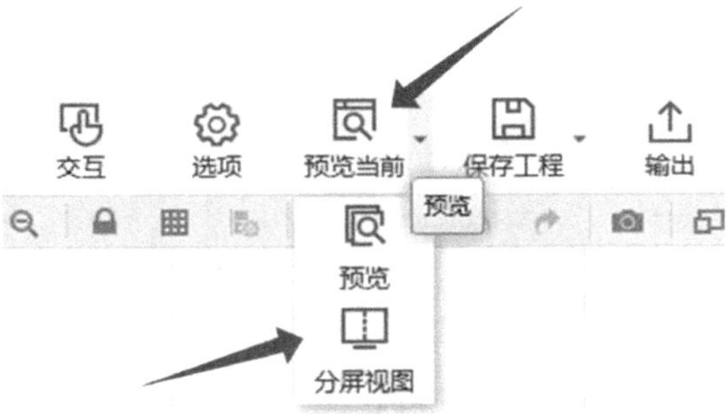

图 5－44　分屏视图预览

图 5－45　预览

5.5.9 公式符号支持

软件具有各种公式和符号，用户可轻松输入，可以不使用插入图片的方式插入数学公式，便于制作各种课件及作业演示文稿，见图 5－46。

图 5－46 常用图形

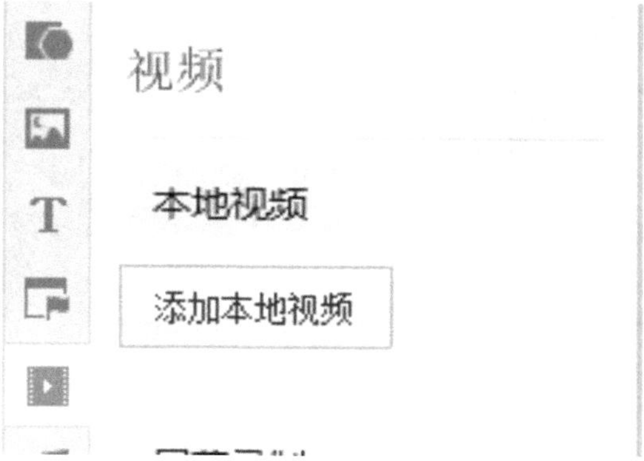

图 5－47 添加本地视频

5.5.10 视频遮罩

简单改变视频播放器形状来满足用户个性化的设计需求，具有多种视频播放器外形，不再拘于一格，可提升整体的时尚感与美感。

（1）在工具栏的视频中，添加本地视频，见图 5－47。

（2）选中视频后，可以改变外观、透明度等参数改变视频外形，见图 5－48、图 5－49。

图 5－48 改变参数（1）

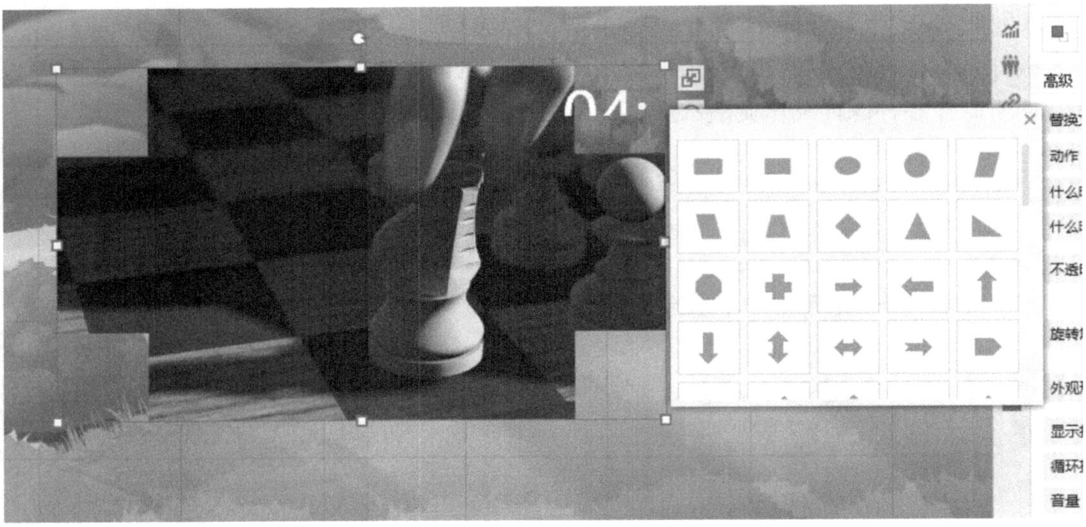

图 5－49　改变参数（2）

5.5.11　输出便携式加密演示

可对幻灯片演示文稿进行加密保护设置，让演示文稿信息不易泄露。

（1）点击工具栏中的选项，见图 5－50。

（2）点击加密设置，启动加密设置以及密码验证设置后保存，即设置加密完毕，见图 5－51。

图 5－50　点击“选项”

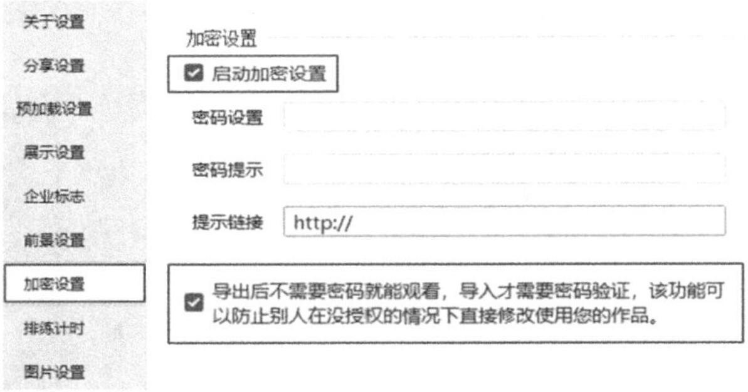

图 5－51　加密设置

5.5.12　可同时打开多个工程文件

允许同时打开多个工程文件，可以自由复制粘贴不同工程间的物体或对象，见图 5－52。

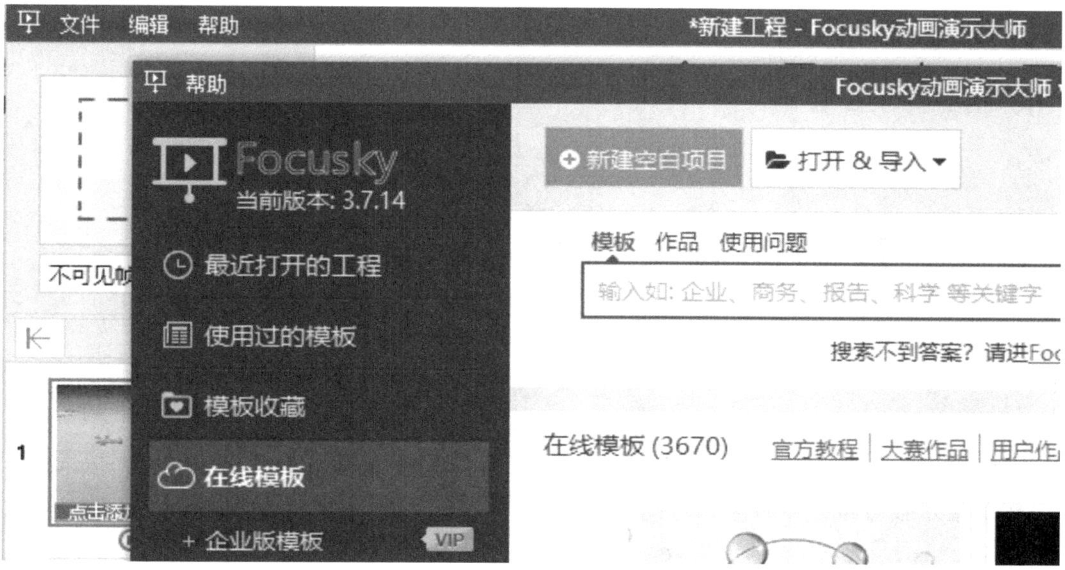

图 5－52 打开多个工程文件

5.5.13 自定义企业标志

在演示文稿中添加企业标志或 LOGO，自定义企业标志的位置、透明度、播放效果、链接地址等，见图 5－53、图 5－54。

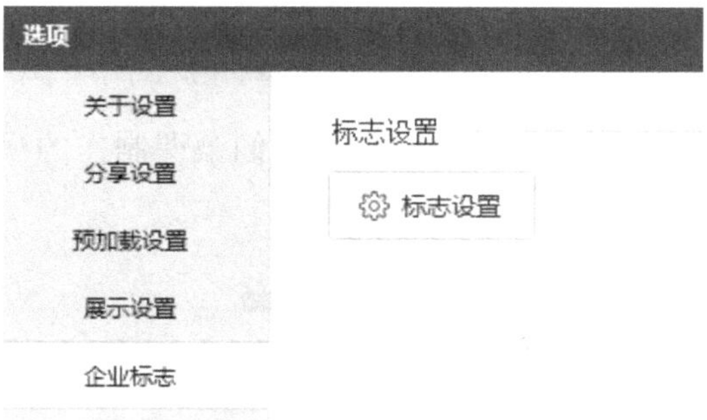

图 5－53 添加企业标志

图 5－54 添加 LOGO

5.5.14 前景设置

通过前景设置功能，可以给演示文稿添加目录或者菜单、制作悬浮式导航按钮等，以及编辑前景物体的位置、出现帧数、透明度、点击事件等。前景设置功能可以使物体只在预览及演示时显示，在编辑窗口中不显示。

Focusky 微课设计是近年来兴起的 MG 动画微课，形式新颖，动画特效丰富，与 PPT 微课相比，更具吸引力，大家动手实际操作练习一下吧！

第6章 万彩动画大师微课设计与制作

●了解万彩动画大师的软件特色和下载安装
●了解万彩动画大师的工作界面
●掌握万彩动画大师的基本功能操作

万彩动画大师微课形式与 Focusky 微课类似，但相对于 Focusky 微课而言，万彩动画大师微课动画的表现形式更加多样，动画更加灵动，但其操作有一定难度，需要花费一定时间才可以熟练掌握，可以说万彩动画大师微课是 Focusky 微课的进阶表现形式。笔者结合多次实践操作，总结出万彩动画大师极简微课的制作方式，并结合其软件特色、下载及安装方法，为读者介绍其操作界面和实践技巧。

6.1 万彩动画大师极简微课

6.1.1 选择模板制作

（1）在万彩动画大师的开始界面，在“模板目录”中挑选符合我们微课制作的模板类型，见图6－1。

图6－1 挑选模板

（2）找到适合的模板，点击打开该模板，见图6－2、图6－3。

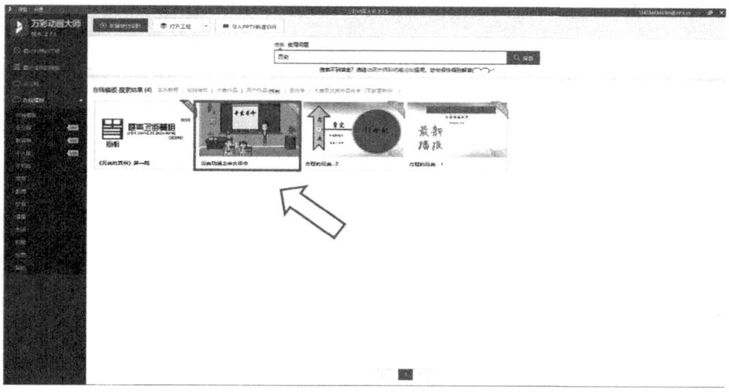

图6－2　选中模板

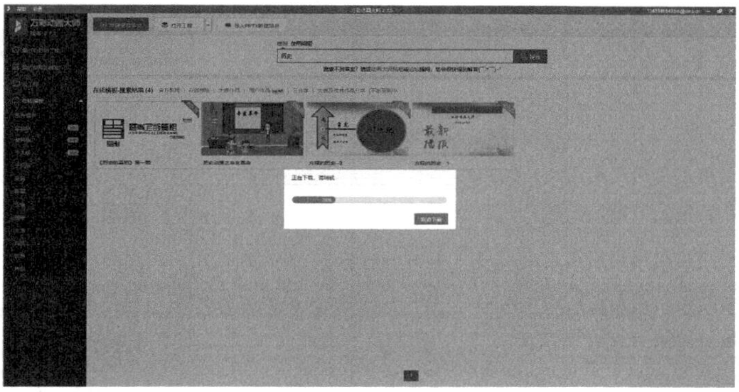

图6－3　打开模板

（3）打开模板，进入万彩动画大师的操作界面，见图6－4；此时就可以对模板进行简单的修改，完成后导出，微课视频即制作完成。

图6－4　打开模板进入操作界面

6.1.2 新建空白项目制作

（1）在万彩动画大师开始界面，点击左上角“新建空白项目”进入操作界面，见图6－5。

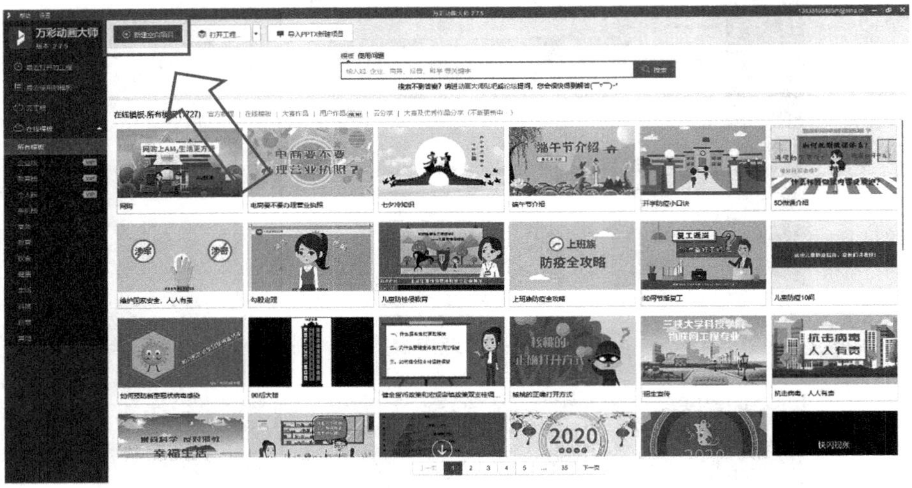

图6－5 新建空白项目

（2）进入操作界面，此时就可以添加角色、文本、动画来制作微课，见图6－6。

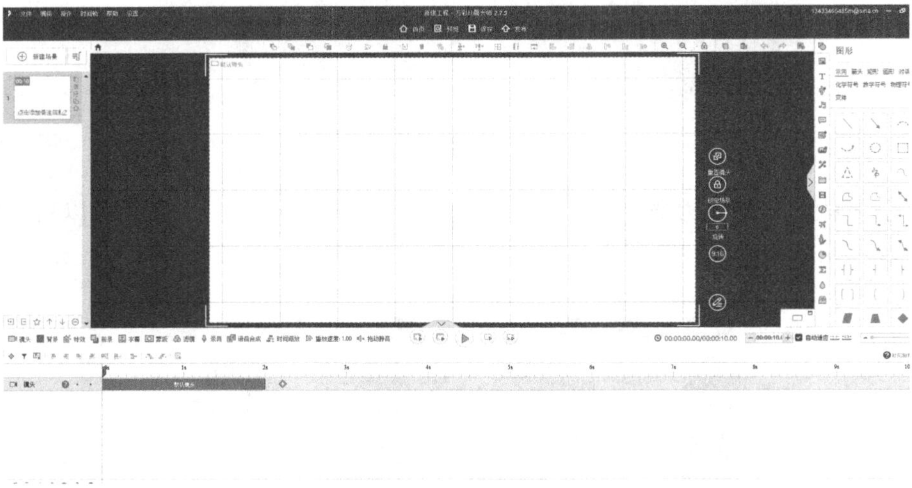

图6－6 制作微课

制作完成后，导出成视频，微课即制作完成。

6.2　万彩动画大师软件特色

图6-7　万彩动画大师微课作品展示

万彩动画大师是一款容易上手的动画视频制作神器，操作比AE、Flash、Premiere简单得多。使用者不需要任何基础，使用它制作动画视频可谓省时省力。它适用于制作动画宣传片、微信动画视频、短视频、广告片、营销动画、趣味课件动画、微课视频等。万彩动画大师具有多种特色功能，如角色人物、语音合成（输入文字即可转换为普通话、各地方言、英语的语音）、动画里的手绘效果、提供上传在线视频功能（可分享到微信朋友圈）、GIF输出（包括透明背景GIF）。万彩动画大师具有多种模板，可供大家选择使用，而且每隔一段时间就会更新。

利用万彩动画大师制作微课形式新颖，动画效果极具吸引力，能有效吸引学生注意力，是一款良好的微课制作软件。

6.3　万彩动画大师下载及安装

（1）首先，打开任意浏览器输入并搜索“万彩动画大师”，点击进入万彩动画大师官网。

（2）点击“立即下载”，并根据用户使用的电脑系统，选择下载Windows 32位版本或Windows 64位版本。

（3）点击下载后会弹出一个界面，可对文件名及保存位置进行设置，见图6-8。

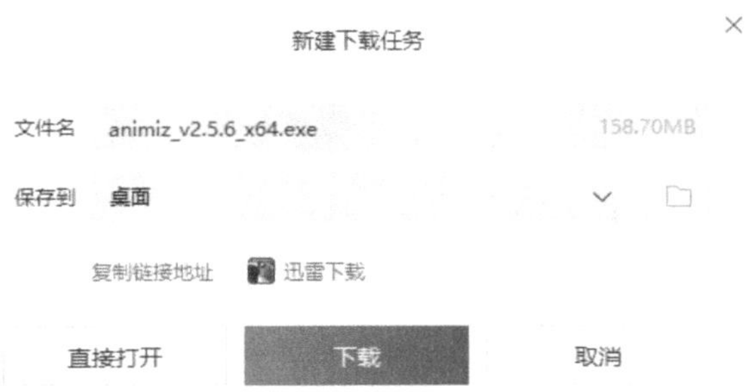

图6-8　下载万彩动画大师

（4）下载完成后，点击“运行”安装软件，或打开文件保存文件夹，双击软件主程序安装，见图6-9。

图 6－9　运行

（5）选择“下一步”“我接受协议”，继续选择安装文件夹的位置，多次选择“下一步”点击“安装”，进行解压即可完成安装。

6.4　万彩动画大师界面介绍

6.4.1　开始界面

打开万彩动画大师，进入开始界面，见图 6－10。

图 6－10　开始界面

（1）开始菜单栏：可选择通过新建空白项目，打开已保存过的工程，或者导入 PPTX 来创建项目工程。

（2）模板目录：有大量的在线模板，可根据需要选择不同类型的模板。

（3）模板搜索栏：支持输入关键字进行查找对应模板。

（4）模板预览区：搜索栏所搜索的结果和在模板目录中选择的模板，会在这里显示出来。

6.4.2　操作界面

点击“新建空白项目”“打开工程”，或者“导入 PPTX 新建项目”，便可以进入操作界面，见图 6－11、图 6－12。

图 6－11　新建空白项目

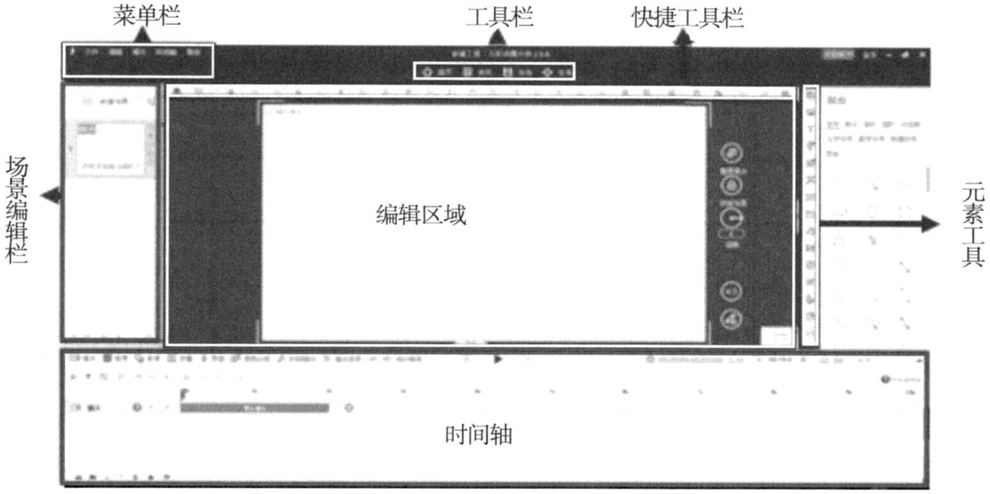

图 6－12　操作界面

（1）菜单栏：由“文件”“编辑”“操作”“时间轴”以及“帮助”组成，见图 6－13。

（2）工具栏：由“首页”“预览”“保存”和“发布”组成，见图 6－14。

图 6－13　菜单栏

图 6－14　工具栏

（3）快捷工具栏：由“显示所有物体”“上移一层”“水平翻转”“垂直翻转”“对齐方式”“放大画布”“缩小画布”“锁定场景”等一系列快捷按钮组成，见图 6－15。

图 6－15　快捷工具栏

（4）元素工具栏：在右边的这一列是“元素工具栏”。在元素工具栏中，点击图标就可以添加相应的内容，包括“图形”“图片”“文本”“角色”“动画组件”“效果”“气泡”“Svg 库”“音乐（M）”“视频（V）”“SWF（W）”“特殊符号”“图表”等内容，见图 6－16。

图 6－16　元素工具栏

（5）场景编辑栏：在左边的这一列是场景编辑栏。在场景编辑栏中，可以根据指示点击添加一个新的空白场景或是在已有的场景模板中选择。此外，还可以在场景编辑栏中的下方区域那里，点击按钮选择“导入场景”“导出选中的场景（可多选）”“收藏场景（可多选）”“删除场景”“复制场景”，见图 6－17。

（6）编辑区域：在中间的是编辑区域。在这里可以“重置镜头”“解锁场景”“自定义镜头比例”以及进行画布的旋转，还可以选择视频的显示比例，见图 6－18。

图 6－17　场景编辑栏

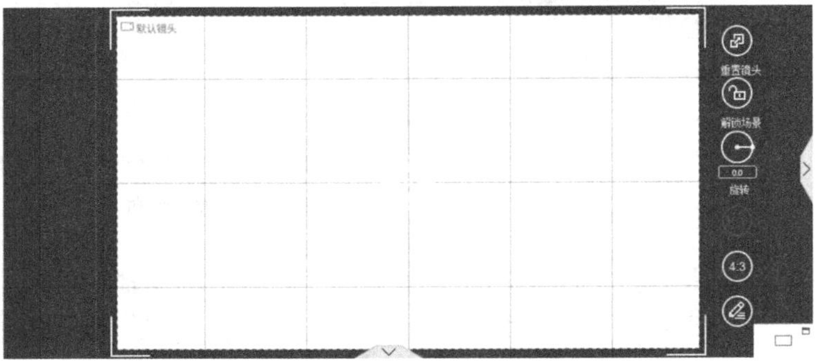

图 6－18　编辑区域

（7）时间轴：在下方的就是“时间轴”的区域。在时间轴中，可以进行相关的设置，包括添加“镜头”“背景”“前景”“字幕”，以及“录音”“语音合成”等一系列设置，还可以隐藏元素对象、添加动画效果、设置动画显示时长以及设置元素物体播放顺序等。

6.5　万彩动画大师功能介绍

6.5.1　创建工程

首先打开万彩动画大师，进入开始界面。

1. 创建方式一

（1）通过左侧模板目录选择在线模板的类型，选择好模板类型后，右侧模板预览区出现对应风格的模板，进行预览；也可通过上面的搜索栏，搜索关键字查找模板，见图 6－19。

图 6－19　创建方式一

（2）根据需要，选择好符合的模板后，双击该模板预览图即可进入操作界面进行制作。

2. 创建方式二

点击“新建空白项目”创建一个空白的工程项目来进行制作，打开进入一个空白的工程界面。

3. 创建方式三

“打开工程”是指打开最近制作保存的工程来进行制作。

4. 创建方式四

“导入 PPTX 新建项目”是通过添加已准备好的 PPTX 进行项目工程制作。在导入 PPTX 新建项目时，会弹出一个 Java 路径配置窗口，用户需要下载安装 Java 才能配置成功，见图 6－20。添加方式与“打开工程”相同。

图 6－20　创建方式四

6.5.2 菜单栏功能介绍

1. 保存和打开工程文件

在动画视频制作过程中，可以轻松保存工程文件，也可以打开已有的工程文件。保存工程文件可以有效防止工程的丢失，也方便下次继续编辑。同样，导入工程不仅能够节省时间，而且继续使用原有的工程文件还能对原有工程文件进行修改。

（1）保存工程文件：当一个工程文件已编辑好或者已完成时，可将它进行保存。在菜单栏这里点击“文件”—“保存工程”或者“另存工程为”。然后自定义工程文件名称，选择“保存”即可，见图6－21。

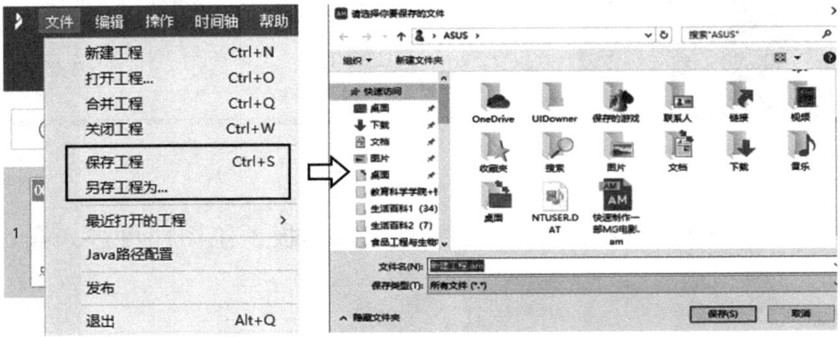

图6－21　保存工程文件

（2）打开工程文件：保存好的工程文件可以选择继续编辑，即打开工程文件，在菜单栏这里点击“文件”—“打开工程”，选择需要打开的工程文件，点击打开即可，见图6－22。

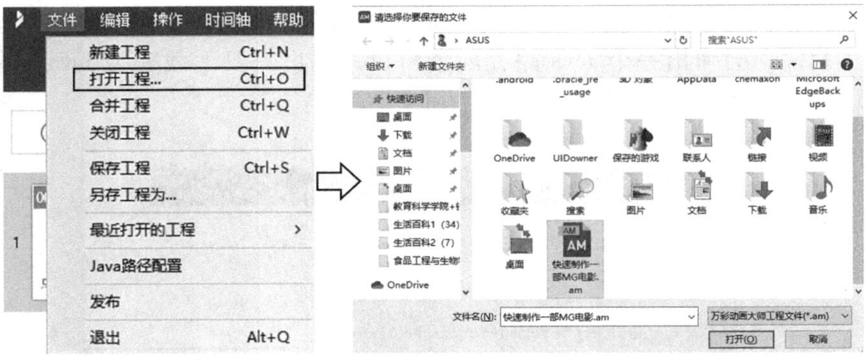

图6－22　打开工程文件

2. 合并工程

把两个及以上的工程文件合并成一个工程文件。在菜单栏这里点击“文件”—“合并工程”。选择需要合并到当前工程的文件，点击“打开”，便可以把两个工程合并在一起，见图6－23、图6－24。

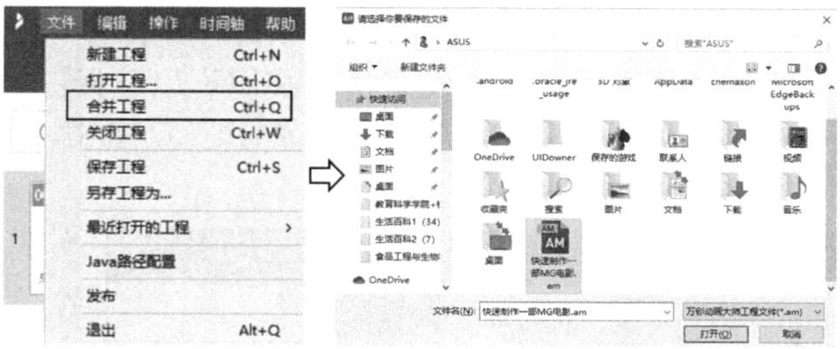

图 6-23　选择“合并工程”

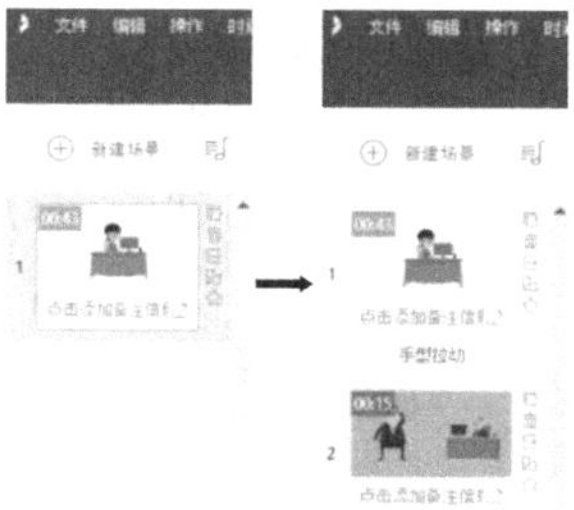

图 6-24　合并工程

6.5.3　工具栏功能介绍

（1）点击“首页”可以返回开始界面，见图 6-25。

图 6-25　返回开始界面

（2）点击“保存”可以保存当前工程文件。

（3）编辑好文件后点击“预览”，即可观看预览整个工程文件，见图 6-26。

图 6-26　预览工程文件

(4) 当工程文件需要发布出去时，点击“发布”—自定义文件名—“保存”。此外，可以在高级选项里设置视频的大小，添加背景音乐等。在发布这里我们可以选择三种发布类型，分别是“输出到云：分享到微信”“输出成视频”及“Gif”形式，见图6－27。

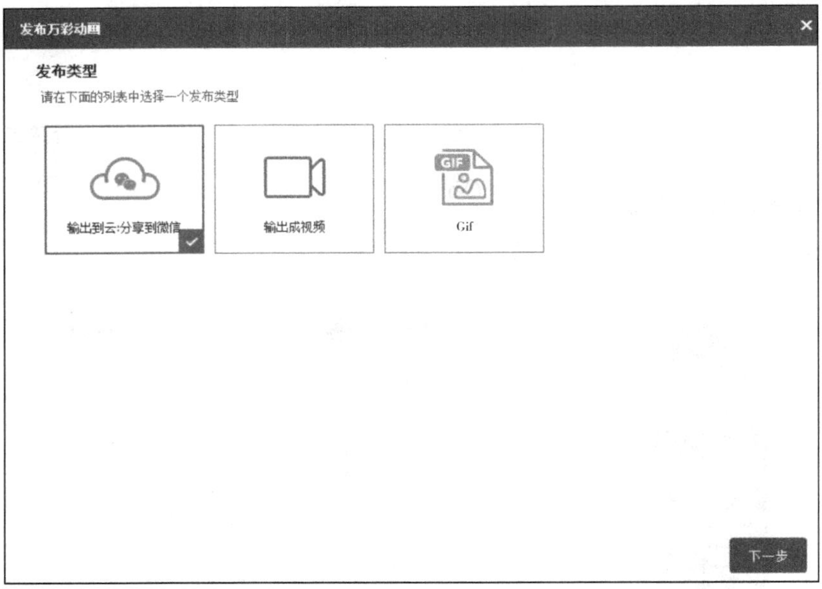

图6－27　发布工程文件

①选择“输出到云：分享到微信”，点击“下一步”，进入输出格式参数的设置，设置好后点击“发布”即可，见图6－28。

②选择“输出成视频”，点击“下一步”，设置保存路径、视频清晰度、帧频及视频的格式；设置好后同样点击“发布”即可生成视频，见图6－29。

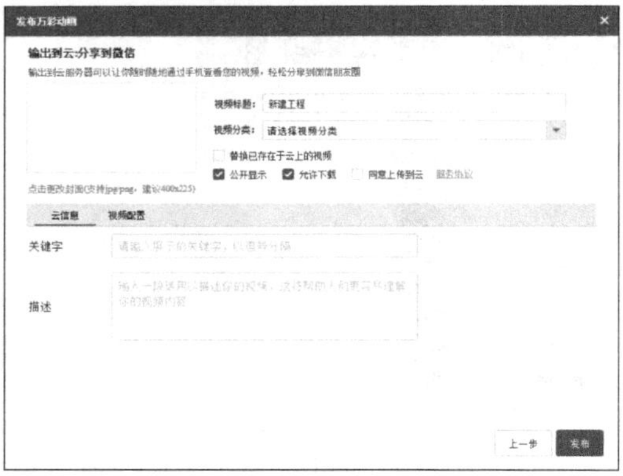

图6－28　输出到云：分享到微信

图6－29　输出（发布）成视频

③选择要输出成“Gif”，点击“下一步”，进行保存路径设置、是否去除水印，在高级选项那里也可以设置 Gif 的大小和帧频等，见图 6－30。

设置好后，点击“发布”，等待发布成功，见图 6－31。

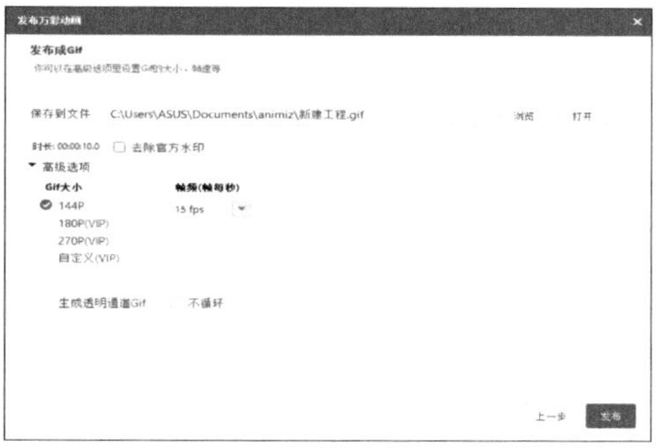

图 6－30　**发布成 Gif**

图 6－31　**发布成功**

6.5.4　场景编辑栏介绍

在场景编辑栏里，我们可以新建场景、复制场景、删除（替换）场景以及设置动画场景播放顺序。

（1）新建场景。可以通过添加空白场景来新建场景，或从场景模板中选择场景。

万彩动画大师提供多种场景模板，如动态场景、现代内外景、自然环境等，可根据需要自行添加场景。鼠标双击对应场景模板即可新建成功，见图 6－32。

图 6－32　**新建场景**

（2）复制和删除（替换）场景。如果希望同一个场景，多次出现在同一个动画视频中，可以直接复制整个场景，再粘贴。如果不想要某个场景，也可以进行删除（替换）场景。

①方法一：鼠标左键点击该场景，然后按鼠标右键，出现属性栏，再根据需要进行对应操作。

②方法二：在场景编辑栏底部点击 ⊙ 也可以找到删除场景和复制场景的功能，见图 6－33。

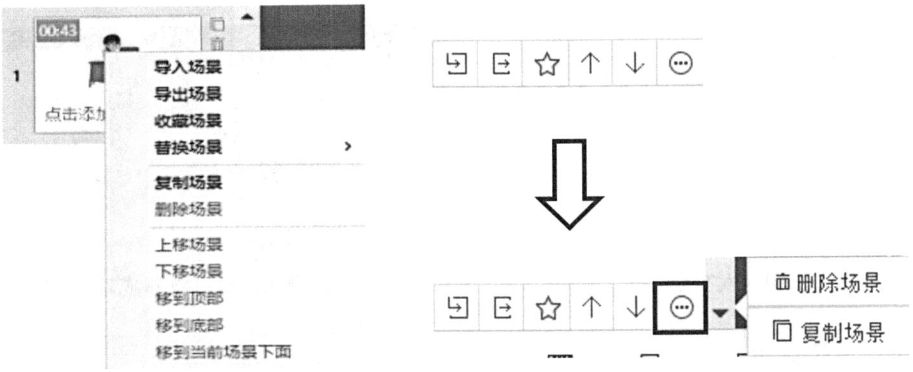

图 6－33　复制和删除（替换）场景

（3）设置动画场景播放顺序。在场景列表中选中一个场景，移动或者拖拽场景的位置，从而轻松改变场景的播放顺序。

首先我们先选中场景，然后可以通过点击 ↑ ↓ ，即上移场景与下移场景图标按钮，设置动画场景播放顺序。也可以在选中对象后，通过按住鼠标左键来拖拽对象，改变动画场景的播放顺序，见图 6－34。

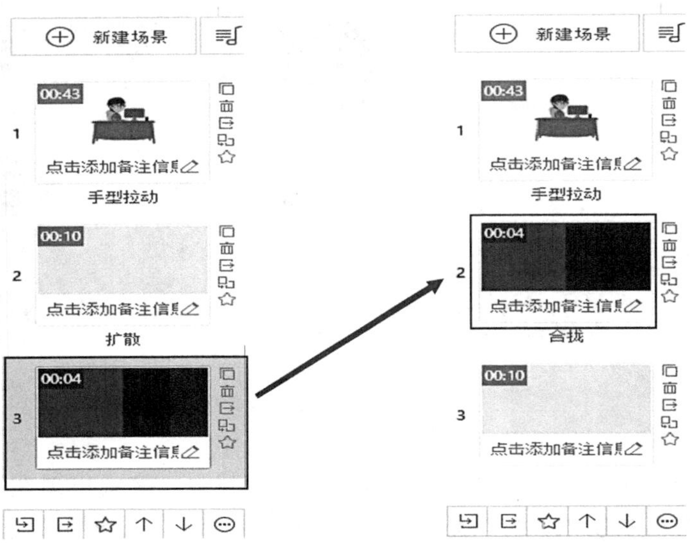

图 6－34　改变动画场景播放顺序

（4）场景切换效果。给场景添加切换效果，让场景过渡变得更顺畅、更自然。

点击相邻两个场景中间的按钮，便可弹出切换效果列表。点击“切换效果”按钮，单击任意的切换效果，然后设置“过渡时长”和“方向”，最后点击“确定”应用即可，见图 6－35。

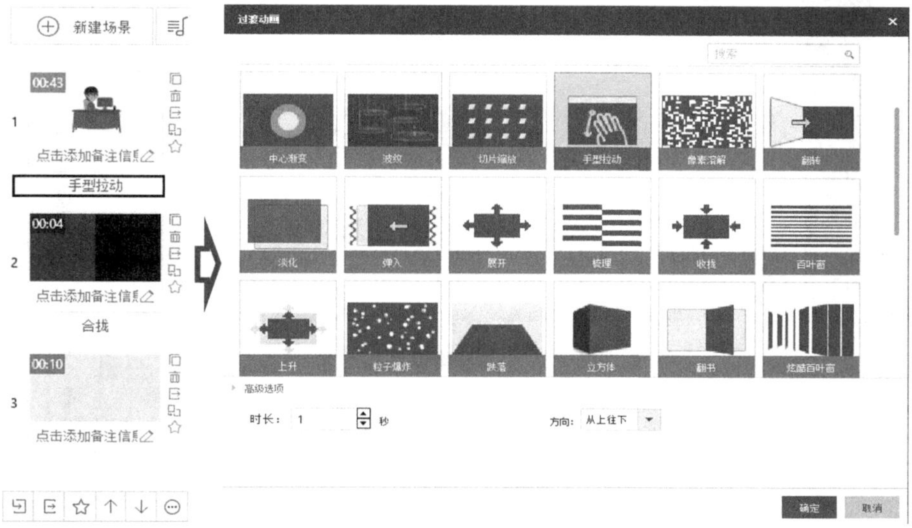

图 6－35　场景切换效果

6.5.5　快捷工具栏介绍

快捷工具栏可以帮助用户轻松编辑动画包括的内容，有一键显示所有物体、放大缩小画布、锁定画布、复制与粘贴和对齐排列场景元素内容等。

（1）显示所有物体。点击 🏠 可以显示所有的镜头和物体，见图 6－36。

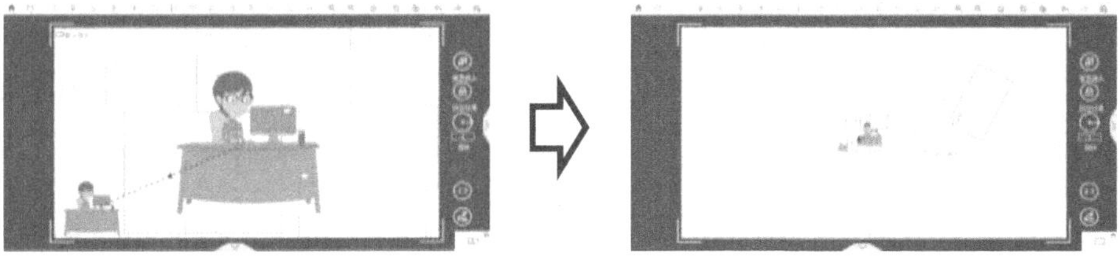

图 6－36　显示所有物体

（2）调整物体图层位置。先选中需要调整的物体，再点击 ⊙ 出现调整属性栏，根据需求选择图层位置调整方式，见图 6－37。

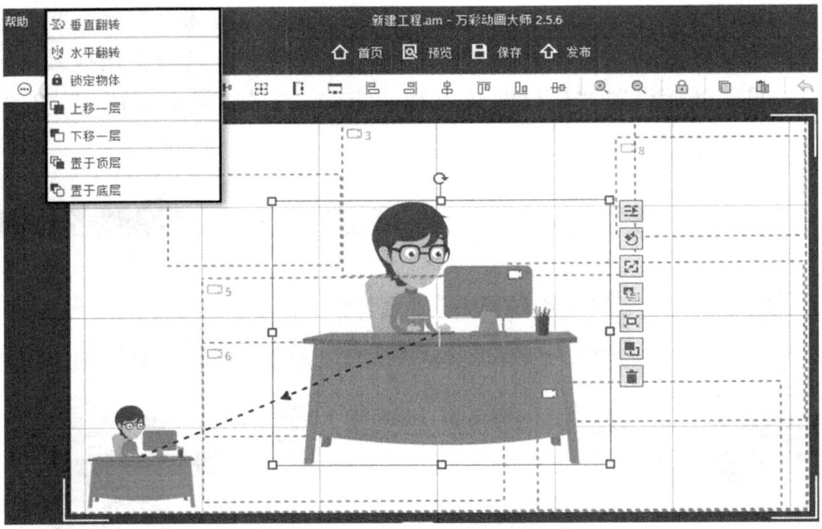

图 6－37　调整物体图层位置

（3）对齐排列物体。先选中需要对齐的物体，然后根据我们想要的对齐方式，点击  中的一个或多个功能进行对齐操作，例如进行“垂直中心对齐”，效果见图 6－38。

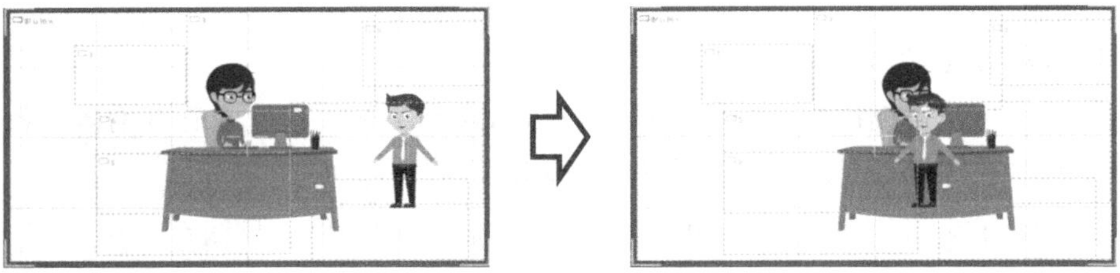

图 6－38　对齐排列物体

（4）放大与缩小画布。点击  进行放大画布操作，点击  则是进行缩小画布操作，例如缩小画布效果，见图 6－39。

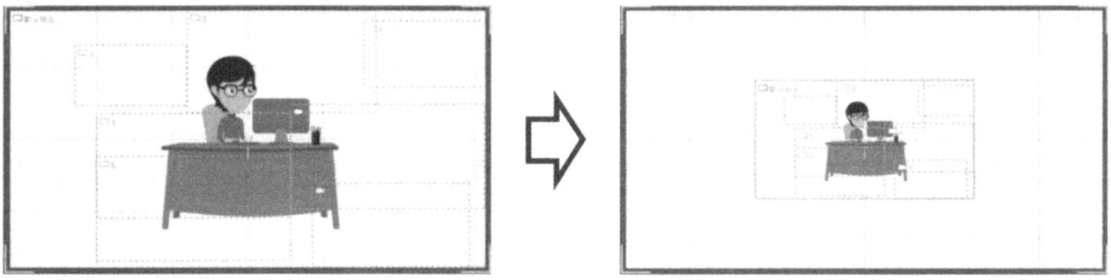

图 6－39　放大与缩小画布

（5）锁定画布。点击 锁定画布，以免编辑过程中画布移动，便于编辑。

（6）复制与粘贴物体。先选中需要复制的物体，然后点击 即可复制成功；再点击 粘贴，该物体会复制出多一个来，见图 6－40。

图 6－40　复制与粘贴物体

（7）撤销与重做。当我们编辑错误，需要重新修改，我们可以点击 撤销或者重做刚刚的编辑内容。

（8）操作历史记录，我们也可以通过点击 打开历史记录，来返回之前正确的编辑记录，见图 6－41。

图 6－41　操作历史记录

6.5.6　编辑区域

（1）镜头比例。常用的两种视频显示比例，分别是 16：9、4：3，不同的比例有着不同的显示效果，点击可以设置画布镜头的比例，我们可以选择 16：9、4：3 或者选择 自定义镜头比例。我们微课制作常用的比例是 16：9，比例大小见图 6－42。

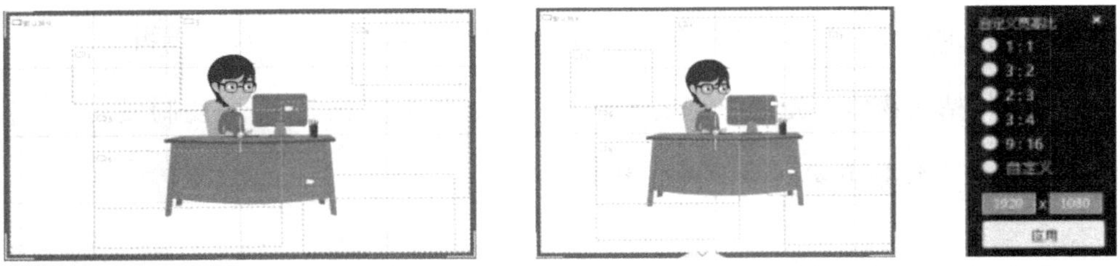

①16 : 9　　②4 : 3　　③自定义比例

图 6－42　**镜头比例**

（2）旋转画布。可调整画布的角度位置，旋转效果（旋转 180°）见图 6－43。

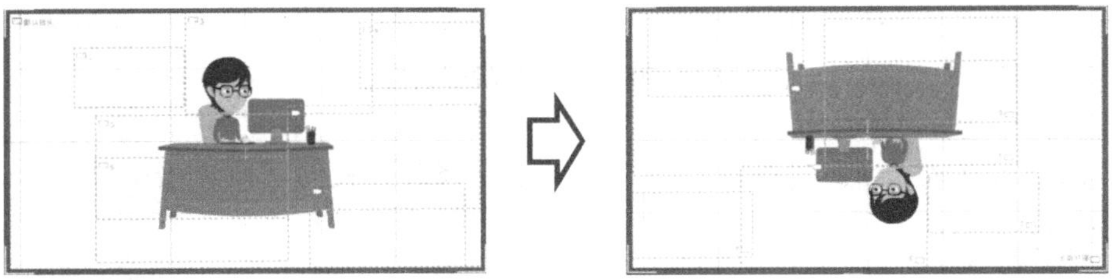

图 6－43　**旋转画布**

①旋转方式一：通过鼠标调节旋转半径  ，鼠标移动来实现调整旋转画布。

②旋转方式二：在  输入旋转角度数值，然后按 Enter 键，即可准确设置旋转画布。

（3）物体侧边栏。当点击场景内的任一元素对象时，旁边都会出现一个侧边栏。侧边栏见图 6－44，包括：

①  滚动到并选择该对象的时间轴。

②  旋转舞台以适应物体角度。

③  调整元素到当前窗口。

④  恢复原始比例。

⑤  恢复原始大小。

⑥  替换内容。

⑦  删除物体。

图 6－44　**物体侧边栏**

6.5.7 时间轴

万彩动画大师强大的时间轴功能可控制每个场景中元素的播放顺序与时长。根据时间顺序，配合图文、镜头、背景、字幕、语音，把一方面或多方面的事件鲜活地串联起来。时间轴界面主要划分为 8 个区域，分别是镜头/背景/字幕/声音、播放/预览、播放指针、场景时间、元素和动画设置、元素对象、元素对象编辑、动画效果。时间轴界面见图 6－45。

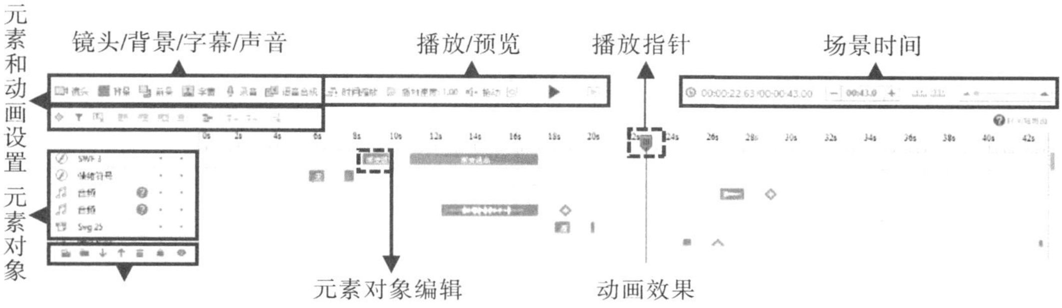

图 6－45　时间轴

（1）镜头/背景/字幕/声音。

①镜头：可添加缩放、旋转、移动的镜头特效，让动画视频更富有镜头感，内容呈现动感创意。添加镜头：点击“镜头”—点击“＋”添加镜头—调整镜头大小、方向及镜头切换的快慢（调整滑块的长短：滑块长度越长，镜头切换速度越慢；反之，镜头切换速度越快）。

②背景：可自定义图片背景、背景颜色（纯色背景、渐变背景），个性化呈现动画视频。详情参考“添加背景图片”“自定义背景颜色”，见图 6－46。

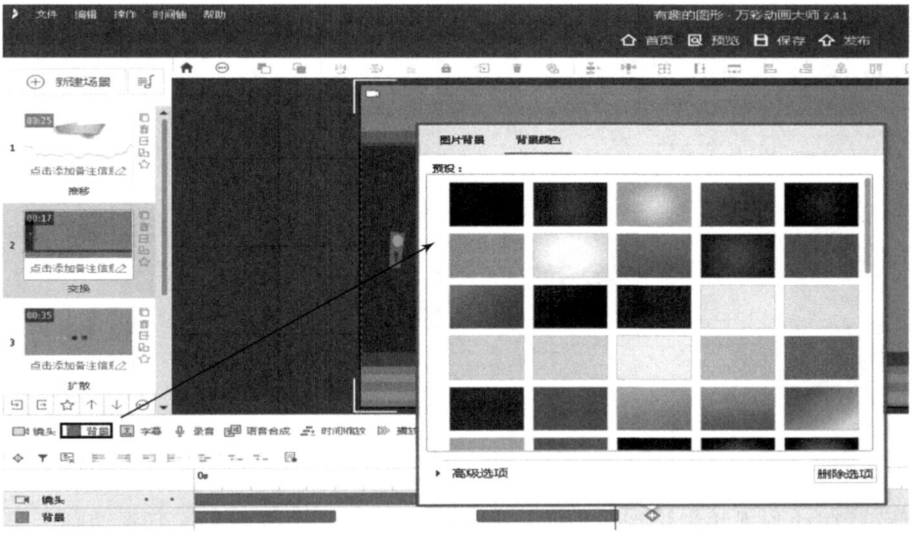

图 6－46　背景

③字幕：设置字幕外观增强动画演示说服力，可以导入/导出字幕快速操作。添加字幕：点击“字幕”—点击“+”添加字幕—设置字幕字体、大小、颜色、位置—“保存”，见图6-47。

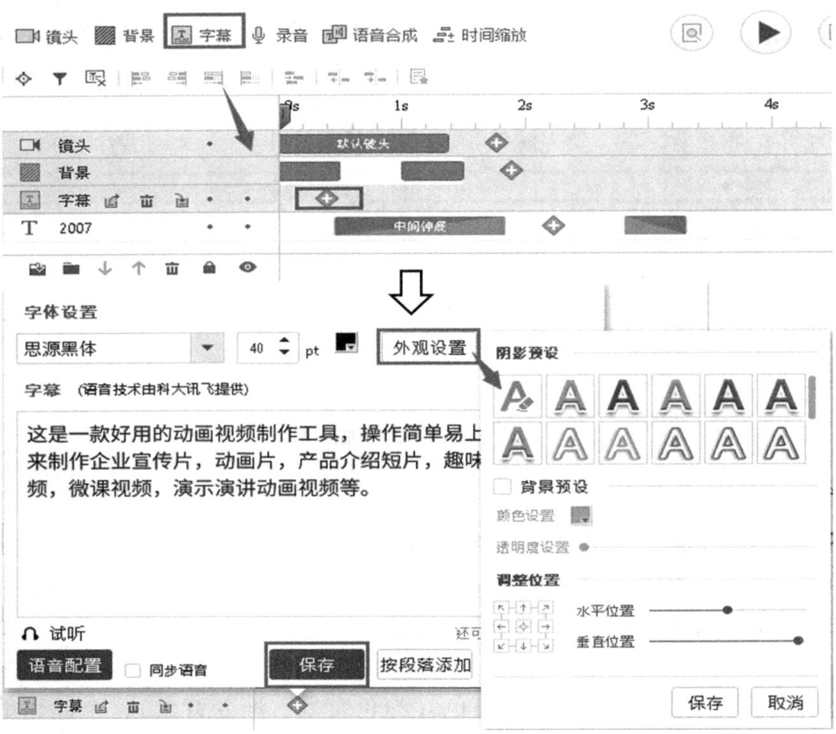

图6-47　字幕

另外，可以直接导入字幕，万彩动画大师支持导入的字幕格式包括.txt、.utf、.srt、.lrc、.amzm、.zip和.am，见图6-48。

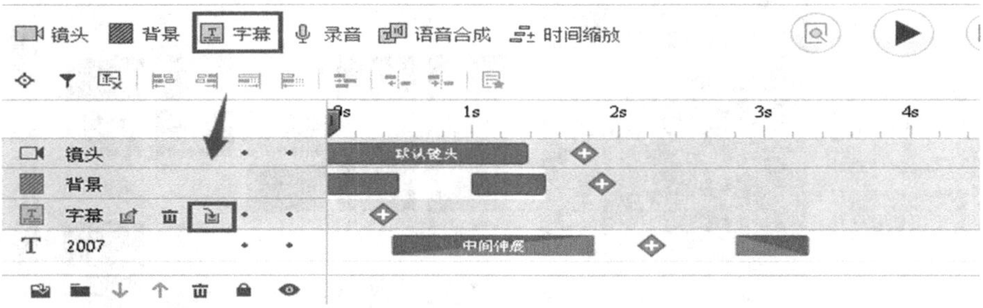

图6-48　导入字幕

④声音：在动画视频中添加录音效果能增强动画视频的说服力。万彩动画大师支持轻松添加录音，用生动的语言和形象的表达传递想法。点击“录音”按钮，出现“开始录

音”图标，见图 6－49。

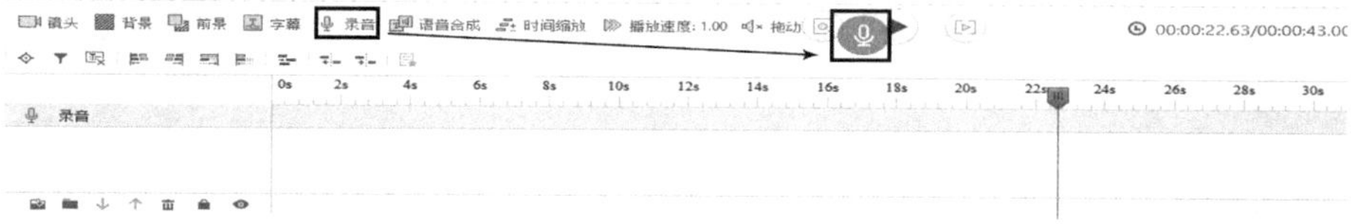

图 6－49　录音

点击“开始录音”，倒计时完成后开始录音，录音完成后，按停止键暂停录音，然后可以选择该录音 直接播放、 重新录音或 直接应用到场景中。

点击“应用”按钮应用录音后，把鼠标放到录音音频上，左右拖动可改变音频时长。双击音频条或者右键单击音频条，选择裁剪音频，在出现的小弹窗中，拖动音频长短可截取该部分音频，见图 6－50、图 6－51。

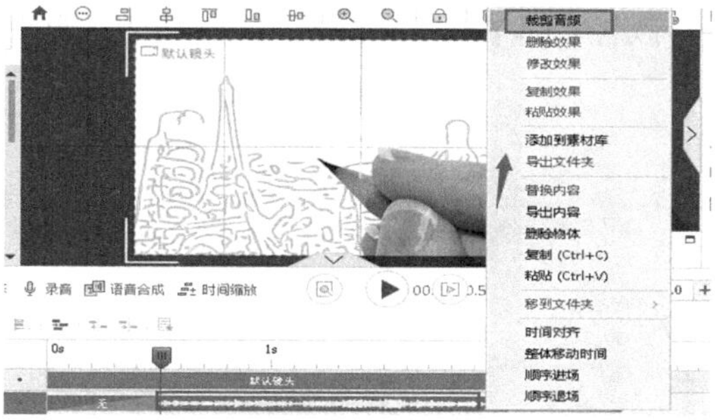

图 6－50　裁剪音频

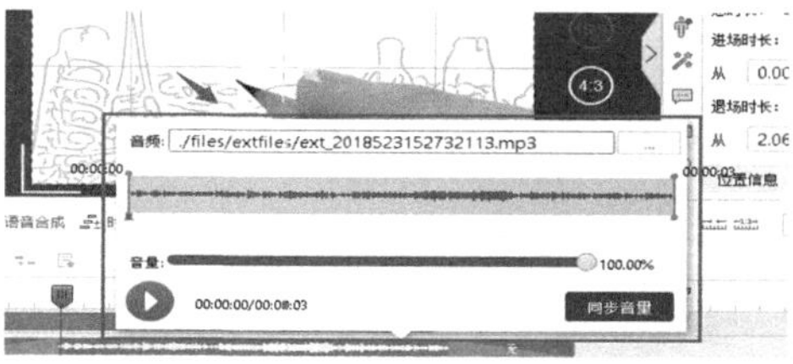

图 6－51　截取该部分音频

另外，若想替换掉该录音，可点击小弹窗右上角的打开文件夹按键，打开文件夹选择需要替换的音频，见图 6－52。

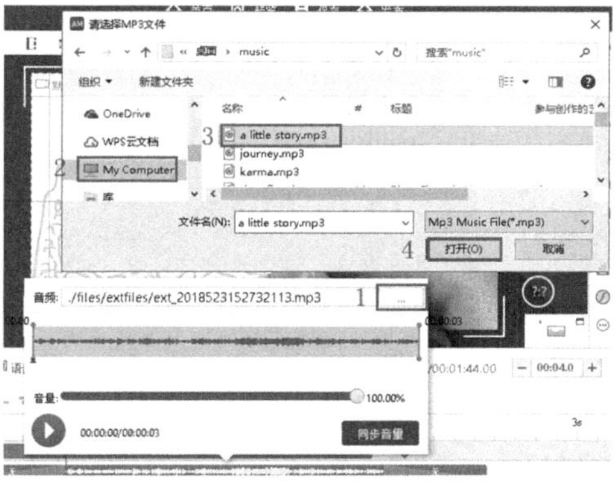

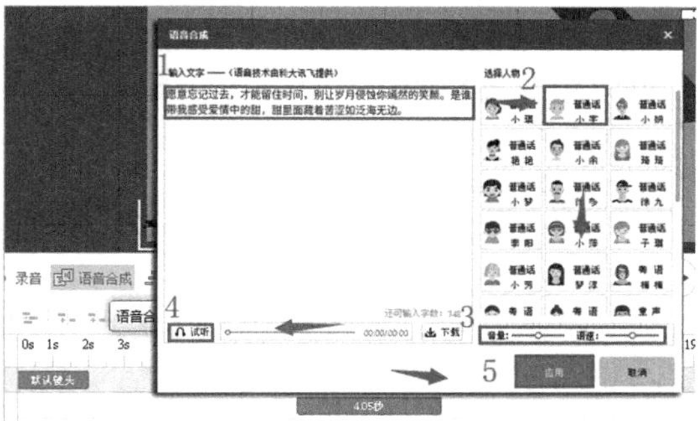

图 6－52　替换音频　　　　图 6－53　语音合成

⑤语音合成：有了语音合成功能，只要输入文本，就可以生成不同语音（男音、女音、普通话、粤语、英语、卡通人物语言、湖南话、东北话等），还可以调节语音的音量和音速。点击“语音合成”按钮—输入文字—选择人物—调整音量、语速—点击“试听”试听效果—点击“应用”按钮保存语音，见图 6－53。

（2）播放/预览。

为了使动画视频的制作更精美，万彩动画大师提供了时间缩放、播放速度功能，完善视频播放速度细节。预览时选择“拖动静音”更便利，见图 6－54。

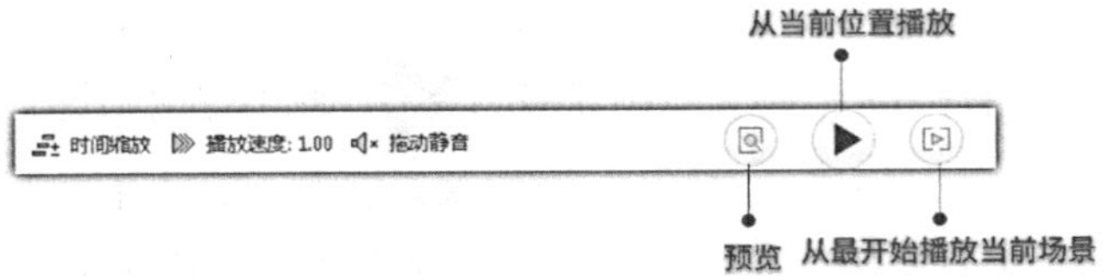

图 6－54　播放/预览

（3）播放指针。

在万彩动画大师中，鼠标右键单击播放头可以轻松地在时间轴指定位置插入/删除时间、添加标记，见图 6－55。

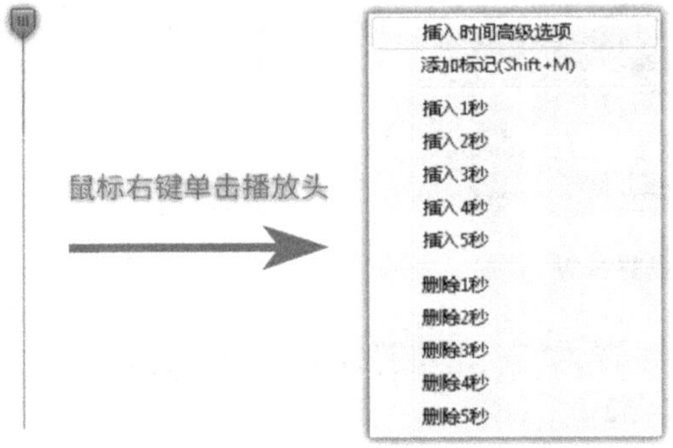

图 6－55　播放指针

（4）场景时间。

在万彩动画大师中，可以轻松自定义各个场景时间，设置时间轴的缩放比例，见图 6－56。

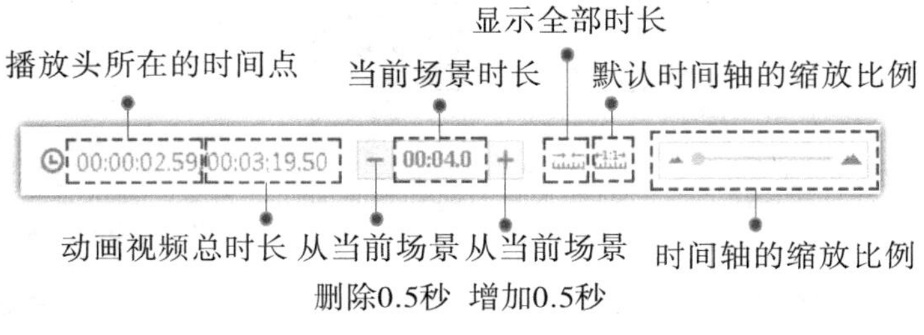

图 6－56　自定义场景时间

（5）元素和动画设置。

使用万彩动画大师制作动画视频过程中，若添加了太多元素对象，可通过居中显示或过滤筛选，快速找到指定元素对象。同时，用户还可以为所添加的元素对象设置动画效果，轻松自定义进场/强调/退场动画效果，见图6－57。

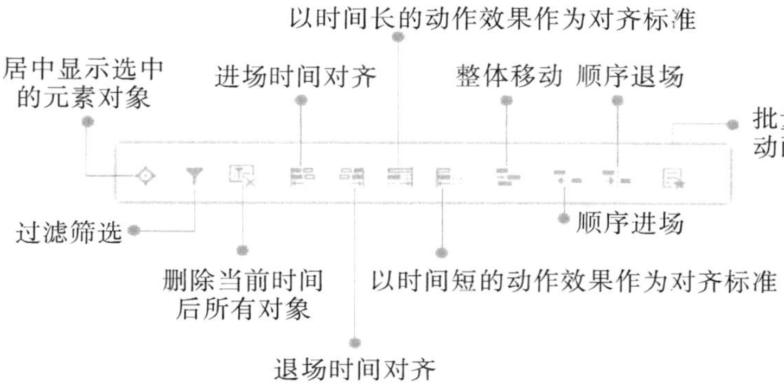

图6－57　元素和动画设置

（6）元素对象、元素对象编辑。

在万彩动画大师时间轴中，左侧是按添加顺序显示的元素列表，鼠标右键单击任意元素对象，可进行以下操作：添加元素对象至素材库、替换内容、导出内容、复制粘贴、删除物体、对齐方式、顺序进场/退场和整体移动，见图6－58。

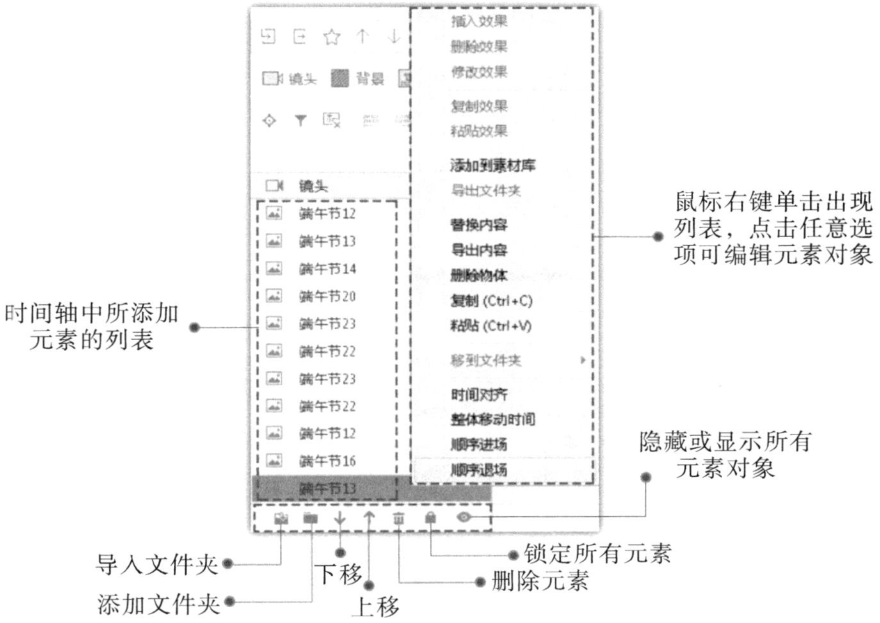

图6－58　元素对象编辑

（7）动画效果。

万彩动画大师内置丰富的元素动画效果，轻松添加元素对象的进场、强调、退出动画，生动传神的动画效果让动画视频更具魅力。

6.5.8　元素工具栏

（1）添加图形。在动画视频制作中，不仅可以添加不同的图形形状（箭头、虚线箭头、圆形、梯形、菱形、对话框等），还可以通过组合不同图形变成一个新图形，从而丰富动画演示内容。具体的操作如下：

①添加图形：点击元素工具栏 “图形”按钮，拖动任意图形到画布中。

②编辑图形：选中添加的图形，可以编辑图形的时间信息、位置信息，添加点线动画，设置大小、填充颜色、透明度，见图 6－59。

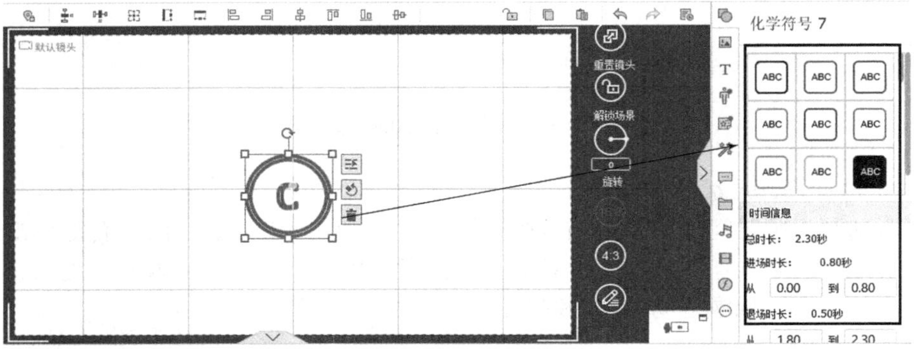

图 6－59　编辑图形

（2）自定义图形形状。不仅可以自定义图形形状和属性（大小、颜色、透明度等），还可以组合不同图形为新图形。

①可以根据需要自主编辑图形，见图 6－60。

②可以组合图形。

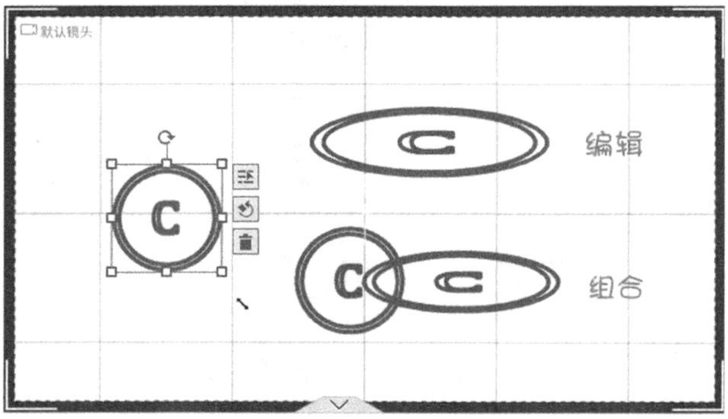

图 6－60　自定义图形形状

（3）添加图片。点击 “添加图片素材”按钮将会丰富动画视频内容，使视频变得图文并茂。用户既可以添加本地图片素材，也可以使用软件自带的丰富的图片素材。

（4）添加文本。添加文本会使动画视频的内容呈现更加完整，精心的文字编辑和排版会提升整个动画视频的视觉美感和质感。

①点击元素工具栏里的 T “文本”按钮，添加文本。

②编辑文本属性（颜色、字体、大小、透明度等）。

（5）调整文字行间距、字间距。合适的文字行间距和字间距不仅能让内容更清晰，还能增加美感。添加“文本”—选中字体—在右侧“字体”选项下方设置文字的行间距和字间距。

（6）添加角色。在动画视频编辑的过程中，添加合适的动画角色能让用户的视频更具有吸引力。在左侧元素工具栏中点击 “角色”按钮，多种角色任用户选择，点击任意一种角色，在列表中选择一种类型的角色添加到场景中，见图6－61。

图6－61　添加角色

选择角色后，还可以进行动作效果设置，这里我们以“说话解说”为例，见图6－62。

图6－62　设置动作效果

（7）动画组件。点击 可以选择添加动画组件，动画组件可以让我们的内容更加丰富，增强吸引力。这里有多种动画组件类型，供我们挑选，见图 6－63。

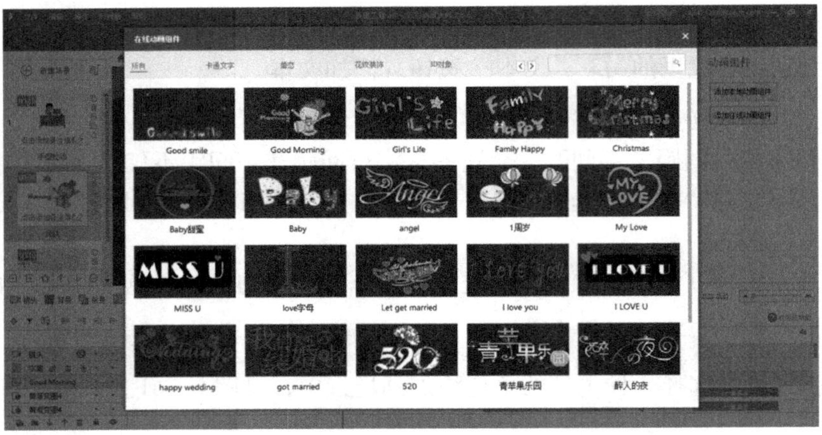

图 6－63　添加动画组件

（8）添加效果/气泡对话框。在场景中加入效果/气泡对话框，能够丰富画面/文本内容，使场景更加生动。软件内量海量的效果/气泡对话框任用户选择。在元素工具栏，选择 “效果”— “气泡”，选择一个合适的气泡添加到场景当中。

（9）添加 Svg 图片。Svg 图片比其他的图片类型尺寸更小，且放大缩小后不模糊。在动画视频编辑的过程中可根据内容或场景的需要从 Svg 库中选择添加 Svg 素材，让动画变得更丰富、更完美。点击“Svg 库”图标，单击目标主题分类，点击任意的 Svg 图片，便可添加到画布中，见图 6－64。

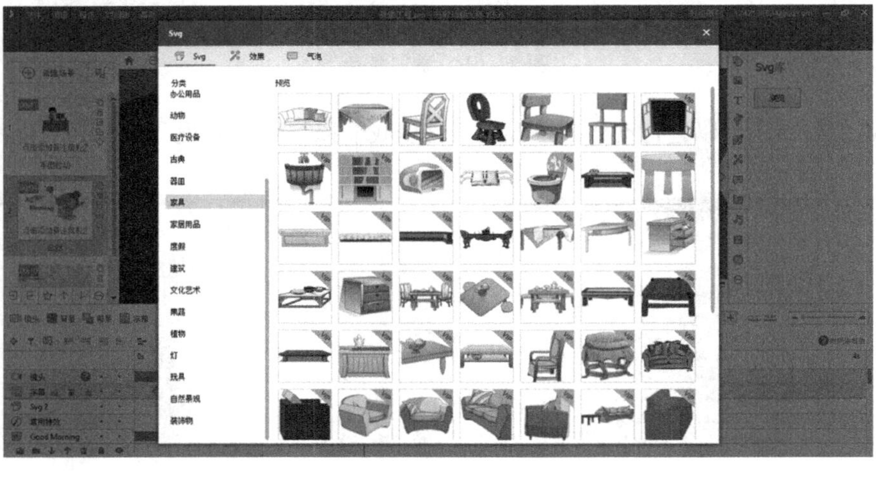

图 6－64　添加 Svg 图片

（10）添加音乐。在动画视频里添加音乐能活跃观赏气氛，使展示内容变得更加形象生动、栩栩如生。

①添加在线音乐素材：点击 “音乐”按钮—拖拽音乐到画布中—拖动音乐动画条调整音乐的进退场时间及显示时长，见图 6－65。

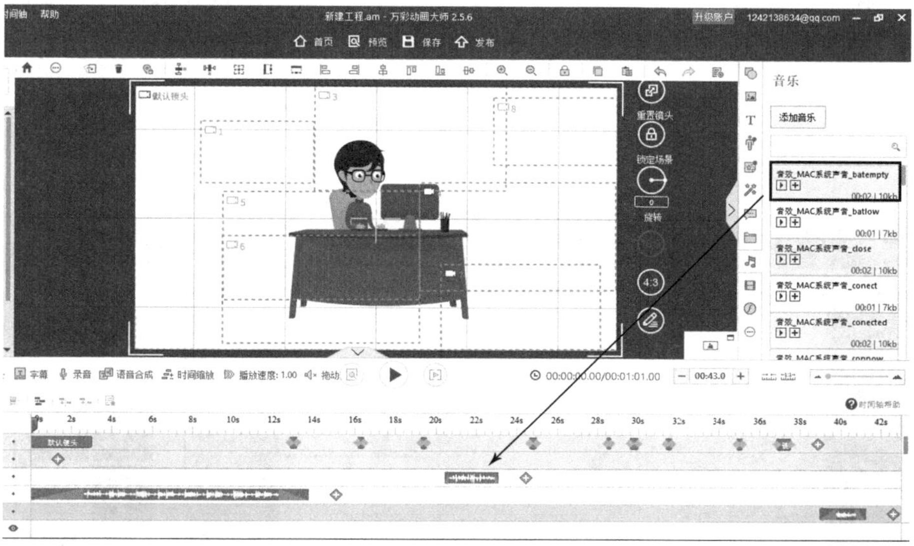

图 6－65　添加在线音乐素材

②添加本地音乐素材：点击“添加音乐”—选择本地音乐添加—拖动音乐动画条调整音乐的进退场时间及显示时长。

我们还可以对添加的音乐进行进退场时间调整，剪裁音频，见图 6－66。

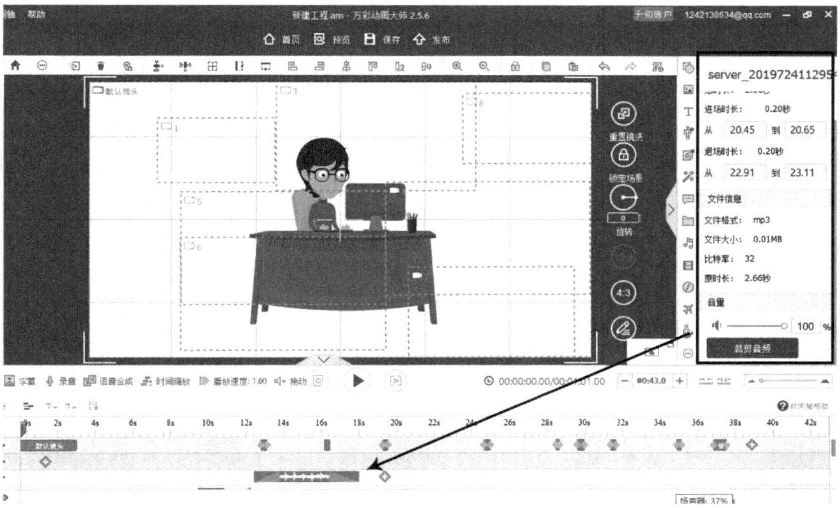

图 6－66　调整进退场时间

(11) 添加视频。根据内容或场景的需要，添加视频能够更好地表达动画视频的主题，同时也增加了动画的视觉效果，从而更加吸引观众。可以点击元素工具栏里的“视频”图标按钮，接着点击 “添加本地视频”按钮，便可成功添加视频到场景中。同样，我们也可以对添加的视频进行进退场时间调整、添加效果。

(12) 添加 SWF 素材。合适的 SWF 素材不仅可以丰富动画视频的内容，还能使动画的整体视觉效果更美观。只要点击 “SWF”按钮，便可添加本地 SWF 图片，或是通过搜索在线 SWF 素材，单击图片便可成功添加，见图 6－67。我们也可以对添加的 SWF 素材进行进退场时间调整、添加效果。

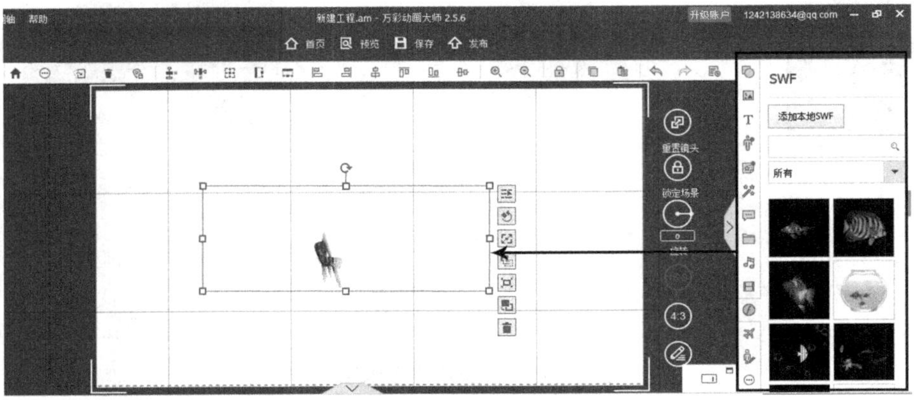

图 6－67　添加 SWF 素材

(13) 添加特殊符号。添加特殊符号有时更能表达动画视频的内容，也能让动画的视觉效果更明显。用户可以点击元素工具栏里的 “特殊符号”按钮，从列表中单击任意一个特殊符号，便可轻松地添加到画布中。同时还可以根据需要对特殊符号进行自主编辑，自定义图层与高级设置。

(14) 添加图表。“图表”功能方便用户直观地展示数据信息。柱状图、散点图、饼图、折线图、面积图、堆叠图、雷达图、混合图、南丁格尔玫瑰图、表格、垂直柱状图、垂直堆积图、百分比堆积折线图、单轴散点图、热力图这 15 种不同类型的图表使演示更专业、生动。

(15) 公式编辑器。对于数学课件演示来说，公式在某些特定的场合，无论是从理论上还是操作上，比文字都更有利于传达信息。因此，万彩动画大师提供了强大的公式编辑器功能，方便数学以及一些关于理科课件演示的编辑。添加和编辑公式操作简单，具体步骤如下：

在元素编辑栏中找到公式图标并单击—在新弹窗中选择需要的公式类型—输入公式—“确定”，见图 6－68。

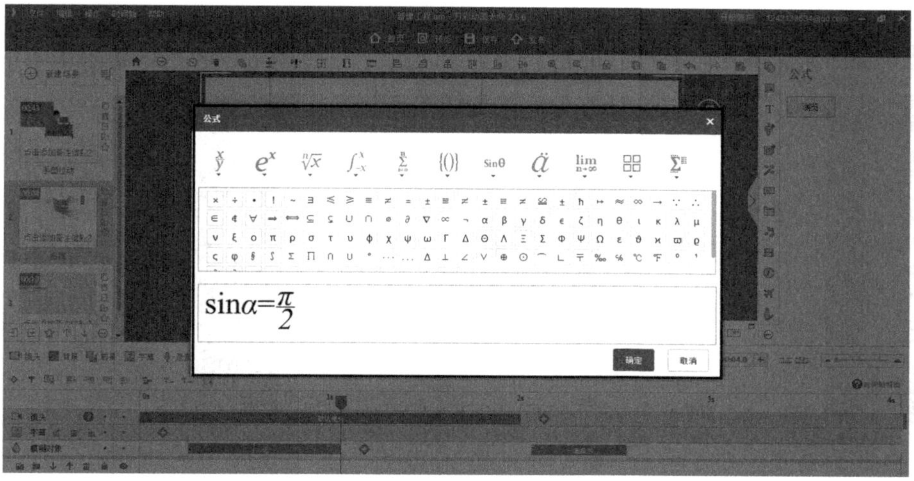

图 6－68　公式编辑器

（16）标注功能。在视频编辑过程中，万彩动画大师支持添加模糊、马赛克、聚光灯和高亮等标注。这些标注功能可以有效地突出信息、强调内容，也可以在一定程度上对图片、视频进行模糊处理，保护个人隐私。具体操作步骤如下：

①添加模糊标注：在元素编辑栏中，找到“标注”功能图标并点击，找到模糊标注图标 ，鼠标单击添加。点击模糊对象，自定义设置其模糊度、进场/退场时间、位置、大小、进场/退场动画等，见图 6－69。

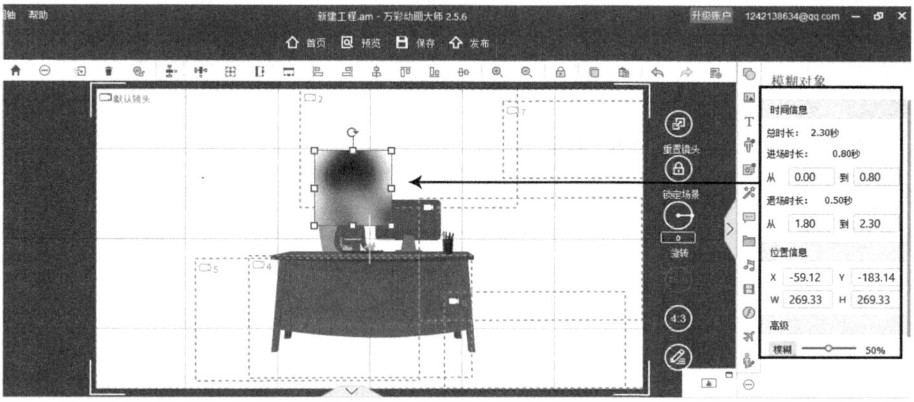

图 6－69　添加模糊标注

②添加马赛克标注：依次点击“标注”功能图标—马赛克标注图标 。点击“马赛克对象”，自定义设置其色块大小（px）、进场/退场时间、位置、大小、进场/退场动画等，见图 6－70。

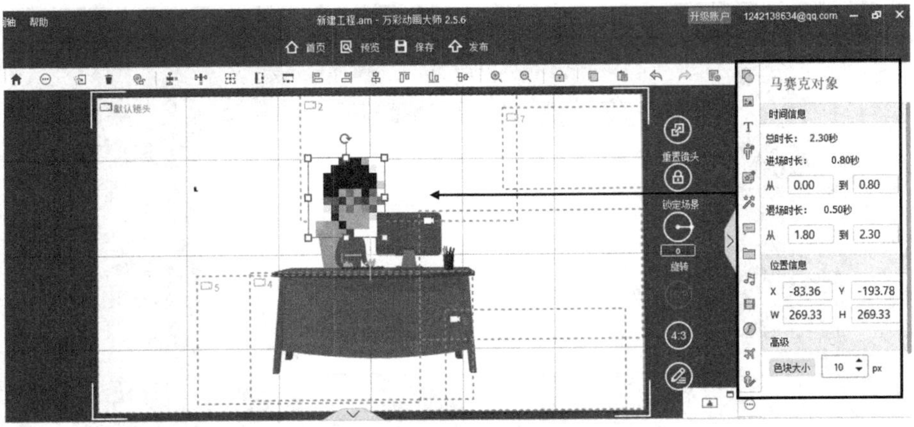

图 6－70　**添加马赛克标注**

③添加聚光灯标注：鼠标单击“标注”功能图标，找到“聚光灯”标注图标 ，单击按钮添加。点击聚光灯对象，自定义设置其透明度、填充颜色、进场/退场时间、位置、大小、进场/退场动画等，见图 6－71。

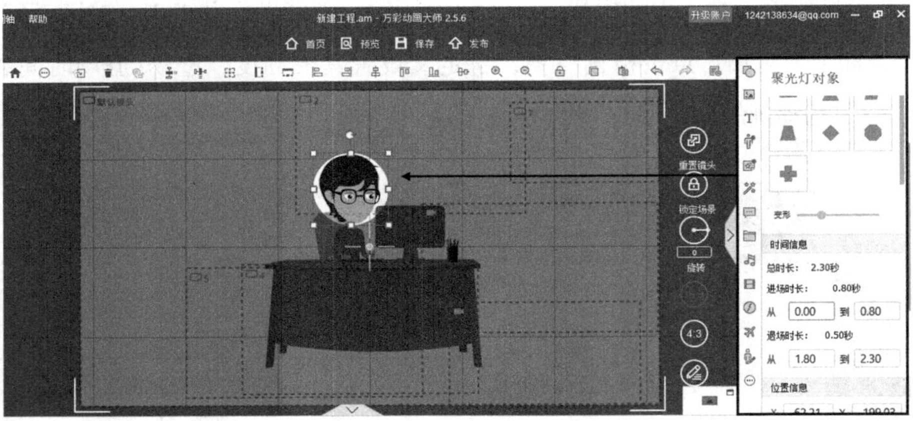

图 6－71　**添加聚光灯标注**

④添加高亮标注：鼠标单击“标注”功能图标，找到“高亮”标注图标 ，单击按钮添加。点击高亮对象，自定义设置其不透明度、填充颜色、进场/退场时间、位置、大小、进场/退场动画等，见图 6－72。

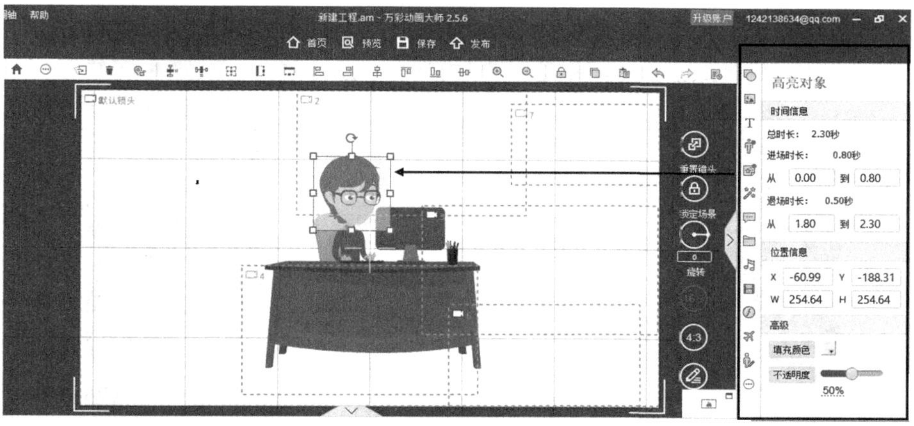

图 6－72　添加高亮标注

（17）我的素材库。万彩动画大师支持强大的素材库功能，用户可以快速添加自己喜欢的元素至素材库，方便多次使用，省时高效。只需简单几步即可快速添加元素至素材库，具体步骤如下：

①选中素材—点击鼠标右键—“添加到素材库”，见图 6－73。

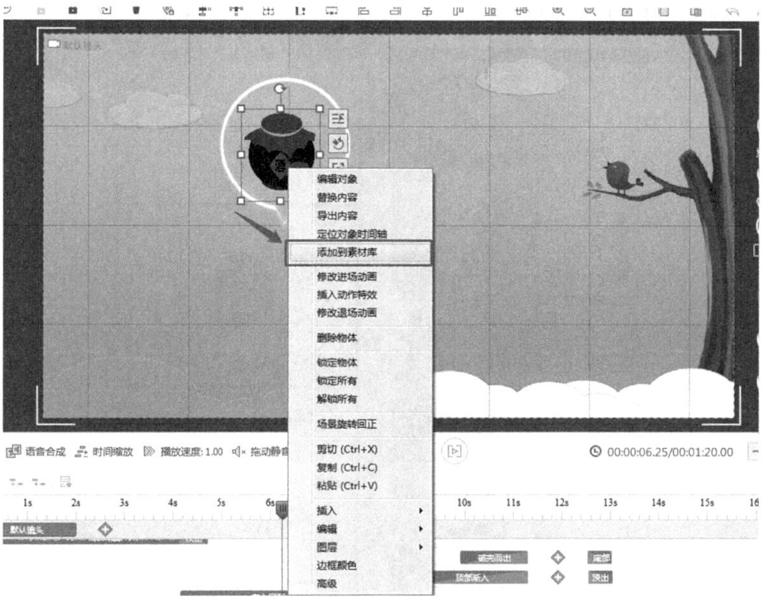

图 6－73　添加到素材库

②在弹窗中输入该素材的标题和描述信息—“确定”，见图 6－74。

图 6－74　输入标题和描述信息

③在元素编辑栏中找到图标 ⊖ 并点击，点击“我的素材库”，在列表中找到刚刚添加至素材库的素材，见图 6－75。

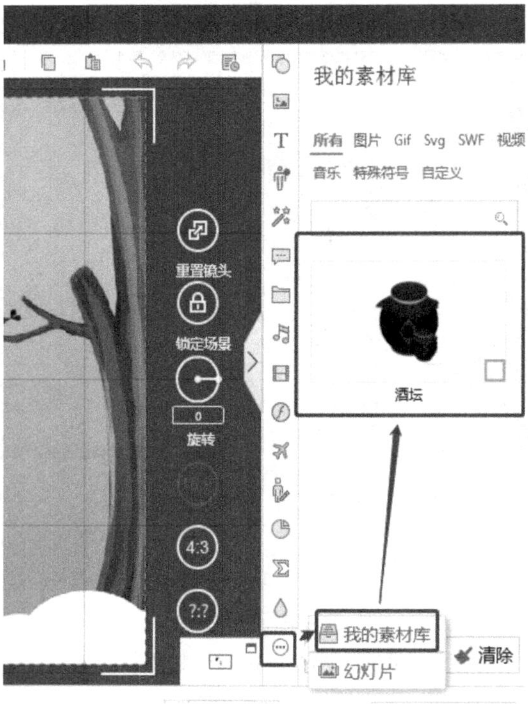

图 6－75　寻找素材

④若添加了太多素材至素材库中，可在搜索框中输入关键词即可找到限定素材。

⑤导入/导出素材更方便，见图 6－76。

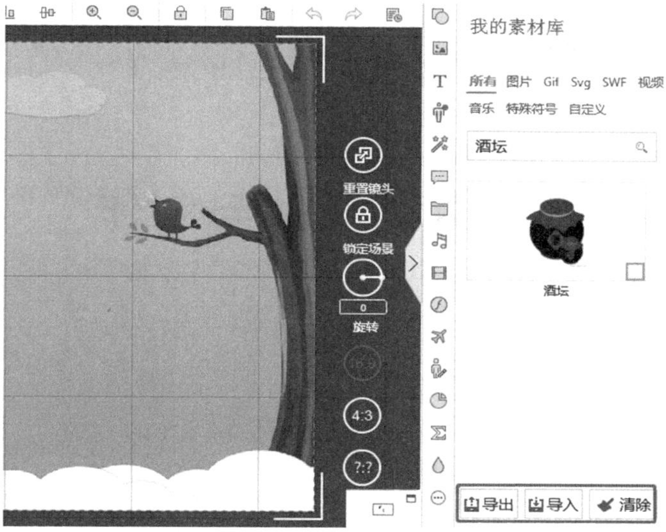

图 6-76 导入/导出素材

万彩动画大师相对 Focusky 来说，动画更丰富，形式更灵活，场景更多元，但操作较烦琐，要设计得好，还需要多花时间操作、练习。

第7章

优芽微课设计与制作

- 了解优芽的基本概念以及功能
- 了解优芽的工作界面
- 掌握优芽的基本操作和优芽在微课制作中的运用

7.1 优芽软件介绍

优芽互动电影（简称优芽）是一款优秀的免费在线动画课件制作工具，只需简单的拖、拉、拽即可快速制作情境动画。它涵盖上百种内置人物和场景，搭配智能语音，不仅搭载了图像、文本、表格单据、动画模板等多种制作素材，而且融合了PPT页面的编辑方式，同时支持在动画电影中嵌入测试题。更重要的是，使用优芽制作微课视频并不需要下载软件，直接在网页上即可轻松操作。凭借上述优点，优芽广泛运用于自定义编辑、制作百变创意动画。其操作简便、界面简洁、动画生动等特点使优芽广受青睐。

使用优芽可以轻松制作出动漫形式的微课作品，操作简单，效果震撼，若教师不想自己配音，还可以利用优芽自带的科大讯飞语音合成功能，轻松制作出高质量的微课作品。

7.2 优芽注册及界面简介

7.2.1 注册登录

（1）打开浏览器，点击搜索“优芽互动电影”，进入网页后，可以看到右上方有着“登录”和“注册”两个选择操作，见图7－1。

（2）新用户先注册账号后再登录，见图7－2。

（3）温馨提示：用户若是初次使用优芽，必须注册一个账号后才可以使用。若用户已经注册过账号，可以直接输入所注册的用户名、邮箱或手机号码及密码登录。值得注意的是，用户也可以用QQ、微信或者微博进行快速登录。若是忘记账号密码，可以点击“找回密码”，按照提示操作即可轻松找回密码，见图7－3。

图 7－1　优芽互动电影界面

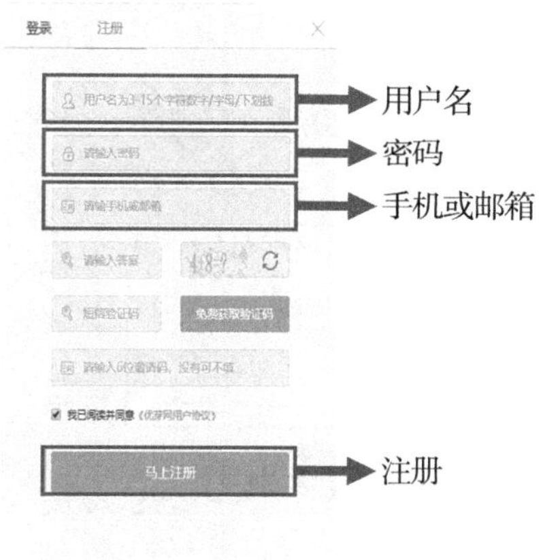

图 7－2　注册/登录账号

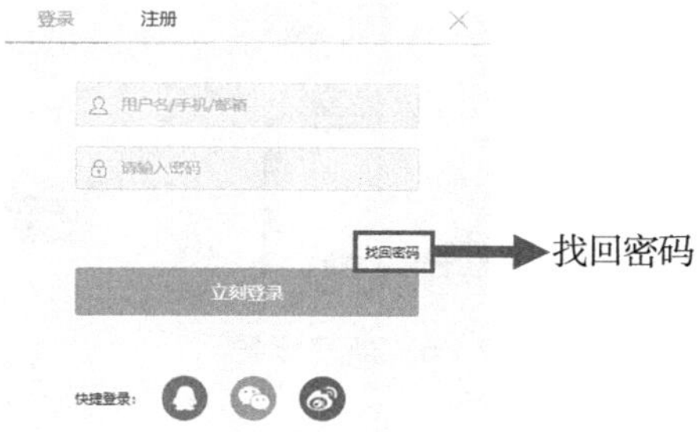

图 7－3　找回密码

7.2.2　界面简介

（1）按照上述操作登录完成后，教师可点击进入快速动画工具，可以看到如图 7－4 所示的三个操作选项，点击“空白创建”，进入制作互动电影界面，开始制作优芽视频。

图 7－4　空白创建

(2) 点击“空白创建”之后，进入操作主窗口，见图 7－5。

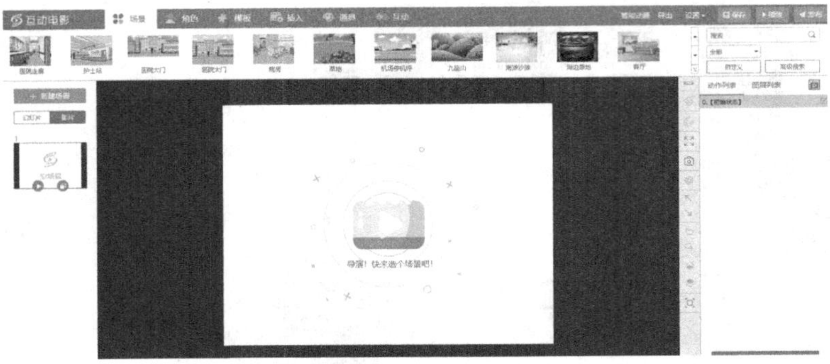

图 7－5　操作主窗口

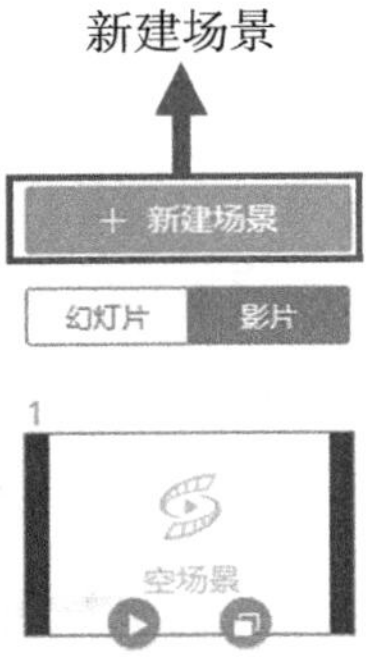

图 7－6　新建场景

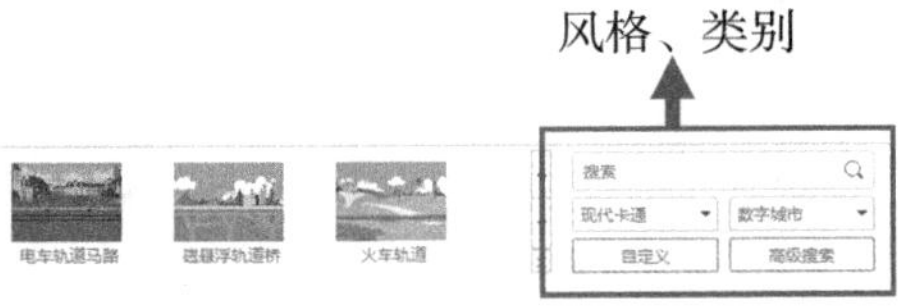

图 7－7　选择风格、类别

(3) 操作主窗口。图 7－6、图 7－7 展示的是左边一栏。这一栏是风格的选择以及类别的确定，用户根据需求选择后会出现不同的场景模板供挑选使用，高效快速，操作简便。

(4) 操作页面中上方的界面。操作页面中上方的界面分别包括“场景”“角色”“模板”“插入”“道具”“互动”的操作选项，右上方的三个按钮分别是“保存”按钮、“播放”按钮以及“发布”按钮。用户可以在动画制作过程中一边制作一边保存，以防中途操作不当导致动画缺失。见图 7－8。

图 7－8　功能类别

①点击“场景”，出现以下操作框，见图 7－9。

图 7－9　操作框

②点击上方界面“插入”按钮，出现 11 个选项（见图 7－10），用户可以根据需要插入提示、旁白等，操作方便快捷。

图 7－10　“插入”按钮

③点击“互动”按钮，即可添加抽答、计时、选择题、判断题、填空题等，是教师用于制作微课的好帮手，见图 7－11。

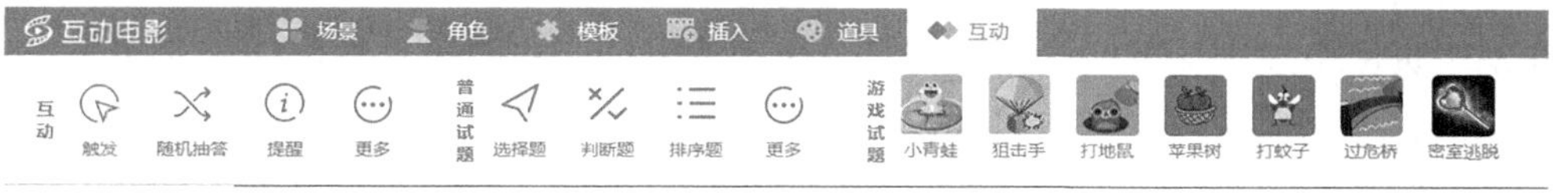

图 7－11　“互动”按钮

7.3　优芽功能介绍与设计实操

7.3.1　功能介绍

优芽不仅提供了对场景、人物、动作的支持，还融合了 PPT 页面的编辑方式，操作简单，界面简洁，凭借着“轻松做动画，人人皆导演”的宗旨广泛应用于教育领域，其应用示例见图 7－13。以下是其功能介绍：

（1）快速情境创建。①简单的制作界面及便捷的创作流程；②搭积木般可视化的动画情境搭建；③海量场景、角色、道具、音效、配音资源；④3 分钟制作情境动画。

（2）便捷动画功能。①丰富多彩的动画模板；②视频音效的快捷剪辑与融合；③一键设置场景特效、镜头推拉；④10 分钟创作精彩动画。

（3）趣味交互融合应用。①创新互动试题，涵盖多种题型；②趣味答题游戏，提升学习乐趣；③灵活触发应用，人机交互融合；④便捷开发交互动画。

图 7－12　动漫创客应用

7.3.2　优芽极简微课

按照上述步骤进入操作界面后，就可以使用优芽来制作微课视频了。

制作微课视频分为三个步骤，分别是制作片头、制作场景动画、发布和分享。

1．制作片头

在进入互动电影编辑界面后（见图 7－13），我们可先点击界面左上角的“新建场景”按钮，并在右侧的编辑页面中，进行选择背景、输入文字等操作。其中片头可以使用模板编辑，也可以像其他普通页面一样单独进行设计和编辑。

在编辑页面中双击文字即可输入文字。使用编辑页面右侧的“图层列表”工具，在文字层上双击，可以拖动调整文本的位置和大小。

图 7－13　互动电影编辑界面

2. 制作场景动画

在图 7－15 中我们可以看到，优芽的编辑界面类似于 PPT，只是右侧增加了“动作列表”和“图层列表”菜单，它的操作类似于 PPT 与 Photoshop 的结合。在优芽中创建场景动画的基本步骤如下：

（1）为幻灯片页面添加场景：在“场景”菜单中，点击“新建场景”按钮，即可新增一个新的幻灯片页面，可选择并添加场景。与 PPT 类似，此时我们可以在新建的幻灯片页面中（右侧的空白区）添加各种元素和对象，见图 7－14。

图 7－14　添加场景

（2）插入对象、添加动画：我们可以在优芽的幻灯片页面中，像 PPT 一样插入图片、形状、文字等各种对象，见图 7－15。

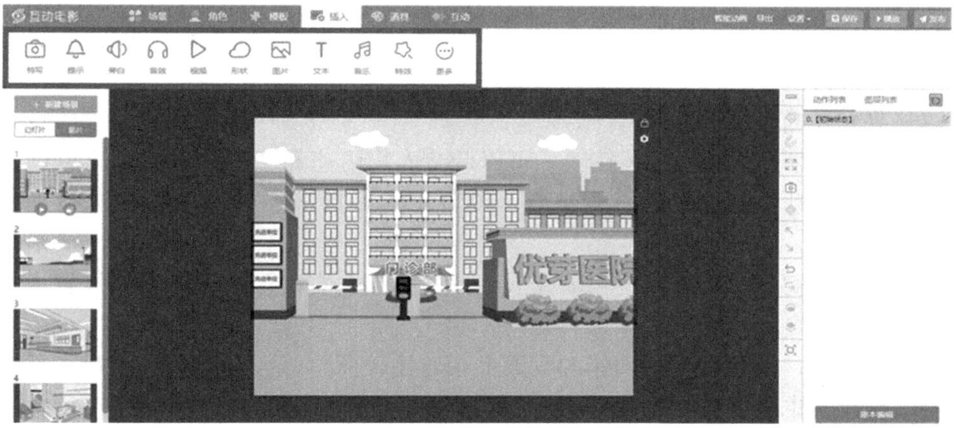

图 7－15　插入对象、添加动画

在优芽中，我们点击图片、文字等对象，然后就可以在右侧的“动作列表”窗格中设置该对象的进入动画效果，并且可用鼠标拖动调整动画播放的顺序——这些操作和 PPT 中几乎一样。

在一个幻灯片页面中选择场景、插入对象、设置动画后，点击当前幻灯片页面缩略图右下角的“播放”按钮，即可预览动画效果。如果预览正常的话，就完成了一个场景的制作（相当于一页 PPT）。采用同样的方法，可以构建前后相连的多个场景画面，共同构成整个场景动画。

以上操作体现了优芽最大的特点：在操作方式上和 PPT 类似，教师比较熟悉，大大减轻了学习新软件的负担。

（3）添加人物：人物对于故事型的微课来说是基础要素，在优芽中也可以像在皮影客中那样，在场景中添加动画人物，见图 7－16。

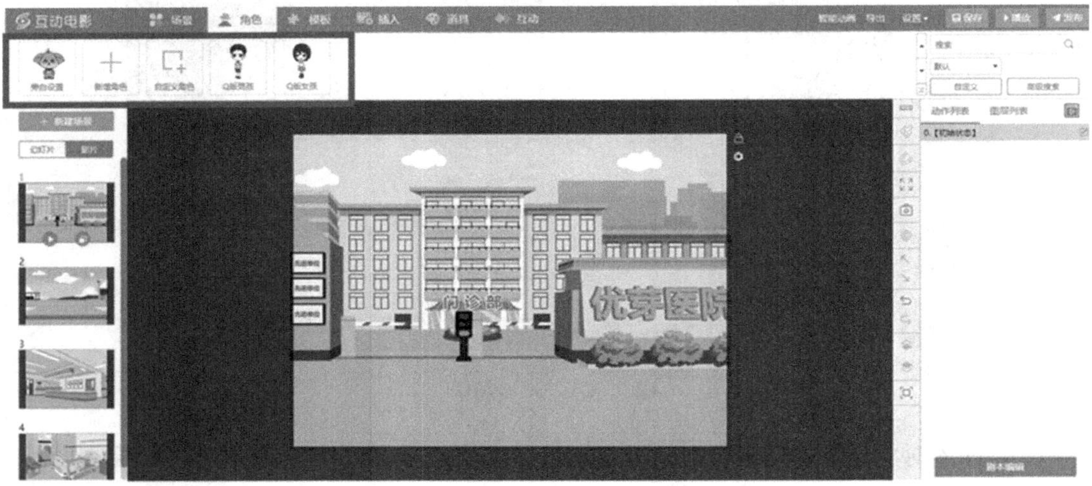

图 7－16　添加人物

增加一个人物非常简单，只需点击“角色”菜单中的“新增角色”按钮，即可在丰富的角色库中进行选择。此处我们可以设置“角色名称”和“岗位名称”。点击“选择语音”可以选择角色自动合成的语音来源（此处以“中文语音—成熟男声”为例），拖动“配音语速”和“配音音量”绿色按钮，可以调节人物语速和音量，调节完毕后点击“试听”按钮，即可试听角色合成音是否满意。调节完毕后点击“确定”按钮进行下一步操作。见图 7－17。

当角色被插入幻灯片页面后，只需在人物形象上点击右键，就可以轻松设置人物动作（如“边走边说话”）。

与皮影客相比，优芽在人物动作的设置上相对比较简单，但基本能够满足大部分教学场景所需，操作上也显得更加容易。

图 7－17　新增角色

（4）添加配音：在优芽中，完全支持为场景动画添加人物配音，只需选中某个场景幻灯片，点击“插入”菜单，然后点击“旁白”按钮即可，见图 7－18。

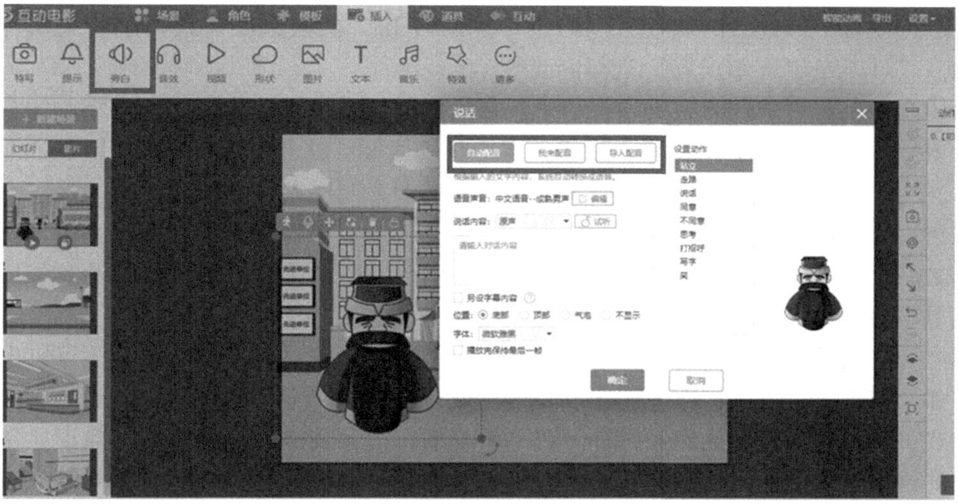

图 7－18　添加配音

值得注意的是，优芽默认的配音为“自动配音”，即根据用户输入的文字，由科大讯飞配音系统进行配音。系统配音效果较为生硬，体现不出声音中的情感，因此建议大家尽量采用真人配音的方法，可点击“我来配音”或“导入配音”进行操作。

（5）添加测试题：微课增加测试题可起到学习效果检测的作用，对于微课教学来说是非常重要的。优芽中添加的试题可分为普通试题或游戏试题。

①添加普通试题：在新增一个场景页后，只需点击“互动”按钮下的试题菜单（见图 7－19），即可在该场景页中添加试题，我们需要先选择一种普通试题题型——“单选题”“多选题”或“判断题”。

图 7－19　添加测试题

题目设置：在图 7－19 所示的编辑界面中，即可输入题干、答案。其他相关内容可根据需要进行设置，如选项的数量可以通过“删除”和“增加选项”按钮进行增减，答案的呈现方式可以在“详细设置”进行修改等。

上传图片：若测试题的题干和答案中包含图片和公式，通常采用以下操作，优芽的题干、选项后都提供了“上传图片”按钮，点击该按钮就可以上传题干的图片以及各个选项的图片。当然，首先用户需要通过截图的方法将题干、选项先保存为图片。

注意：为了便于系统自动判分，我们一定要设置一个正确答案方可完成编辑。试题设置完成之后，与前面的普通幻灯片页面一样，我们也可以对试题效果进行预览。如果觉得页面效果不够美观，也可以再为试题增加或更换场景效果。

②添加游戏试题：在试题中不仅可出常规的单选题、多选题、判断题，还可以出游戏试题，如“打蚊子”“过危桥”等。

游戏试题与普通试题的内容一样，只是将互动表现方式纳入情景当中。建议在选项条件允许的情况下多使用游戏试题，激发学生兴趣，促进学生学习。

游戏试题的设置与普通试题类似，只是游戏试题的类型和选项均不能更改，需要按照模板格式填写内容。

3. *发布和分享*

优芽的分享是完全以在线的方式进行的，发布完成后直接显示出分享链接，学习者只需扫描二维码或输入网址链接即可观看微课，非常便捷，见图 7－20。

图 7－20　**发布和分享**

优芽互动电影可以轻松制作出动漫形式的微课作品，能将枯燥乏味的微课内容以故事、动漫的形式展现出来，有利于用户创造出天马行空般富有想象力的微课作品，大家赶紧动手试试吧！

第8章

Articulate Storyline 3

● 了解 Articulate Storyline 3 的基本概念和作用
● 掌握 Articulate Storyline 3 的基本操作和在微课制作过程中的运用

8.1 Articulate Storyline 3 极简微课

Articulate Storyline 3 简称 Storyline 3，是由 Articulate 公司开发的一款行业内领先的网络课件制作软件，无须微软 Office 支持即可独立使用，具有无可比拟的革命性交互功能，使用简单，功能强大。Storyline 3 界面直观且容易入手，并在互动功能上相较于以前的版本有了进一步的优化，使用者只需要在软件安装之后通过软件中的滑块、动作路径、时间轴、触发器、变量等功能，即可在很短的时间内创建出所需要的互动项目，不论是对于初学者还是专业者来说，它都是一款简单而又强大的课件制作软件。

在课件首页，我们通常会利用文字或图片对课件的主要内容做一个简要的介绍。学习者点击“开始学习”之类的按钮后才正式进入学习内容，所以通常可以在课件的首页制作与主题内容相关的图片切换效果进行导入。

Storyline 3 制作微课的操作步骤如下，见图 8－1：

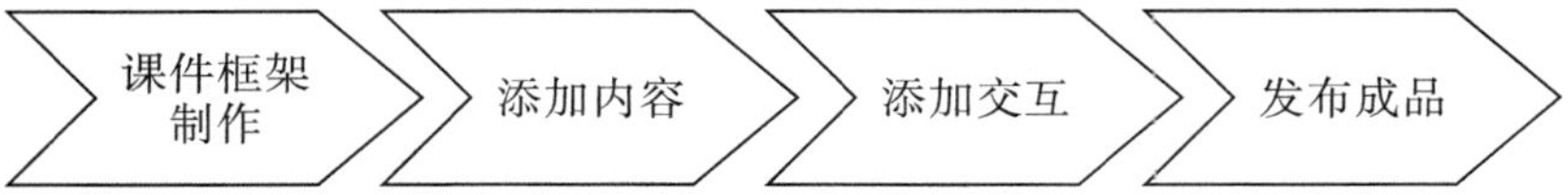

图 8－1　操作步骤

（1）课件框架制作。

（2）添加内容（输入文本资料、新建图层）。

（3）添加交互（设置触发器）。

（4）发布成品。

以下以课件“化学仪器”为例详细讲解。

8.1.1 课件框架制作

“化学仪器”课件框架制作见图 8－2。

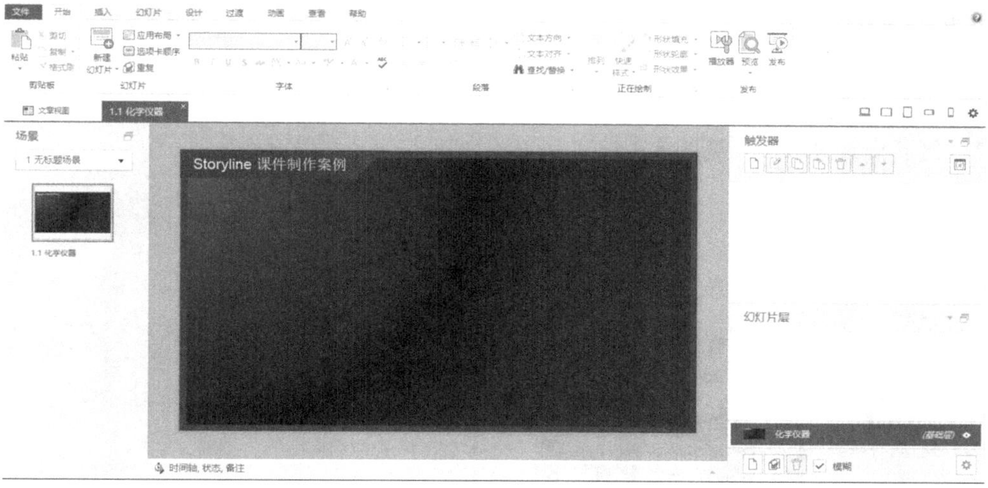

图 8－2　“化学仪器”课件框架

8.1.2 输入文本资料

（1）单击左上角“插入”选项，插入“文本”。

（2）输入文本内容：“化学仪器——化学实验中使用到的仪器称为化学仪器，可以对材料进行计量或反应，主要分为计量仪器和反应仪器。将仪器以特定方式进行组合构成装置，实现实验目的。中学阶段常见的化学仪器主要有温度计、托盘天平、试管、烧杯、烧瓶、蒸馏烧瓶、锥形瓶、漏斗、广口瓶、细口瓶、蒸发皿、量筒、玻璃棒、铁架台、集气瓶等。”并靠左进行简单排版，见图 8－3。

图 8－3　输入文本

8.1.3　新建图层

（1）新建图层1：仪器展示1（重命名）。

在右边空白处依次插入三张图片，调整三张图片的大小到合适的尺寸。调整完毕后选中，单击“动画”，选择进入动画为“淡出”，退出动画为“淡出”，动画持续时间均设置为“00.75s”。

①时间轴设置：上拉时间轴，将三张图片动画顺序调整为图片1最先出现，接着出现图片2，最后出现图片3，见图8－4。

图8－4　动画及时间轴设置

②幻灯片层属性设置：找到右下角的“齿轮图标”—编辑选定图层的属性，单击后在弹出来的“幻灯片层属性”界面，勾选“在时间轴完成时隐藏幻灯片层”，设置完毕并点击“关闭”，见图8－5。

图8－5　幻灯片层属性设置1

（2）新建图层 2：仪器展示 2（重命名）。

重复（1）中步骤①和步骤②，见图 8 －6。

图 8 －6　幻灯片层属性设置 2

8. 1. 4　设置触发器

（1）选中“仪器展示 1”图层。

单击触发器中的“新建触发器”图标，设置“触发器向导”，操作：“显示图层”，图层：“仪器展示 2”，时间：“时间轴结束”，对象：“仪器展示 1”，设置完毕并点击“确定”，见图 8 －7。

图 8 －7　“仪器展示 1”触发器设置

（2）选中“仪器展示 2”图层。

单击触发器中的“新建触发器”图标，设置“触发器向导”，操作：“显示图层”，图层：“仪器展示 1”，时间：“时间轴结束”，对象：“仪器展示 2”，设置完毕并点击“确定”，见图 8－8。

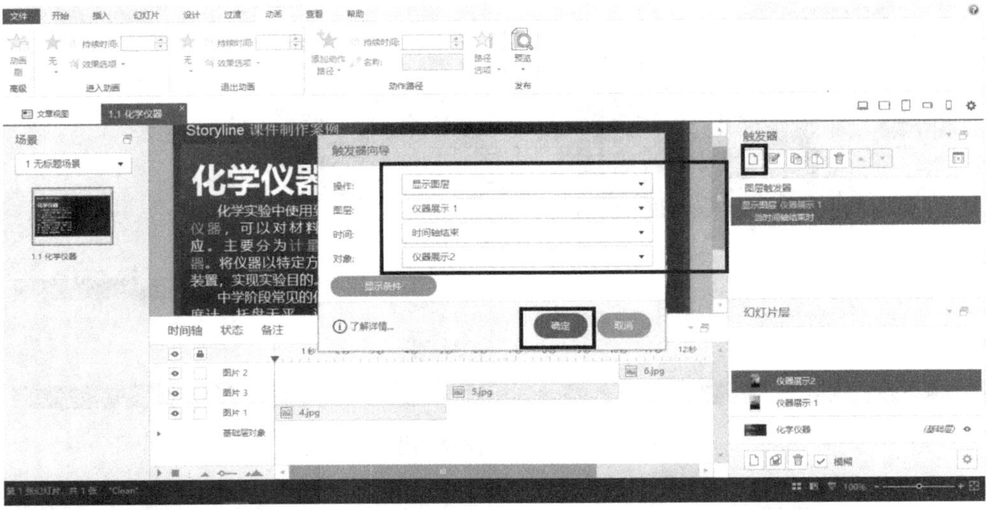

图 8－8　“仪器展示 2”触发器设置

8.1.5　发布成品

选中“开始”菜单，再选择右边的“发布”，找到“LMS”选项，命名标题，选择保存位置后，单击“发布”，发布成品，见图 8－9。

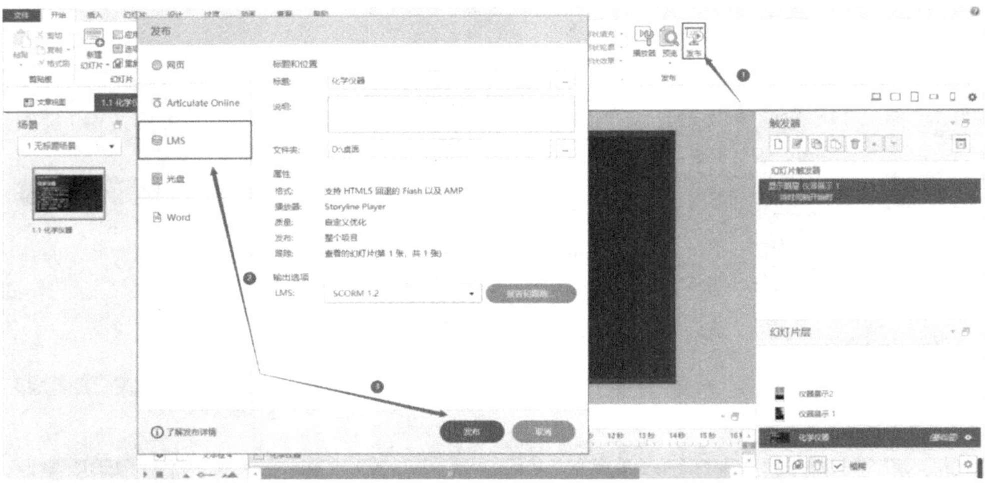

图 8－9　发布成品

8.2 Articulate Storyline 3 软件技术基础

8.2.1 Storyline 3 中文版安装

图 8－10 Storyline 3 安装程序

（1）双击“Storyline-3. exe”可执行程序文件进行安装。

（2）出现 Articulate Storyline 3 安装面板，提示程序将安装到计算机上，这里要进行 3 步操作（见图 8－11）：①选中“我同意 Articulate EULA”；②选择“中文（简体，中国）”；③选择“立即安装”。

（3）程序开始进行安装，蓝色进度条显示安装进度，用户不需要进行操作，见图8－12。

图 8－11 安装页面

图 8－12 安装进度

（4）安装完成，单击“完成”结束本次程序安装，见图 8－13。

（5）安装完成后，点击进入“Articulate Storyline 3”应用程序，见图 8－14。

图 8－13 安装完成

图 8－14 进入 Storyline 3

8.2.2 软件界面介绍

（1）打开 Storyline 3 后，首先看到 Storyline 3 欢迎界面（见图 8－15）：“新建项目”“录制屏幕”“导入”“最近”“浏览更多”。

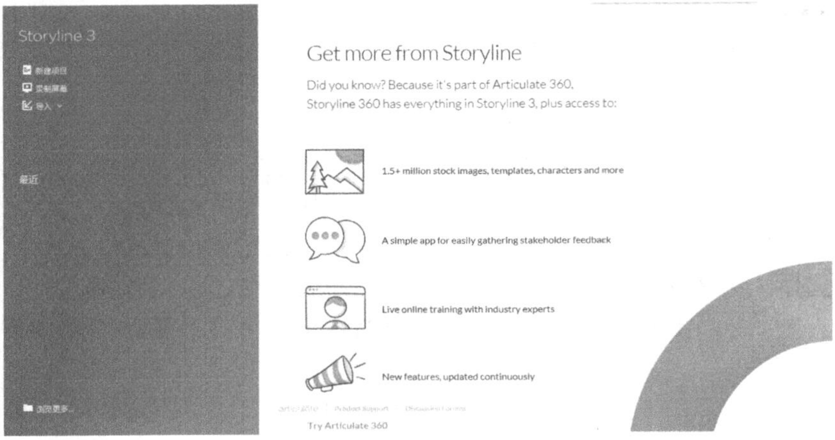

图 8－15　Storyline 3 欢迎界面

这里选择新建项目，此时会出现 Storyline 3 的操作界面，界面风格和 PPT 差不多，只是功能不同，见图 8－16。

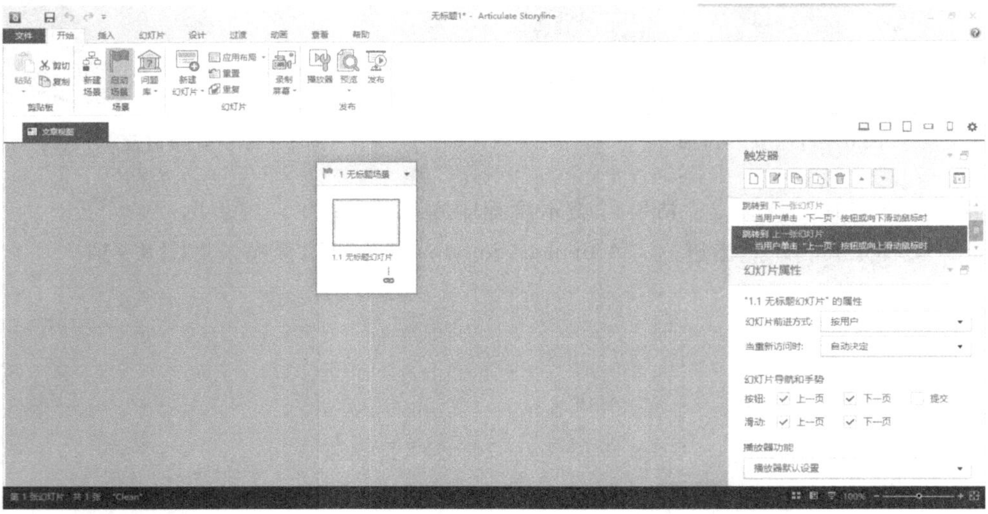

图 8－16　Storyline 3 操作界面

（2）中间的主界面是 Storyline 3 的视图，这里先了解以下 4 个概念：

①故事视图：以后做的幻灯片的缩略图都会显示在这里，相当于一张全局概览图。

②未命名场景：场景是一组相关幻灯片的组合，比如可以把讲解的幻灯片放到一个场景中，把测试的幻灯片放到另一个场景中。新建项目时会默认创建一个未命名场景（场景序号为 1）。

③未命名幻灯片：幻灯片和 PPT 幻灯片概念基本相同。新建项目时会默认创建一个未命名幻灯片（幻灯片序号为 1.1）。

④全局缩略概览图：是建立和编辑每张幻灯片内容的地方。双击“幻灯片 1.1”，打开普通视图，见图 8－17。

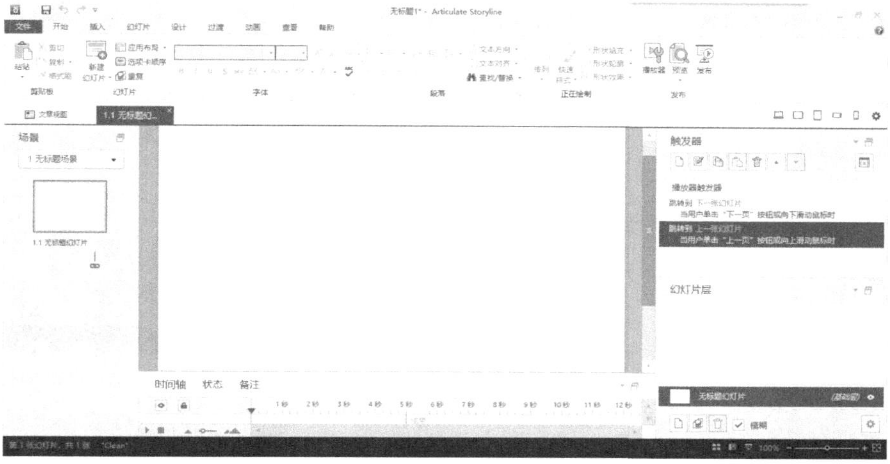

图 8－17　Storyline 3 编辑界面

8.2.3　创建幻灯片及添加内容

1. 创建幻灯片

创建幻灯片是最常使用的操作之一，主要通过以下方式创建：“开始”—“新建幻灯片”（见图 8－18）。其菜单功能如下：①“我的模板”：一些已经做好的模板幻灯片，可以直接使用；②基本布局：一些常用的界面布局方式；③录制屏幕：录制屏幕操作；④导入：从外部导入支持的文档格式。

图 8－18　创建幻灯片

（1）单击“基本布局”，然后选择“空白”，单击“插入（1）”插入幻灯片。此时就能看到新添加的幻灯片了，需要注意的是，在操作界面上有 3 个地方可以看到当前位于哪个幻灯片：①上方的标题栏；②左侧的场景栏，并且在场景栏中还可以看到是哪个场景的哪个幻灯片；③下方的状态栏。见图 8－19。

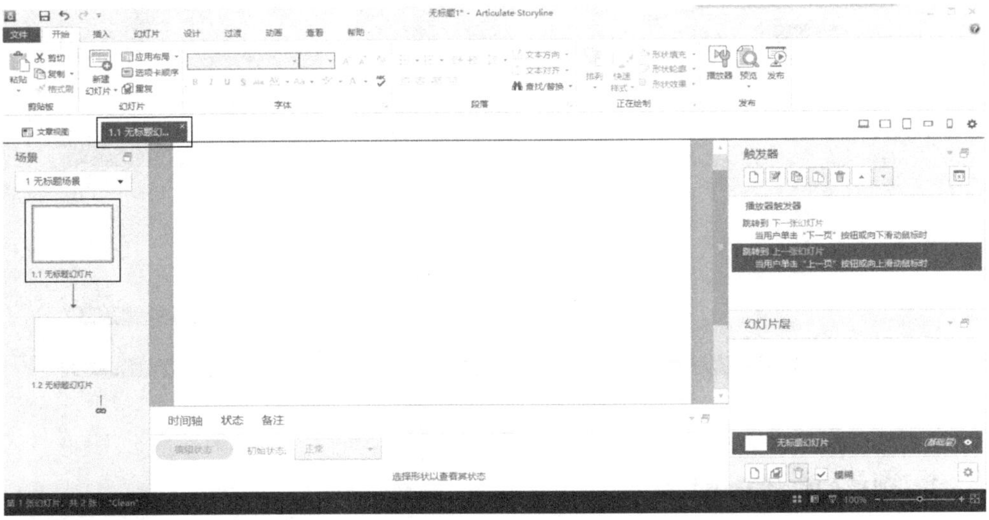

图 8－19　标题栏、场景栏、状态栏

（2）单击选择左侧场景栏中的“1. 1 无标题幻灯片”切换到这张幻灯片，见图 8－20。

图 8－20　切换幻灯片

2. 添加内容

（1）通过“插入”选项卡—“形状”—“基本形状”—选择椭圆标注（无指针），见图8－21。

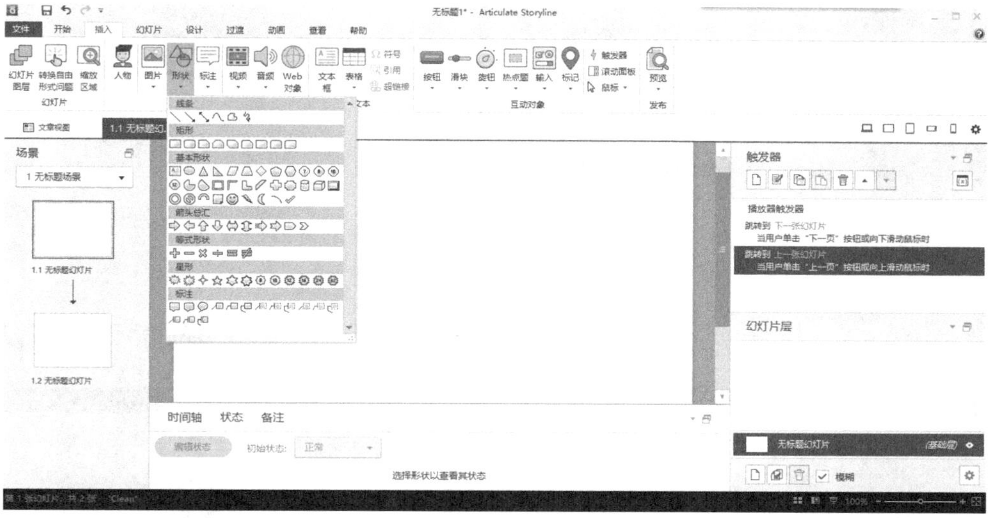

图8－21　选择绘制形状

此时光标会变成一个“十”字形，说明进入了标题绘制状态，可以直接在工作区绘制标题，见图8－22。

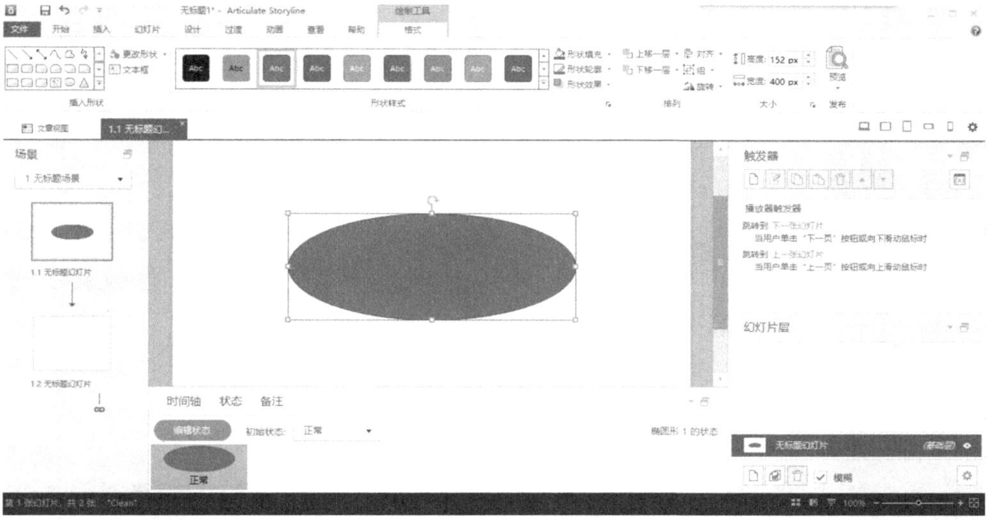

图8－22　绘制椭圆

（2）绘制好标题后，直接输入标题“Articulate Storyline 3 入门教程”（见图8－23）。

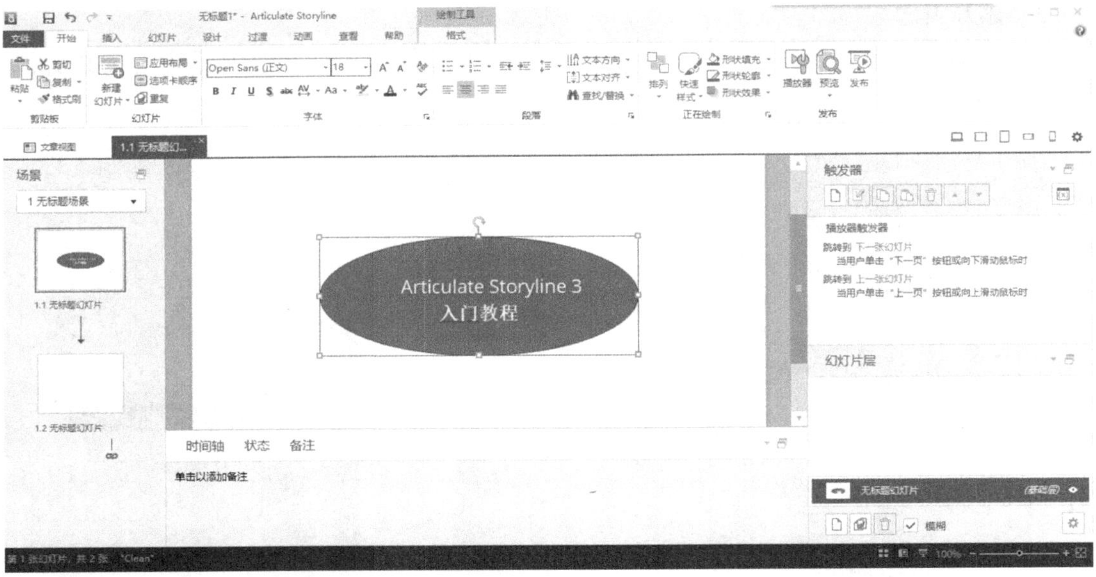

图 8－23 输入标题

（3）切换到主页选项卡，在字体组中进行美化：右键—“设置形状格式”—“渐变填充”—“预设颜色”—静水，见图 8－24、图 8－25（其使用方法和 Word 中基本相同）。

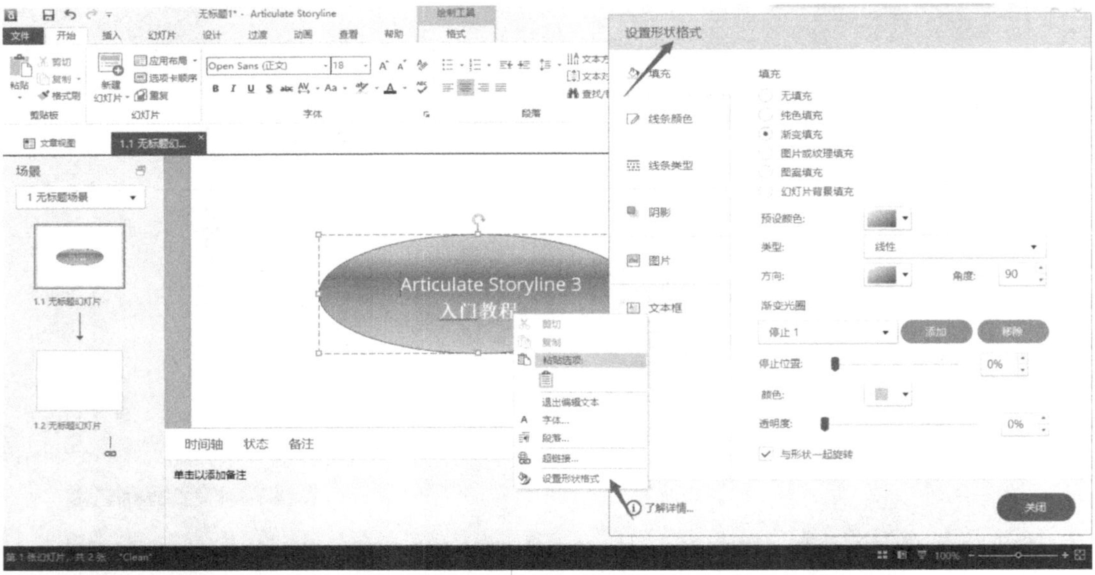

图 8－24 设置形状格式

图 8 – 25　美化标题

（4）切换到“1.2 无标题幻灯片”中，再添加一个标题“交互应用”并美化，见图8 –26。

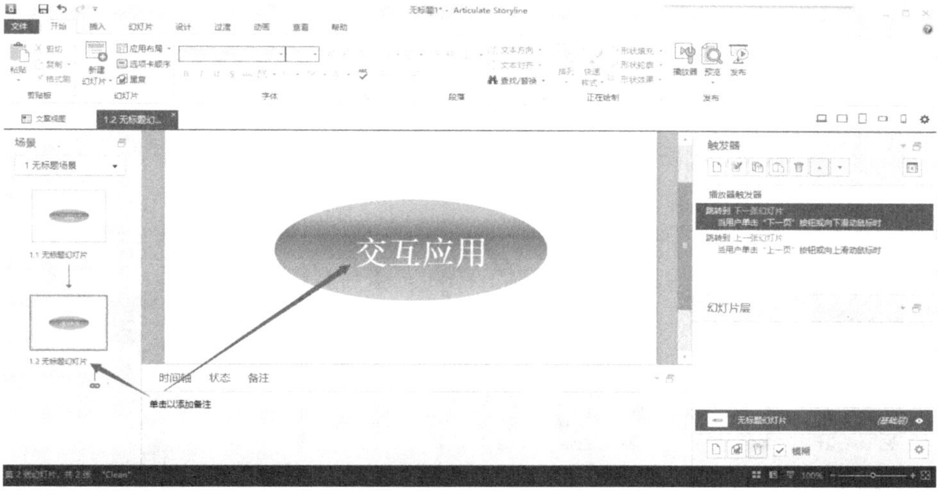

图 8 – 26　添加标题“交互应用”

（5）然后，打开“插入”选项卡—“插入组”—“人物”—“插图类人物”，见图8 –27。

图 8 – 27　插入人物

（6）进入选择菜单，这里有很多插画人物形象和仿真人物形象。

①选择人物，选择“Beatrice”，见图 8－28。

图 8－28　选择人物

②选择表情，这里有 12 种表情，使用默认“中立”的表情，见图 8－29。

图 8－29　选择表情

③选择姿势，针对当前人物有 33 种姿势，这里选择“一只手放在臀部一只摊开”，方向选择“右侧”，最后单击“插入”，见图 8－30、图 8－31。

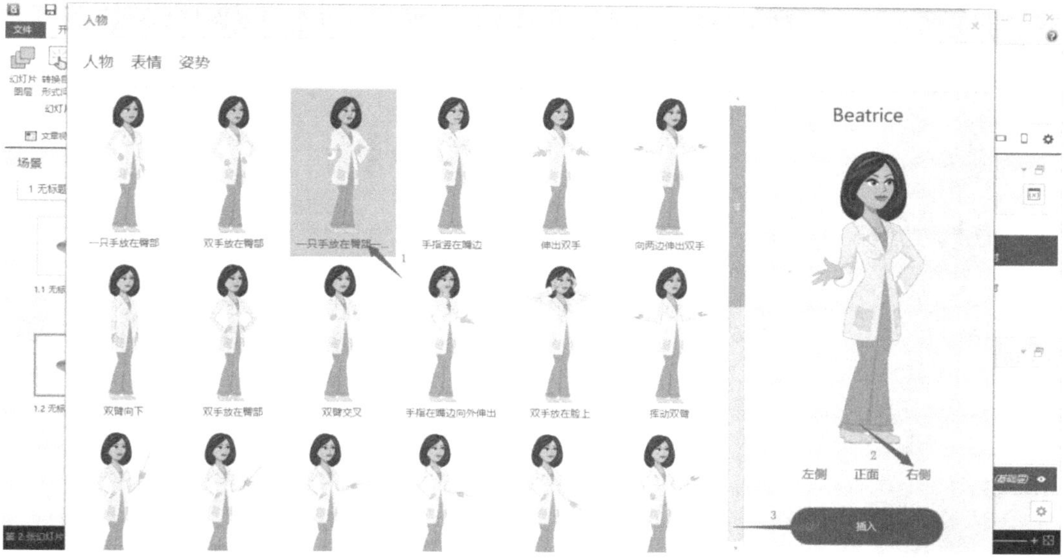

图 8－30　选择姿势

图 8－31　插入完毕

8.2.4　创建交互内容

在上一节的基础上建立一个简单的场景，即插入两个按钮：“高兴”按钮和“生气”按钮，并且创建对应的交互，即当用户单击“高兴”按钮时，人物的表情会变得很高兴；当用户单击“生气”按钮时，人物的表情会变得很生气。

（1）实现第一个按钮，通过“插入”选项卡—互动对象—选择椭圆按钮，并输入

“高兴”，见图 8－32、图 8－33（复选框、单选按钮以后都可以在这里选择）。

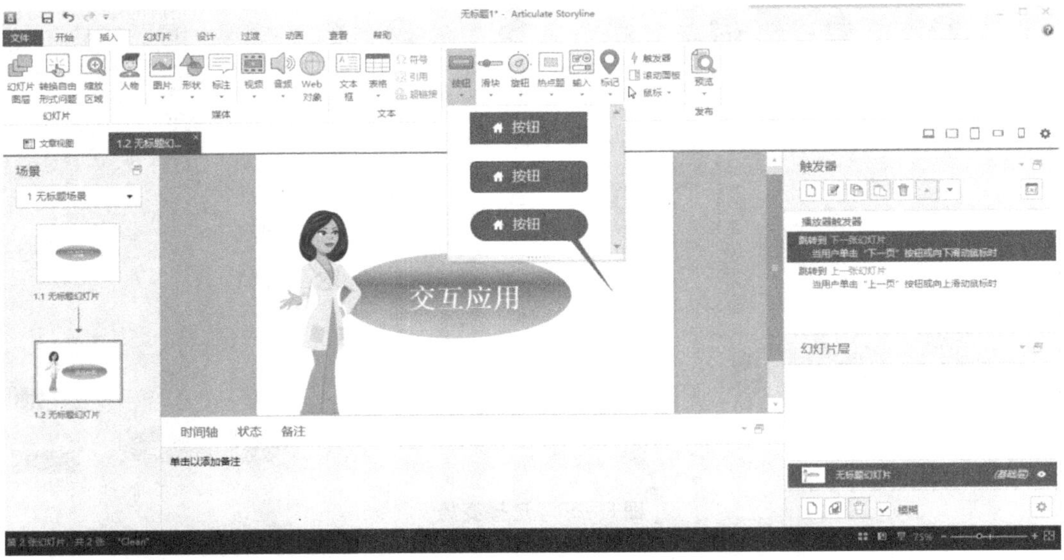

图 8－32　插入椭圆按钮

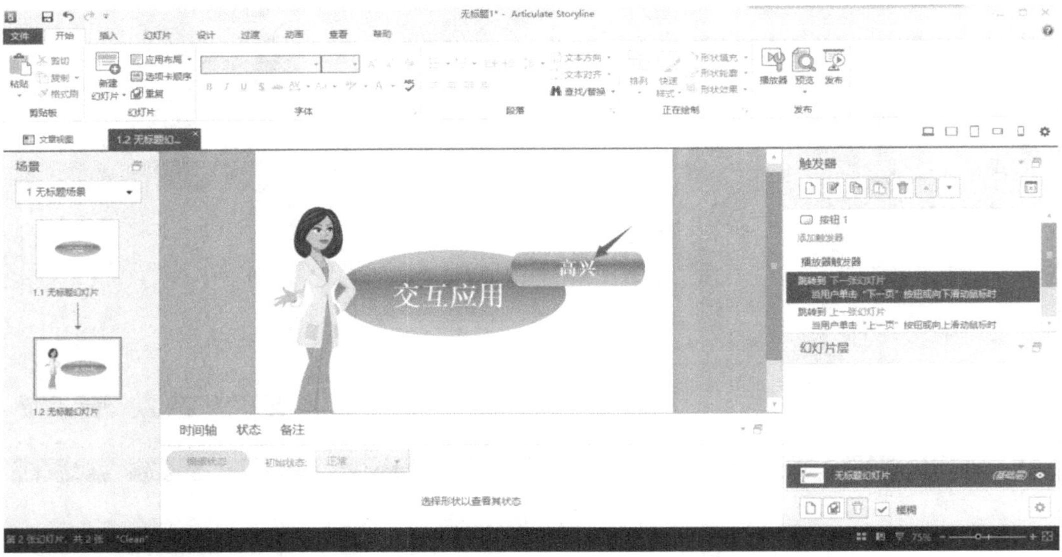

图 8－33　输入“高兴”

（2）建立第二个按钮，选中当前“高兴”按钮状态，直接用快捷键 Ctrl + C 复制，然后用 Ctrl + V 粘贴建立第二个按钮，同时文本修改为“生气”，拖动到合适的位置，见图 8－34。

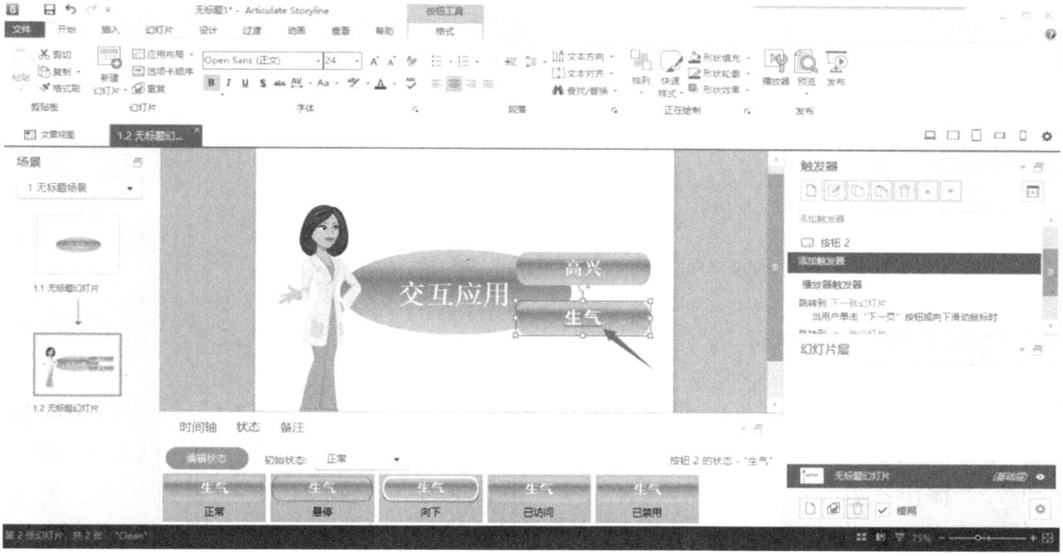

图 8－34　修改“高兴”按钮

(3) 添加交互动作：选中“高兴”按钮添加交互动作，单击右侧触发器中按钮 1 的“添加触发器”，见图 8－35。

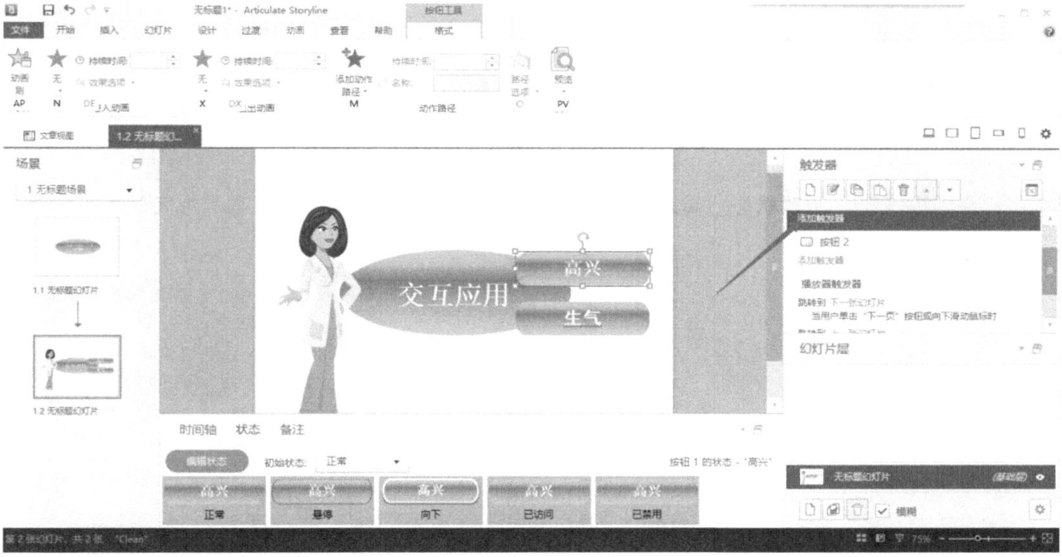

图 8－35　添加触发器

(4) 触发器向导窗口弹出，按照顺序设置：“操作：显示图层”—“图层：未分配”—“时间：用户单击”—“对象：按钮 1”，见图 8－36。

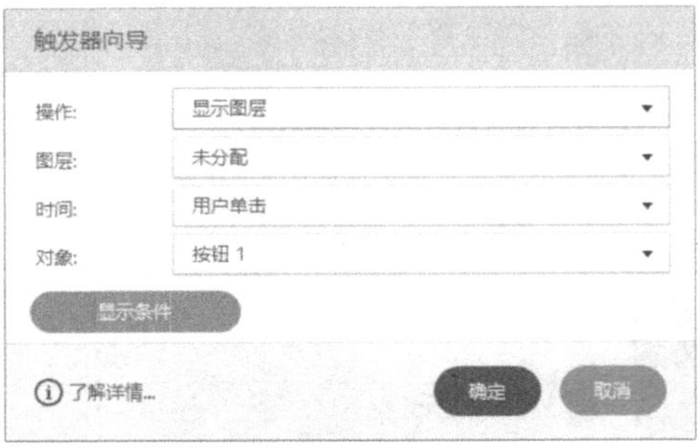

图 8－36　触发器向导

设置方法："操作：更改以下项目的状态"—"在对象上：人物 1"—"目标状态：幸福"（12 种表情之一）—"时间：用户单击"—"对象：按钮 1"；用相同的方法设置"生气"，"操作：更改以下项目的状态"—"在对象上：人物 1"—"目标状态：生气"（12 种表情之一）—"时间：用户单击"—"对象：按钮 2"，见图 8－37、图 8－38。

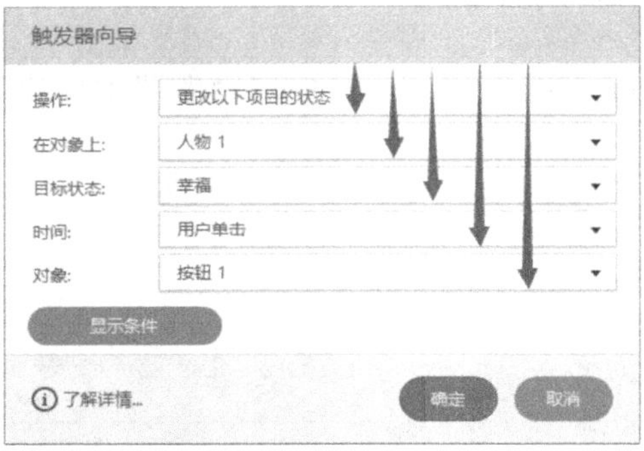

图 8－37　更改状态"高兴"

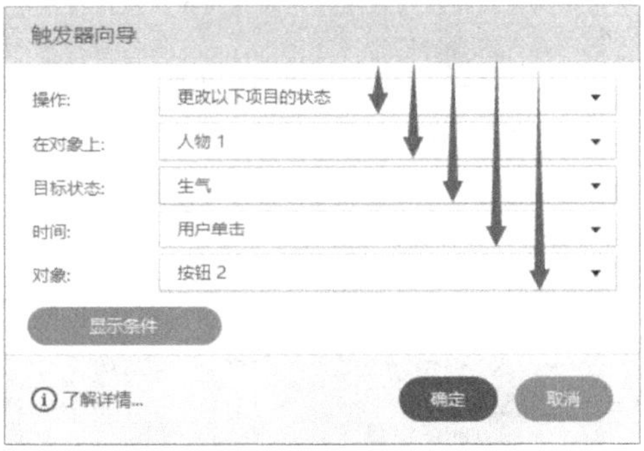

图 8－38　更改状态"生气"

（5）按 F12 键预览幻灯片，见图 8－39。

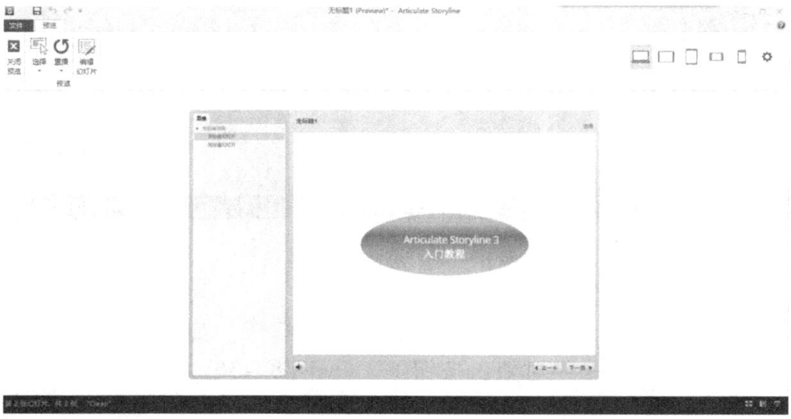

图 8－39　预览幻灯片

①单击左侧菜单中下面的“无标题幻灯片”，切换到幻灯片2，见图8－40。

图8－40　切换幻灯片

②单击“高兴”按钮，人物表情会变高兴，见图8－41。

图8－41　表情状态“高兴”

③单击“生气”按钮，人物表情会变生气，见图8－42。

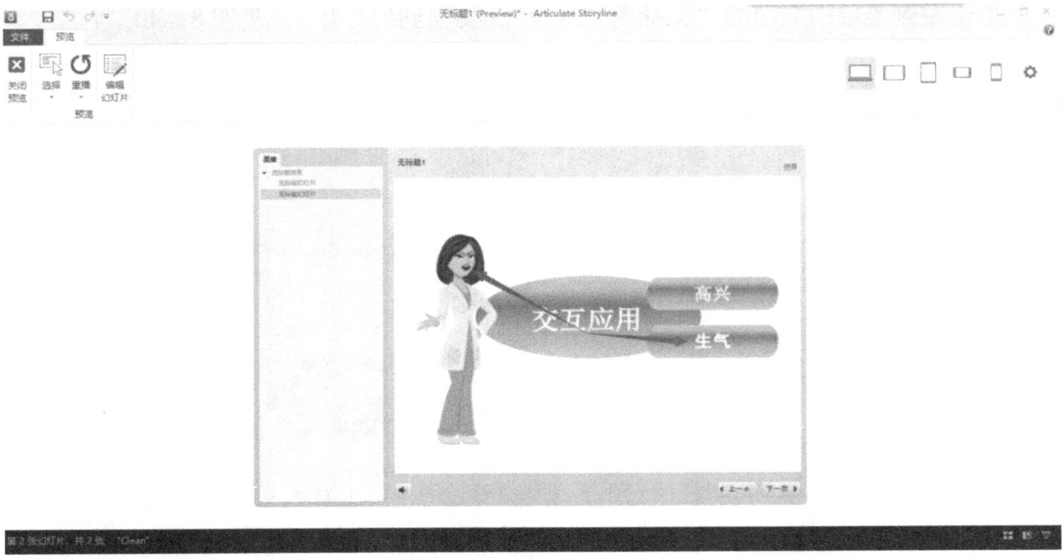

图 8-42　表情状态“生气”

④再单击“高兴”按钮，人物表情又会变高兴，见图 8-43。

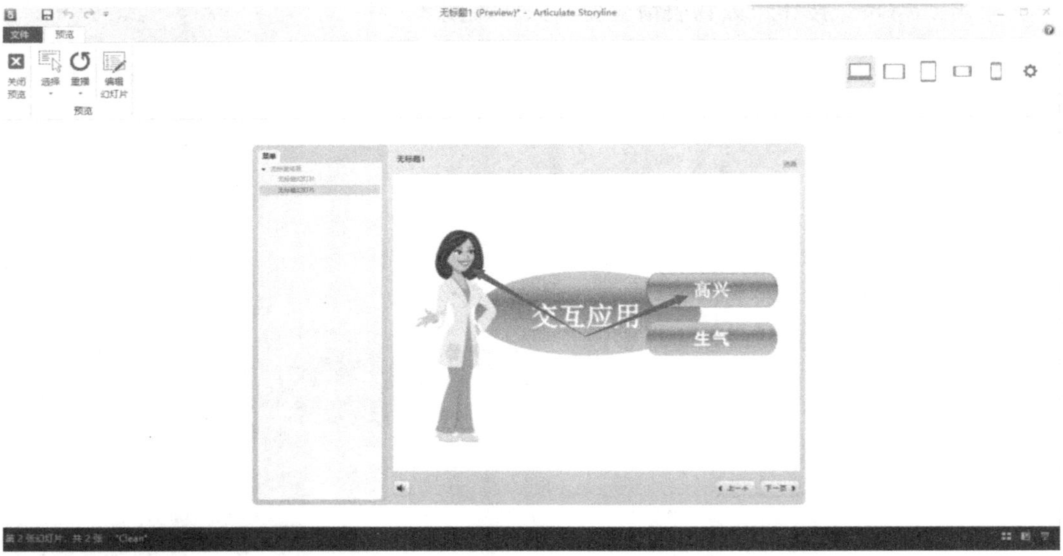

图 8-43　表情状态又变“高兴”

8.2.5　建立和编辑测试问题

接下来简单地添加两个测试问题，并且再创建一张结果幻灯片去跟踪测试结果。

（1）新建幻灯片：通过“插入组”—“转换自由形式问题”—“单选题”，完成添加测试题，见图 8-44。

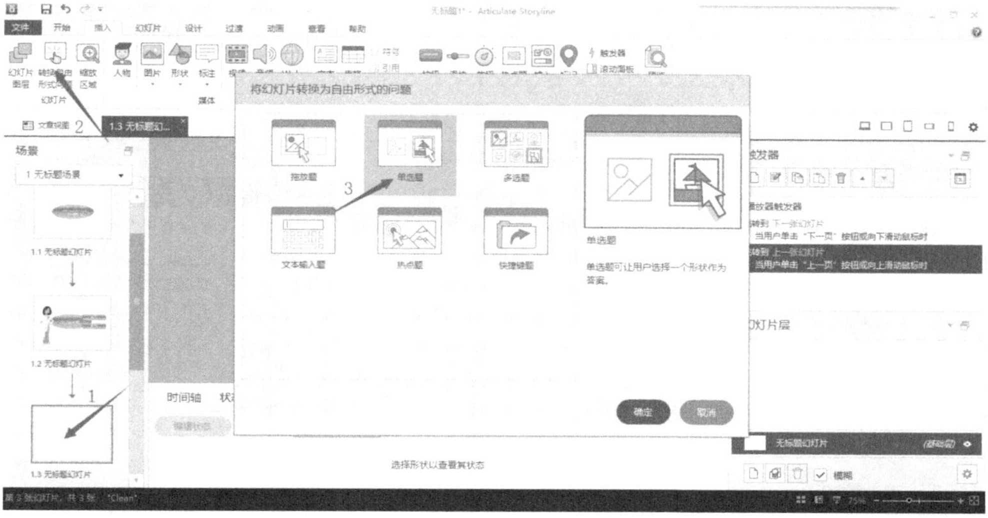

图 8-44　添加测试题

（2）编辑测试题内容：输入问题："1.2 无标题幻灯片中有哪两种表情状态？"设置选项"A. 高兴/生气""B. 高兴/伤心""C. 伤心/生气"，见图 8-45。

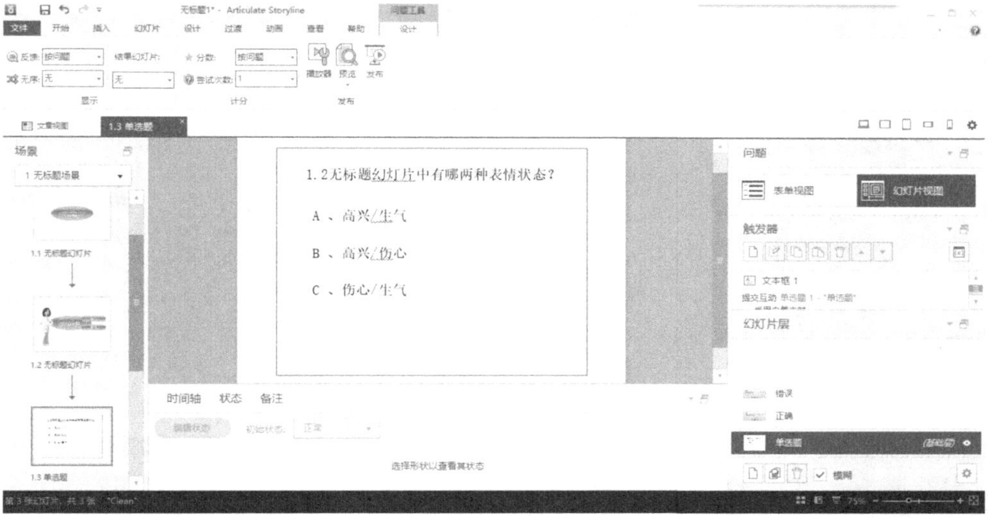

图 8-45　设置"单选题"

（3）设置正确选项：切换到"表单视图"，在"选项"栏选择对应的选项，并勾选正确选项"A. 高兴/生气"，见图 8-46。

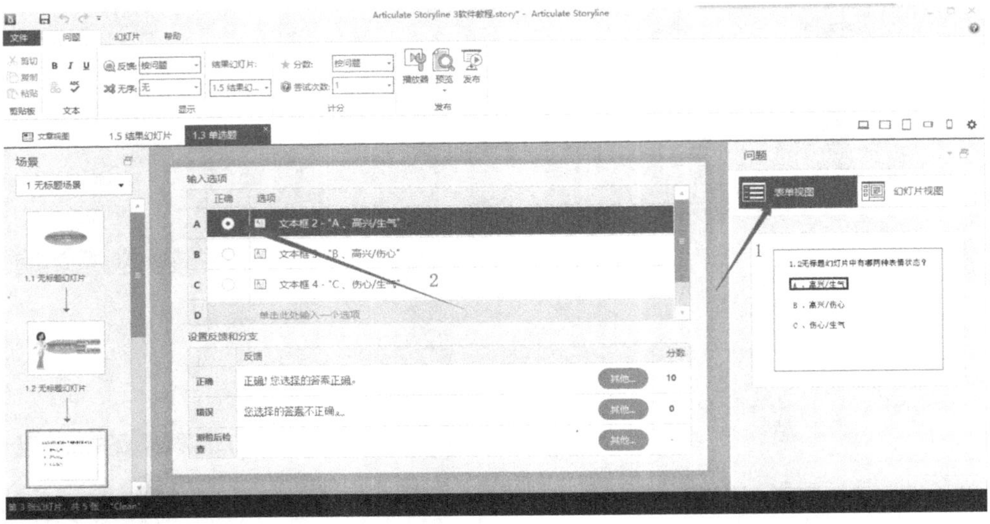

图 8-46　设置正确选项

（4）编辑完成：返回到“幻灯片视图”，看到已经成功添加一张选择测试题，见图8-47。

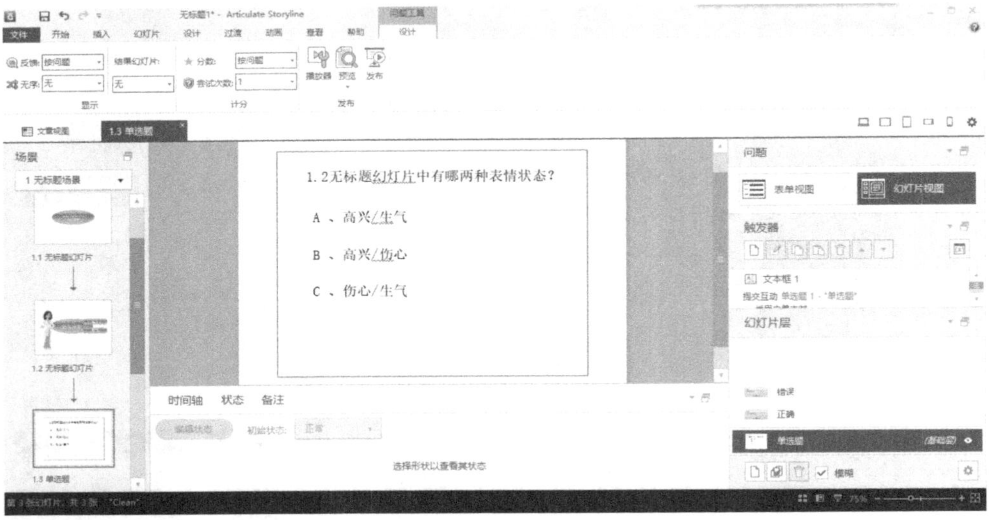

图 8-47　编辑完成

（5）用同样的方法添加一张“多选题”的测试题，见图 8-48 至图 8-50。

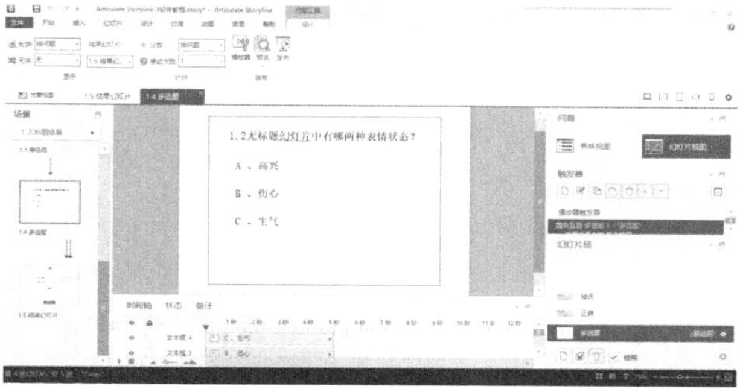

图 8－48　编辑测试题内容

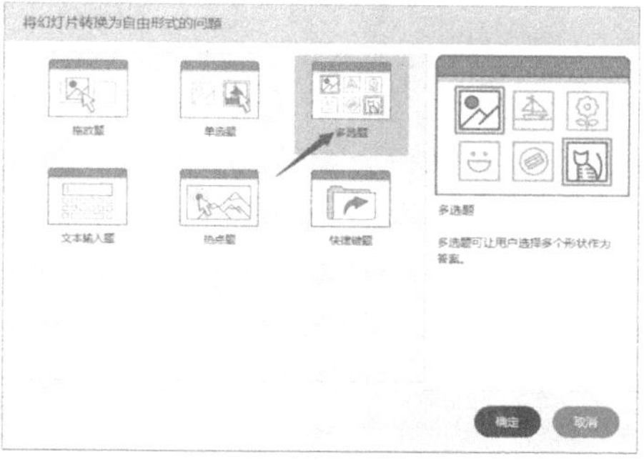

图 8－49　设置“多选题”

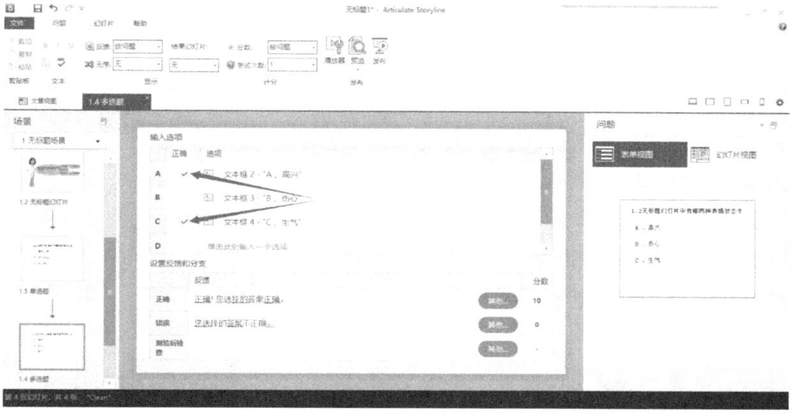

图 8－50　勾选正确选项

（6）添加结果幻灯片：选择“结果幻灯片”，单击并插入“评分结果幻灯片”，见图 8－51、图 8－52。

图 8－51　添加“结果幻灯片”

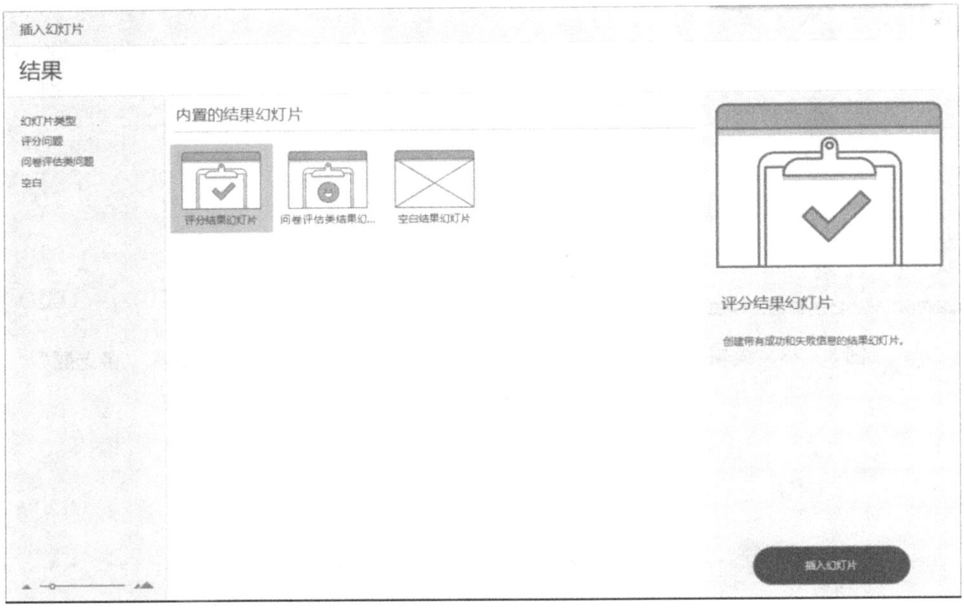

图 8－52　评分结果幻灯片

（7）选择结果幻灯片包含的题目，见图 8－53。

（8）单击“确定”，按 F12 键进行预览，见图 8－54。

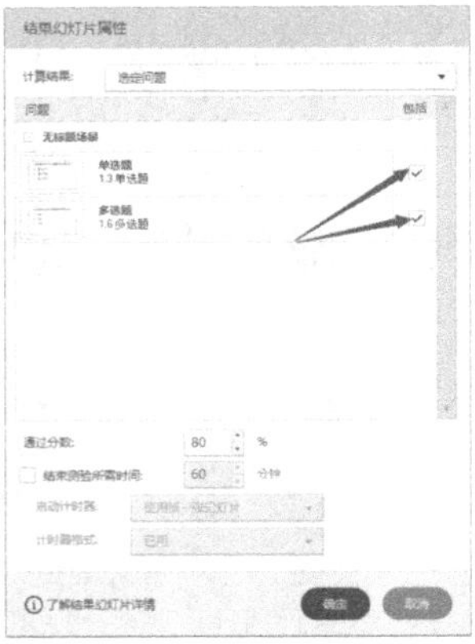

图 8－53　选择评分题目

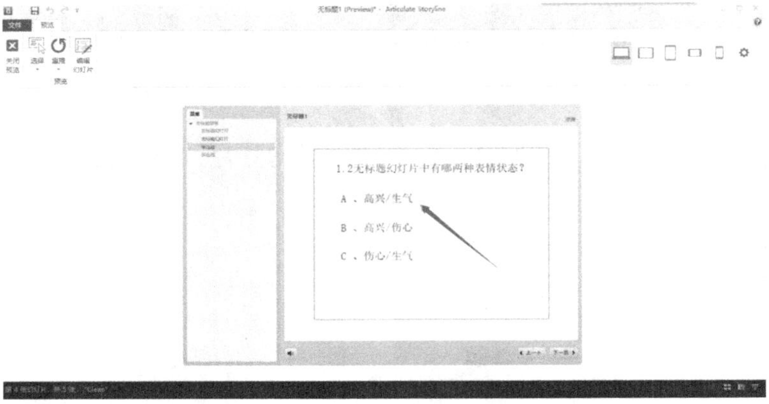

图 8－54　单选题

（9）题目测试：勾选选项并提交，显示答对了，单击“继续”进行下一题，见图 8－55。

（10）完成多选题后，单击“提交”，见图 8－56。

图 8－55　正确回答反馈

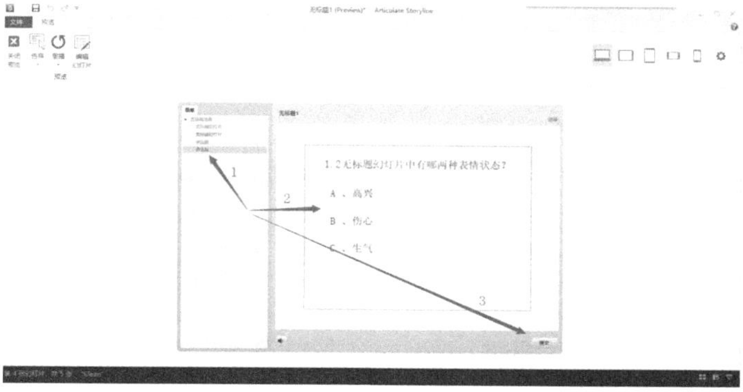

图 8－56　多选题

（11）当回答错误会有提示，见图 8－57。

（12）继续单击“继续”，此时在结果幻灯片可以看到分数正确率是 50%，而通过分数的过关率是 80%，所以结果是“您未通过”，下面还可以回顾测试，见图 8－58。

图 8－57　错误回答反馈

图 8－58　反馈结果

（13）题目测试完毕并完成创建。

8.2.6　录制操作屏幕

（1）录制操作屏幕：学习创建交互式的软件仿真操作，通过“开始组”—“新建幻灯片”—“录制屏幕”，见图 8－59。

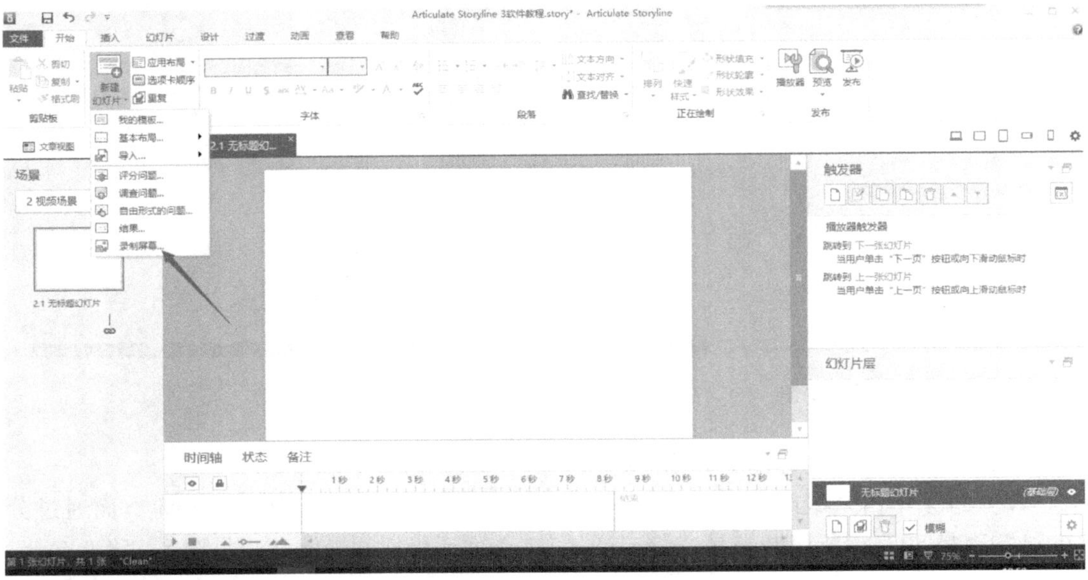

图 8－59　录制操作屏幕

（2）屏幕录制提示：①移动并调整框架大小；②单击红色按钮进行录制；③完成后点击“完成”，见图 8－60。

图 8－60　屏幕录制提示

（3）结束录制后，设置插入为“分步幻灯片”。选择“试用模式”，插入幻灯片在“新建场景”，插入场景名称为“查看场景”，见图 8－61。

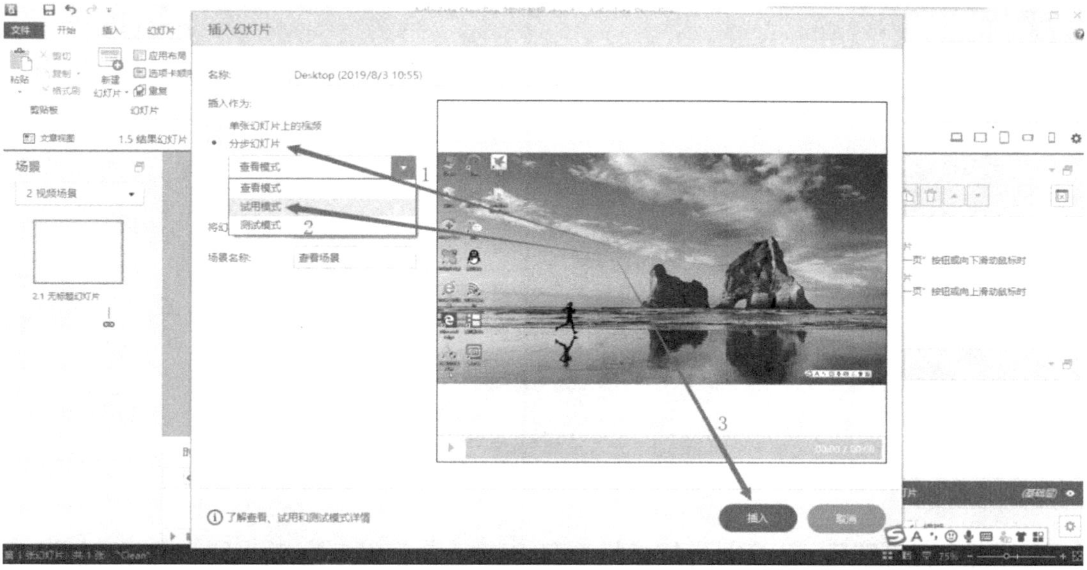

图 8－61　设置模式步骤

插入完成后，会直接切换到录制视频的场景，见图 8－62。

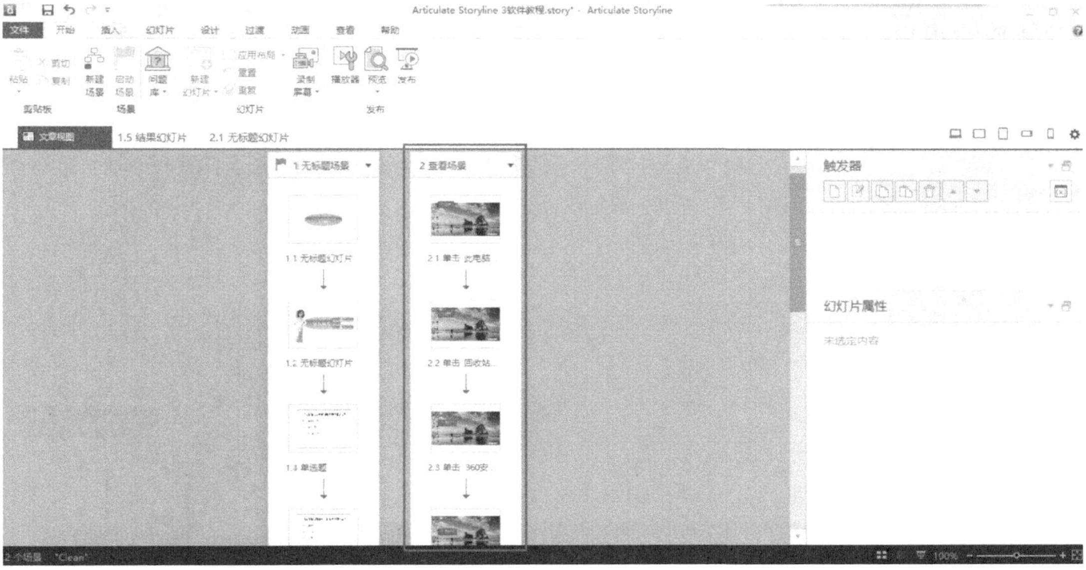

图 8－62　查看场景

（4）按 F12 键进行预览，菜单按照场景自动进行分类，见图 8－63。

图 8－63　效果预览

8.2.7　自定义播放器

Storyline 3 的播放器是非常灵活的，可以根据课程类型的需要启用或禁用各种功能。定制播放器可以在主页单击“选项卡”—“发布组”—“播放器（P）选项”，见图 8－64、图 8－65。

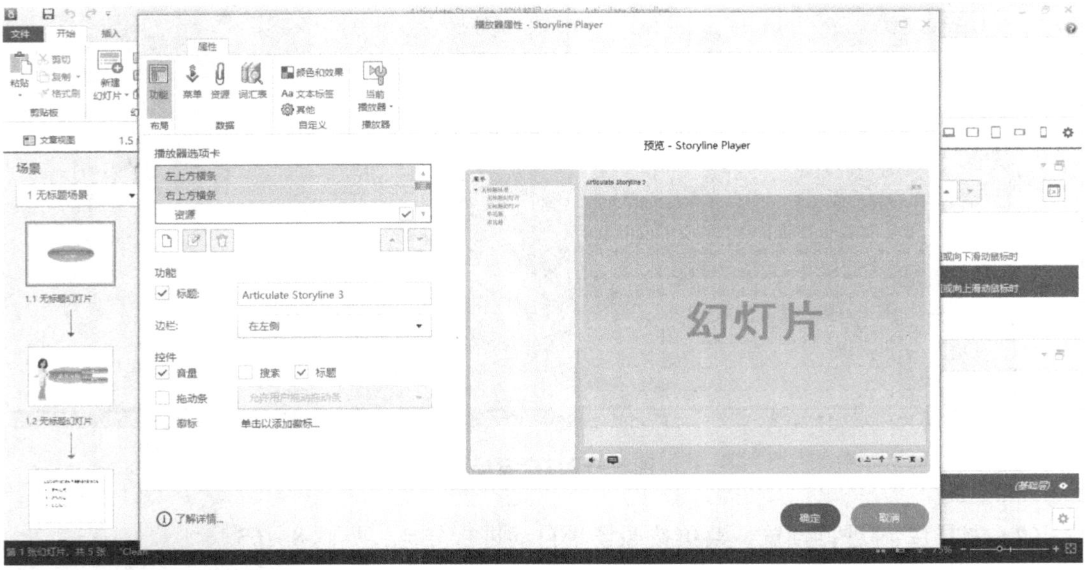

图 8－64　播放器设置界面

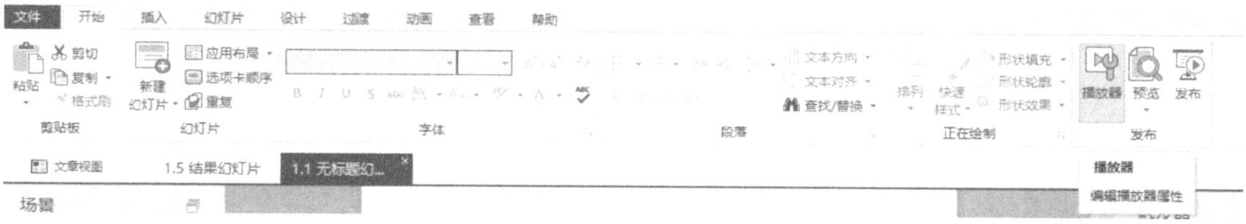

图 8－65　播放器功能部分

（1）播放器功能：分为“播放器选项卡”“功能”“控件”（见图 8－66）。

①播放器选项卡：主要包括播放器的左上栏、右上栏、边栏三个位置的显示设置。左上栏由“功能”决定是否显示标题，右上栏决定“资源”显示选项，边栏决定“菜单”“词汇表”“注释”显示选项。如有需要，也可自行添加需要的内容。

②功能：功能分为两个，是否显示标题及边栏位置（左侧或右侧）。

③控件：音量、搜索、进度条、徽标（LOGO）显示控制。

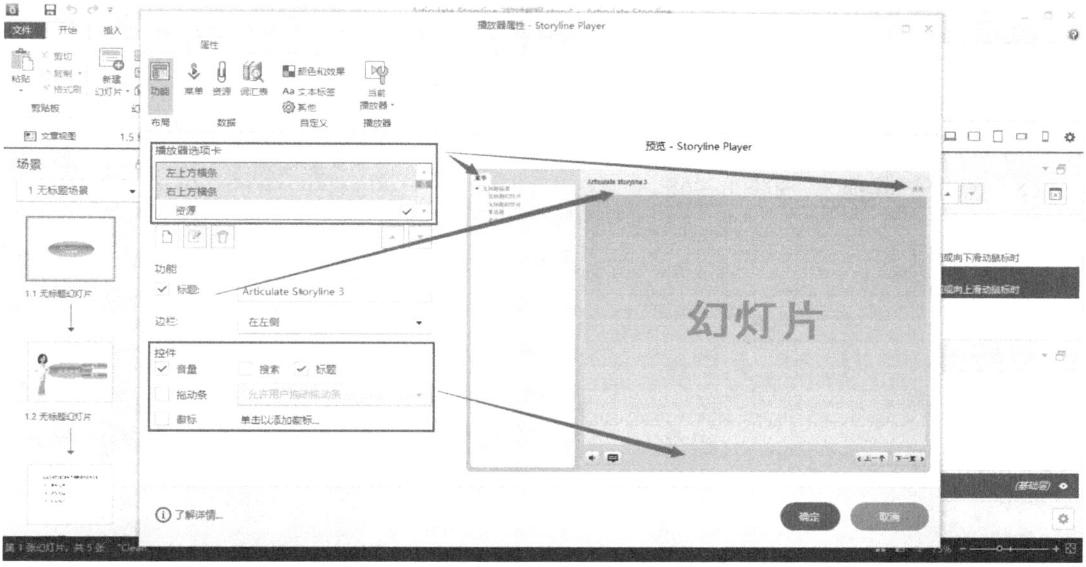

图 8－66　播放器功能

（2）播放器菜单：在“菜单”里，可实现幻灯片的编辑，包括幻灯片的增加、隐藏、重命名、顺序调整。

（3）资源：根据制作者制作课件的课程内容需要，链接相关的资源，如文本资源、多媒体资源甚至是网页等。

（4）词汇表：根据需要导入与课件知识内容相关的术语。

（5）颜色和效果：可对播放器的颜色和效果进行设置，以达到播放器整体和谐美观的效果（具体设置内容见图 8－67）。

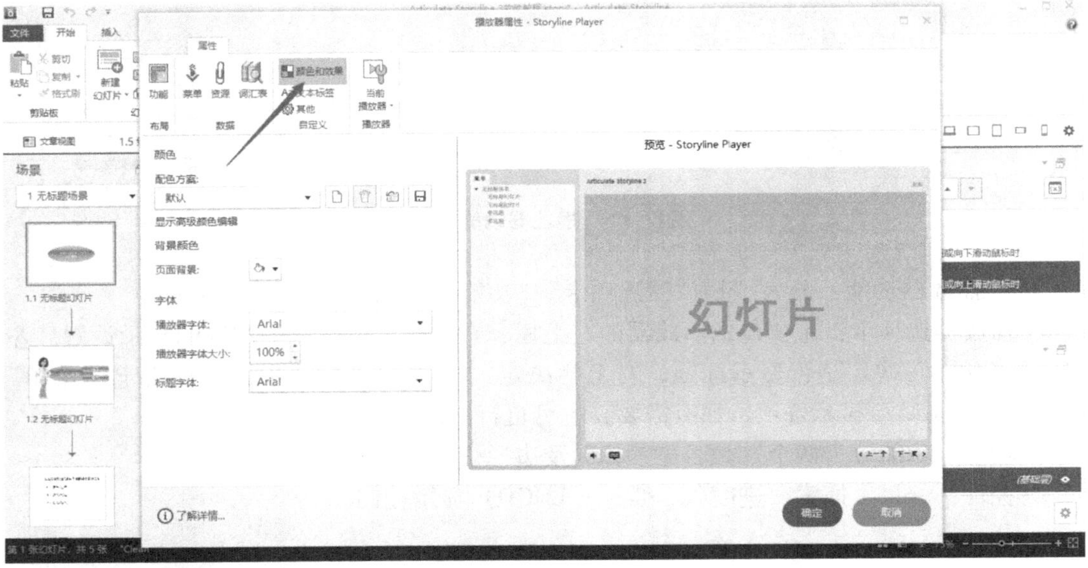

图 8－67　播放器颜色设置

（6）文本标签："文本标签"默认整体文字效果为中文。

（7）自适应窗口：发布尺寸设置。

（8）点击"其他"，见图 8－68。

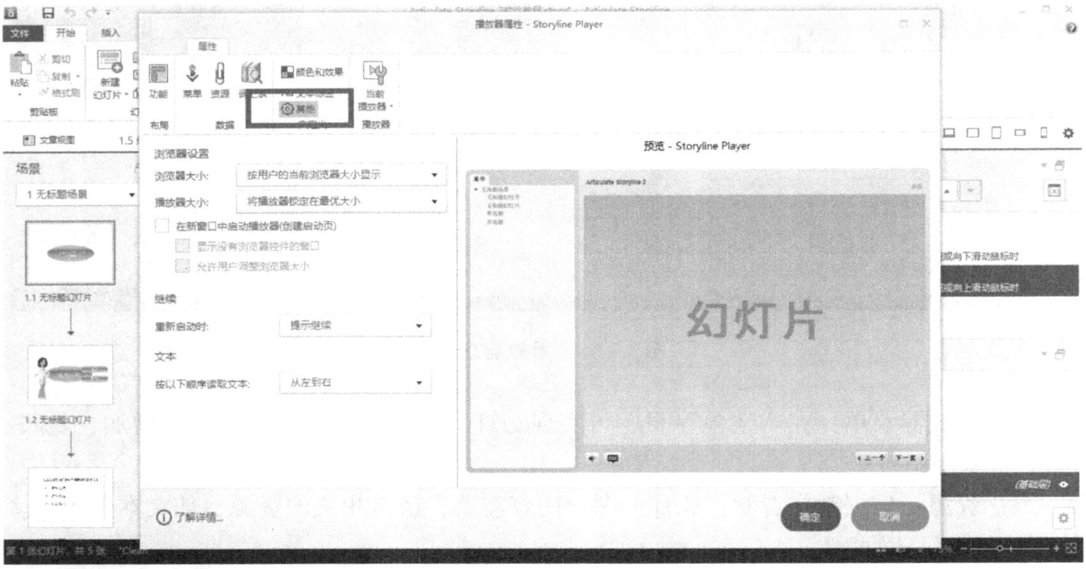

图 8－68　选择"其他"

（9）选择设置，见图 8－69。

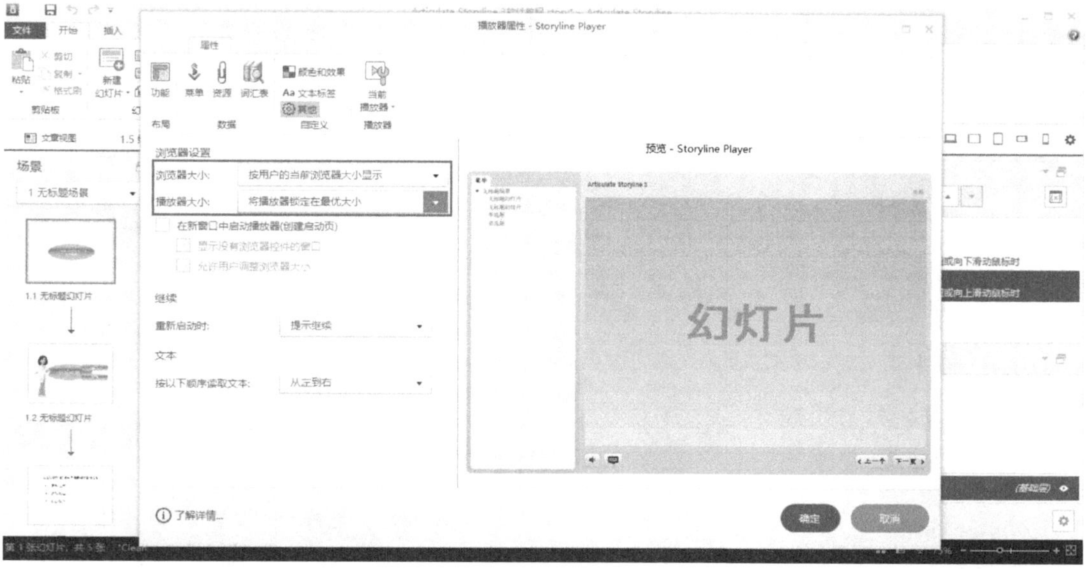

图 8－69　选择设置

（10）点击“确定”，见图 8－70。

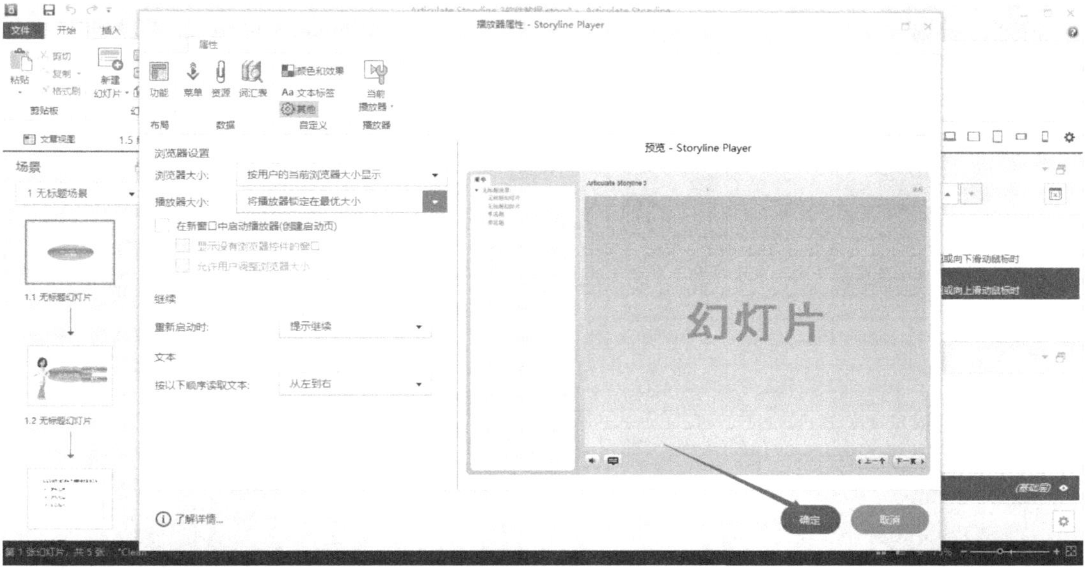

图 8－70　选择“确定”完成设置

8.2.8　发布课程为 Flash、HTML 5 以及 iPad

当课程内容制作完成，并且指定对应的播放器设置后，就可以发布课程了，在主页单击“选项”—“发布”—发布选项，见图 8 - 71。

图 8 - 71　课程发布界面

默认情况下，Storyline 3 会发布为 Flash，也可以使用 HTML 5 和 iPad 选项去为移动设备发布。

除了发布成“网页”，还有其他的发布形式，包括“Articulate Online”“LMS”“光盘”“Word”，见图 8 - 72 至图 8 - 75。

图 8 - 72　选择“Articulate Online”选项

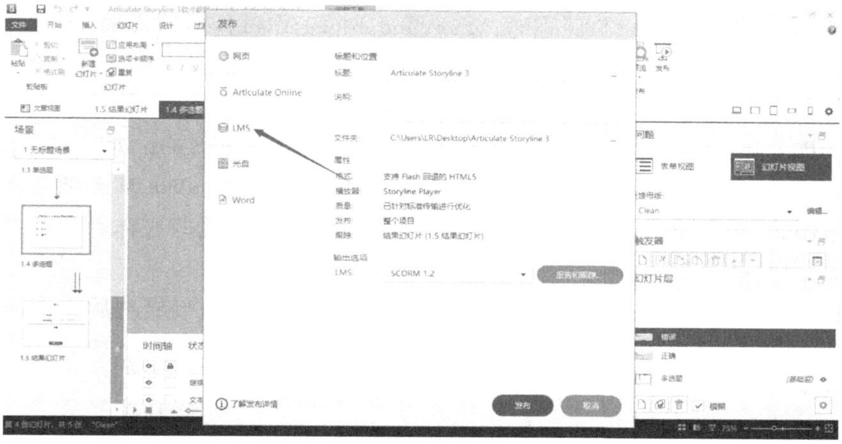

图 8－73　选择“LMS”选项

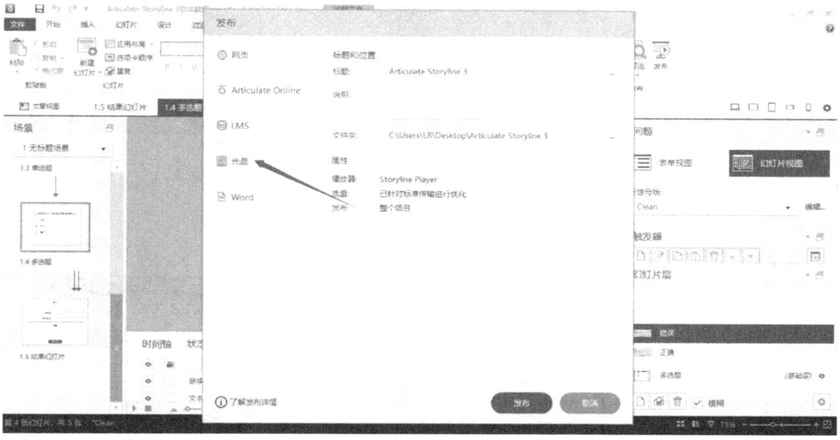

图 8－74　选择“光盘”选项

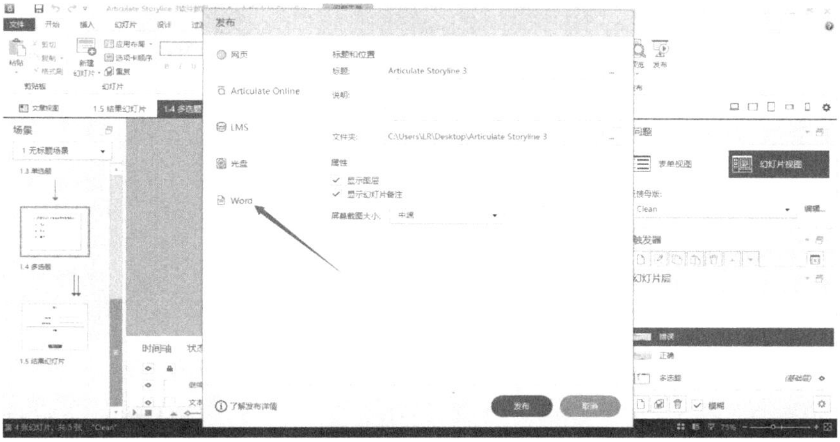

图 8－75　选择“Word”选项

当学习者从网站上运行一个课程时，Storyline 3 的工作过程是这样的：

（1）首先它会寻找 Flash Player。如果设备不能用 Flash 播放，它将载入 HTML 5 版本的课程。

（2）在 iPad 上有两种方式可以运行课程：一种是用 Mobile Safari 浏览器在线运行一个课程，它将尝试去下载 Articulate 移动播放器。另一种是用 Articulate 移动播放器浏览，播放器可以从 iTunes 免费下载。因为当前 Mobile Safari 浏览器对播放媒体和交互内容还是有一些限制的，因此推荐使用 Articulate 移动播放器。

（3）设置完成后，单击“Publish”就正式发布课件了。发布成功后，会给出已成功发布的界面，见图 8－76。

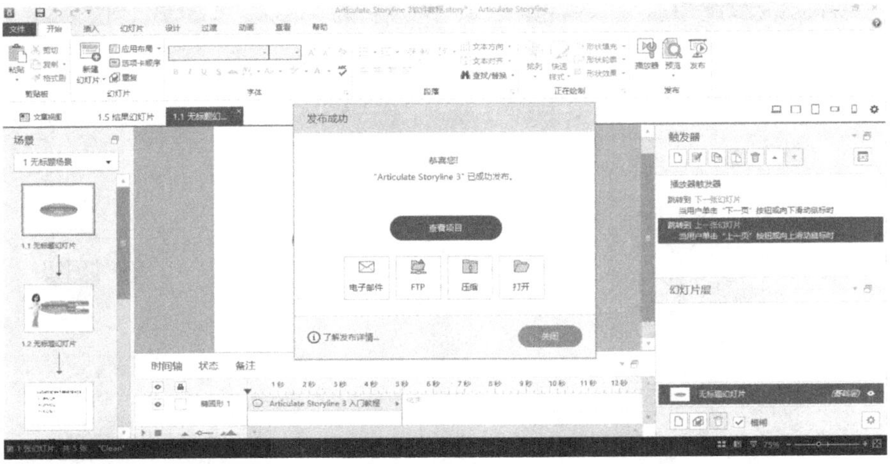

图 8－76　发布完成

第9章 格式工厂

● 掌握格式工厂的下载安装，认识软件界面及各种功能
● 掌握格式工厂进行多媒体文件转换的流程
● 掌握格式工厂在微课制作中的应用

9.1 格式工厂简介

格式工厂（Format Factory）是一款帮用户解决图片、音频、视频等格式问题的万能多媒体转换软件。它功能强大，操作简便，可以简单快速地转换用户需要的文件格式。不仅如此，用户安装后就可以上手使用，为用户带来快速简便的使用体验，最重要的是格式工厂软件是免费的中文语言软件。

9.2 格式工厂下载及安装

打开浏览器，可直接在官网（http://www.pcgeshi.com/）上下载安装格式工厂，或通过其他途径下载安装。安装步骤：

（1）此处以官网下载安装为例，下载时要注意源文件的路径，方便之后的安装操作，见图9-1、图9-2。

图9-1 下载安装

（2）下载后找到源文件的位置，直接点击安装，见图 9－3。

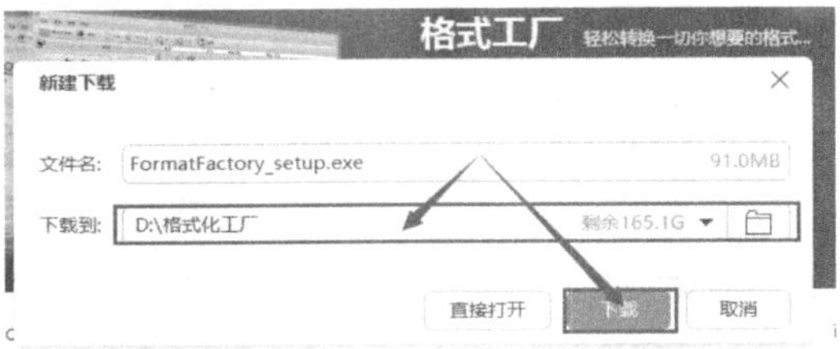

图 9－2　选择安装地址

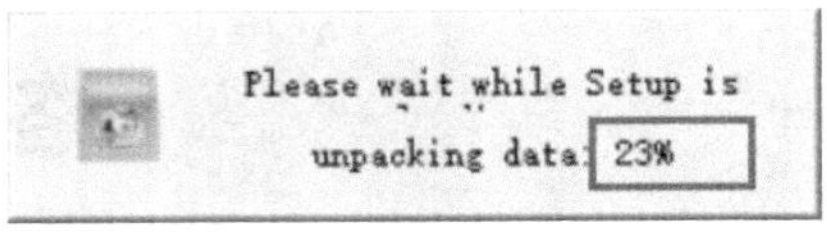

图 9－3　安装进度

（3）加载完成后，弹出窗口，我们可以根据自己的需要自定义安装，一般不推荐安装在系统盘 C 盘，之后点击“一键安装”，见图 9－4。

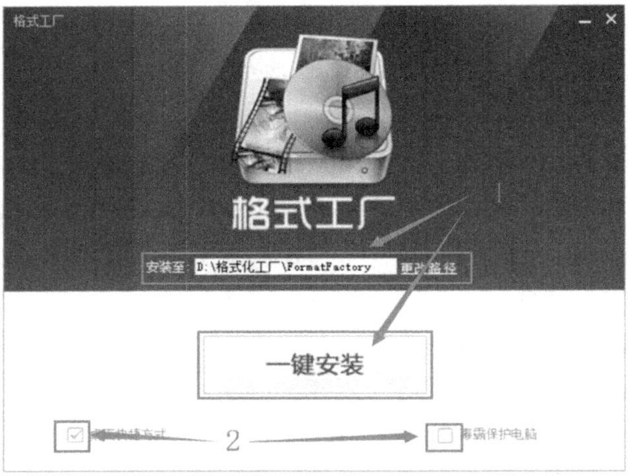

图 9－4　一键安装

（4）等待安装完成，点击关闭按钮或点击“立即体验”，见图 9－5、图 9－6。

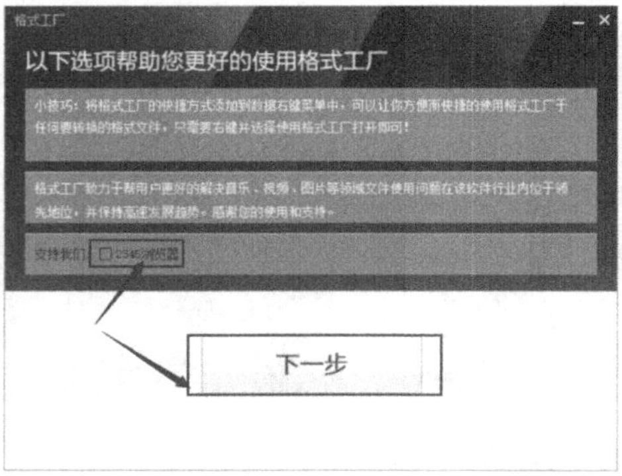

图 9－5　安装中

图 9－6　安装完成

9.3 格式工厂界面及功能介绍

安装完成后，点击桌面或 Windows 任务栏里的格式工厂（Format Factory）程序图标，即可启动软件，进入软件的工作界面，见图 9－7。

软件界面布局主要分为菜单栏、工具栏、功能区和任务区等几个界面，每个栏目都有各自的功能和作用，彼此之间又能够相互联系操作。

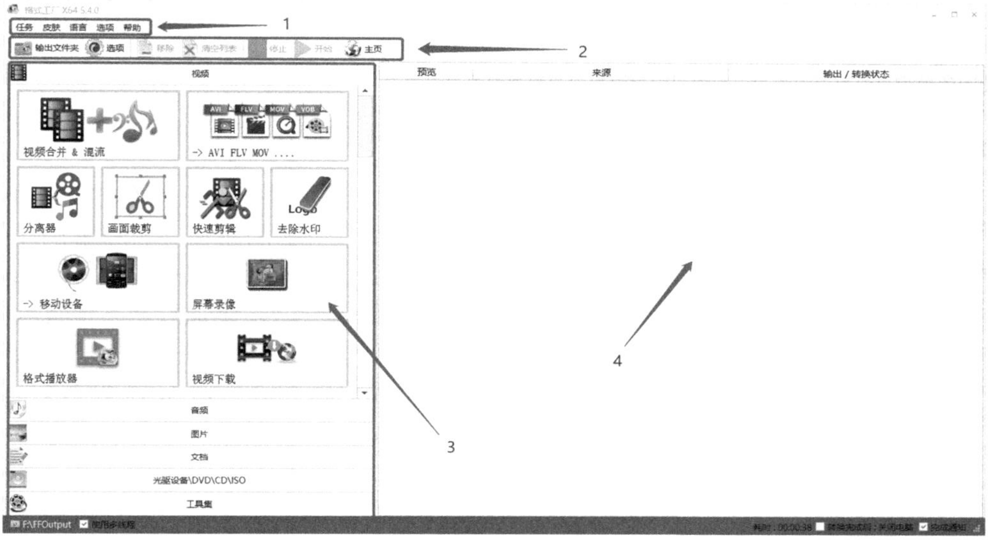

图 9－7　格式工厂界面

1. 菜单栏

（1）“任务”菜单：在任务区内对内容视频、音频、文档等文件的各种处理转换，包括开始转换、停止转换、装载任务列表、保存任务列表等操作。

（2）“皮肤”菜单：顾名思义，就是可以选择喜欢的皮肤颜色。

（3）“语言”菜单：提供英语等语种给用户设置软件语言。

（4）“帮助”菜单：关于格式工厂的信息。

2. 工具栏

（1）输出文件夹：打开输出文件夹，简单地说就是打开转换完成的文件所在途径。

（2）选项：弹出选项页，在选项页中可调节各种媒体文件参数。

（3）移除：从列表中移除所选任务。

（4）清空列表：清空列表里的所有任务。

（5）停止：停止转换任务。

（6）开始：开始或者暂停转换任务。

3. 功能区

（1）视频：支持 MP4、3GP、AVI、MKV、WMV、MPG、VOB、FLV、SWF、MOV 等

多种格式的互相转换以及视频的下载、屏幕录制、剪辑处理（合并混流、分离视频音频、去水印）、播放视频等多种功能。

（2）音频：支持 MP3、WMA、FLAC、AAC、MMF、AMR、M4A、M4R、OGG、MP2、WAV 格式的互相转换。

（3）图片：支持 JPG、PNG、ICO、BMP、GIF、TIF、PCX、TGA 格式的互相转换。

（4）文档：支持 PDF、Pic、Text、Word、Excel 格式的互相转换以及解密 PDF 与加密 PDF 等功能。

（5）其他功能：支持其他媒体文件的多种格式转化。

4. 任务区

简单地讲就是文件在这里进行格式化转换。

9.4 格式工厂操作流程

9.4.1 格式转换操作

格式工厂对视频、音频、图片进行文件格式转换，方法基本相同，所以我们只挑一个案例来讲解就可以了，其余多数文件格式转换方法操作基本一致。下面以从其他视频格式转化为“MP4”格式展开讲解。

（1）首先在操作页面的功能区上选择视频中的“MP4”格式，鼠标左键点击，见图 9－8。

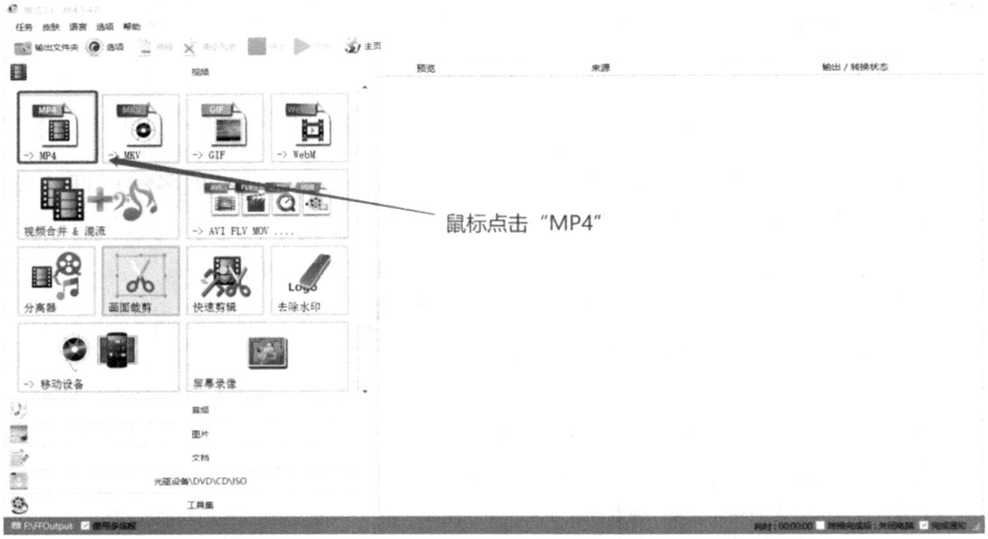

图 9－8　选择“MP4”格式

（2）弹出窗口后，点击中间位置或右下方的“添加文件”，也可点击下方的文件夹图标，见图 9－9。

图 9－9　添加文件

（3）选择想要转换格式的视频，点击“打开”，见图 9－10。

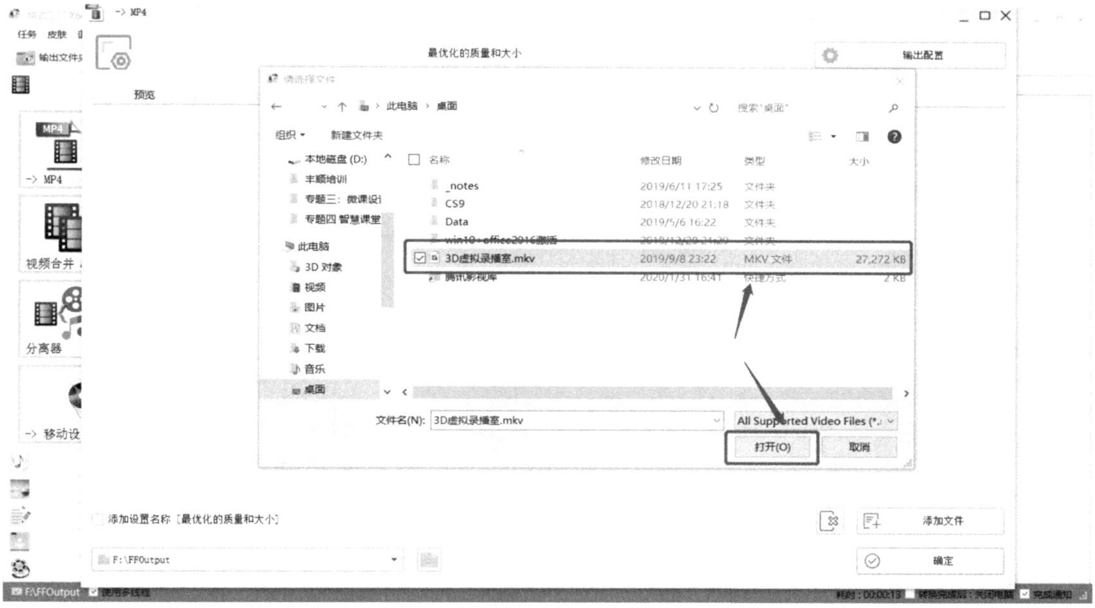

图 9－10　添加文件

（4）这里可以直接选择进行视频的格式转化，也可以先设置输出配置，见图 9－11。

图 9－11　输出配置

（5）如果是先选择设置输出配置，则可以根据自己的需要选定参数，也可以添加水印，见图 9－12。

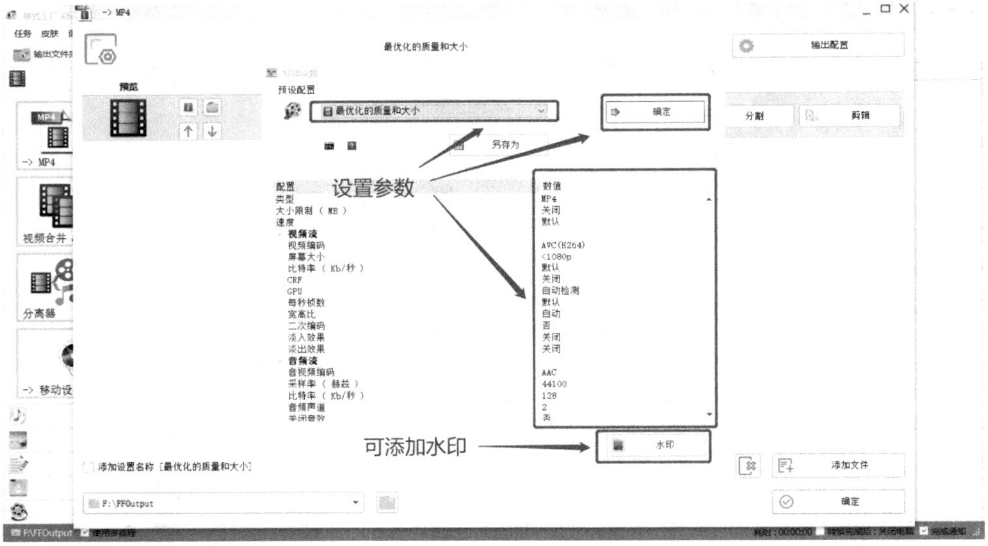

图 9－12　选定参数

（6）之前如有选择添加水印，这里以添加文本水印为例，见图 9－13。

图 9－13　添加文本水印

（7）输入想要写进视频中的水印内容，根据自己需要设置内容的格式，点击“确定”，见图 9－14、图 9－15。

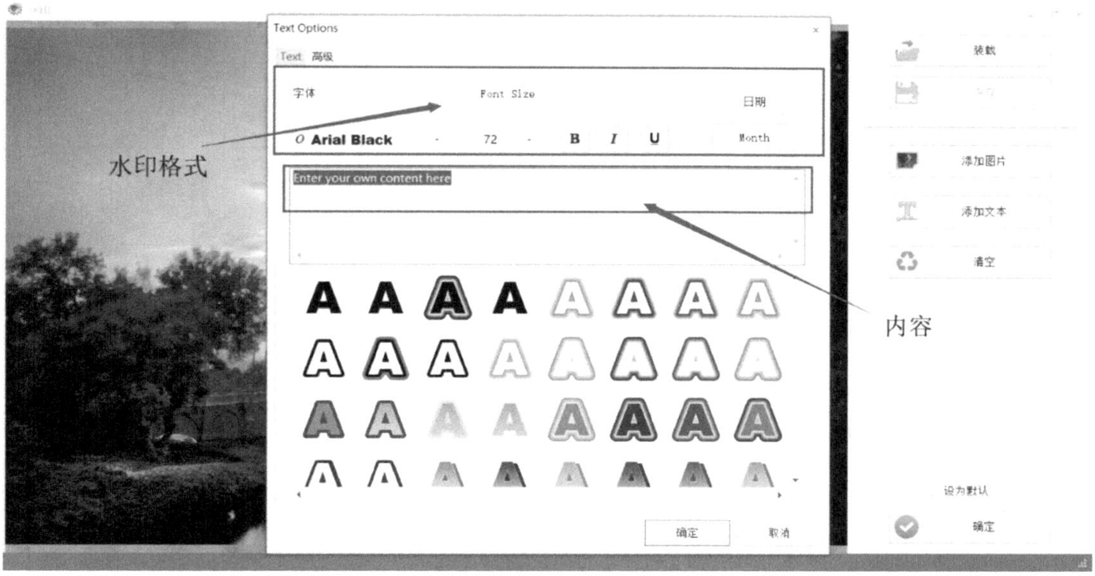

图 9－14　设置内容的格式

图 9－15　输入水印内容

（8）一切参数设置完毕后，要转换的视频会出现在任务区内，点击“开始”，进行视频格式的转换，见图 9－16。

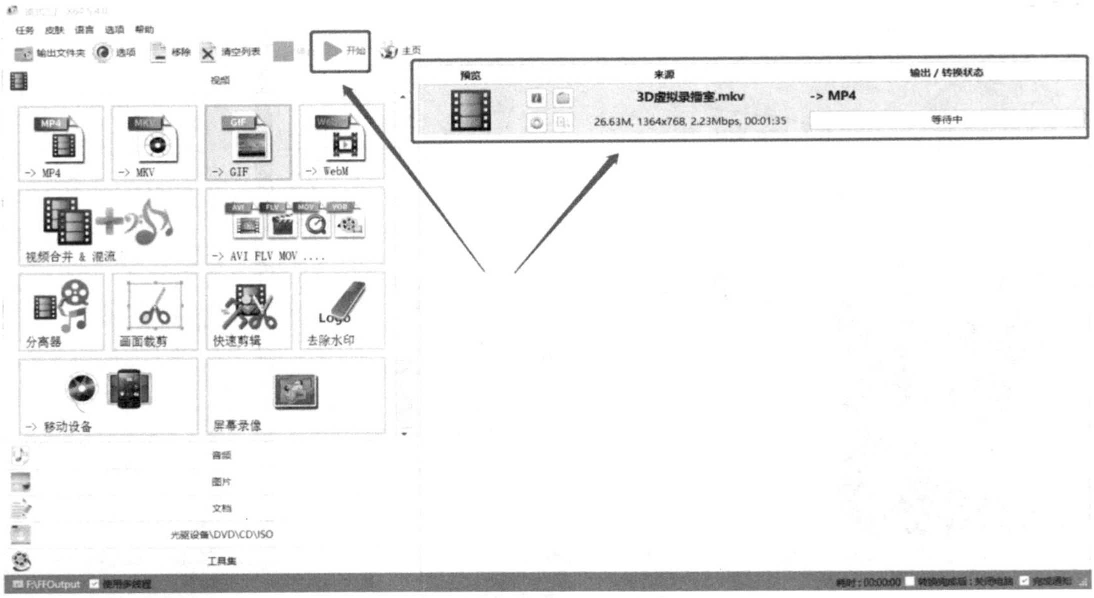

图 9－16　开始转换格式

（9）当视频转换完成后，会有提示音提示成功转换，点击“输出文件夹（存储位置）”，找到新的视频文件，见图 9－17。

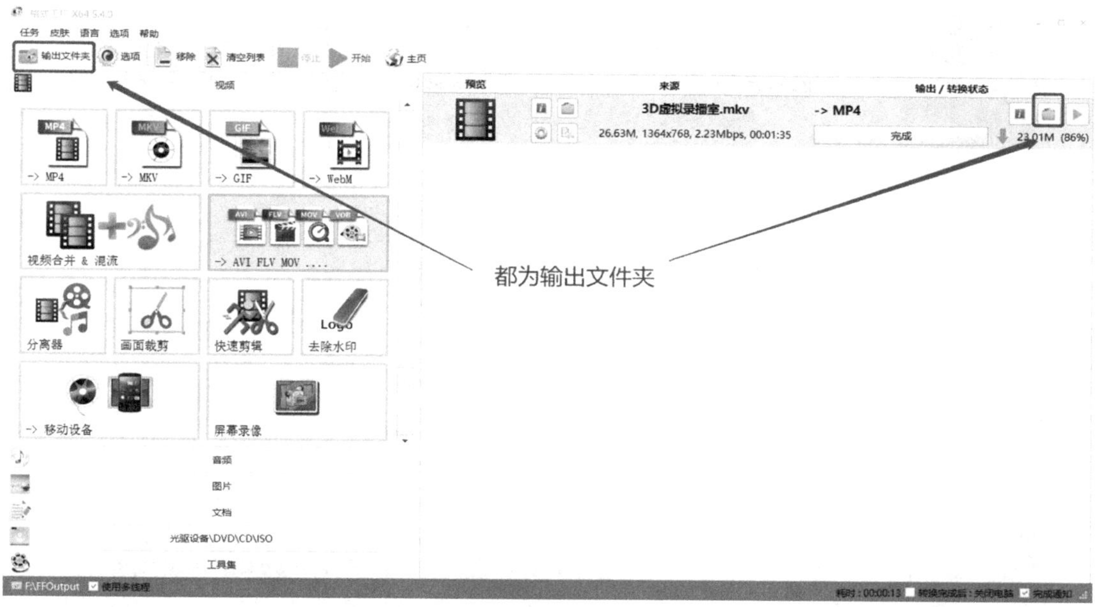

图 9－17　输出文件夹

（10）在弹出的窗口中出现 MP4 格式的视频文件，原文件仍保留着，前面添加的水印也在视频中，见图 9－18。

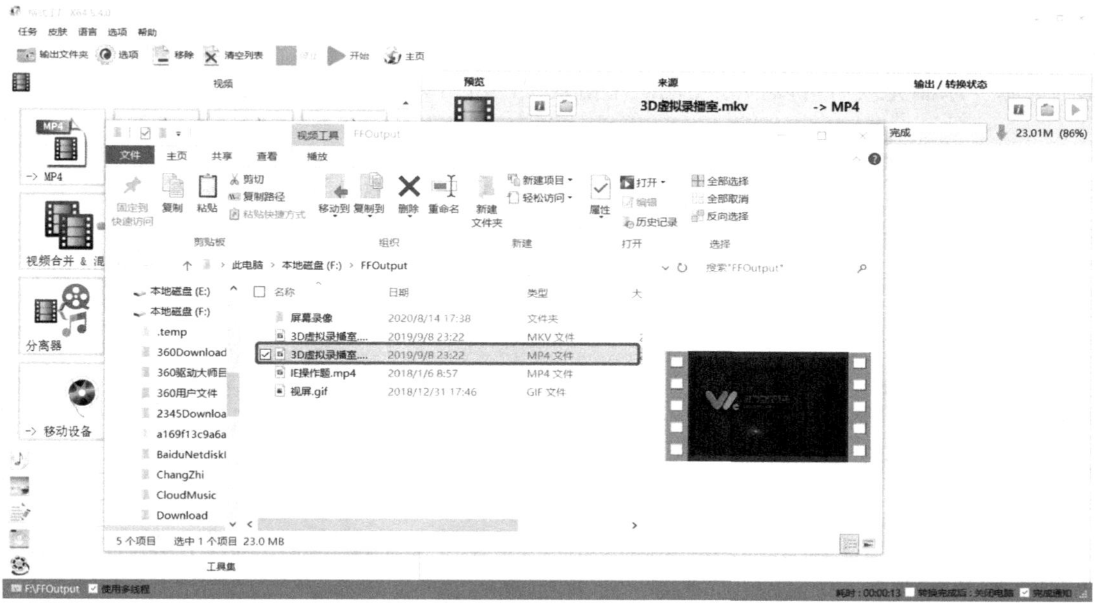

图 9－18　输出完成

图 9－19　水印

9.4.2　极简理念下格式工厂微课制作

格式工厂可以运用屏幕录像和快速剪辑功能实现简单快速的微课视频制作。它的屏幕录像功能非常容易操作，虽然格式工厂的主要功能为格式转换，但是其录制功能也并不差。录屏完成后可通过快速剪辑对录制的微课视频进行简单的剪辑操作，满足微课制作的基本要求。录制完成后可以很方便地使用格式工厂进行编辑和格式转换。

图 9－20　操作流程

1．确定微课类型

首先确定要制作的微课类型，如 PPT 微课、Focusky 微课、优芽微课等。确定微课的内容后打开相应的 PPT 或者项目，在电脑上连接 USB 接口的录音耳机，有效避免噪声、杂音等。这里以 PPT 地理微课“青藏高原地区”为例操作演示。

2．录制过程

鼠标双击打开格式工厂，在视频区找到“屏幕录像”单击打开，出现录制窗口，见图 9－21、图 9－22。

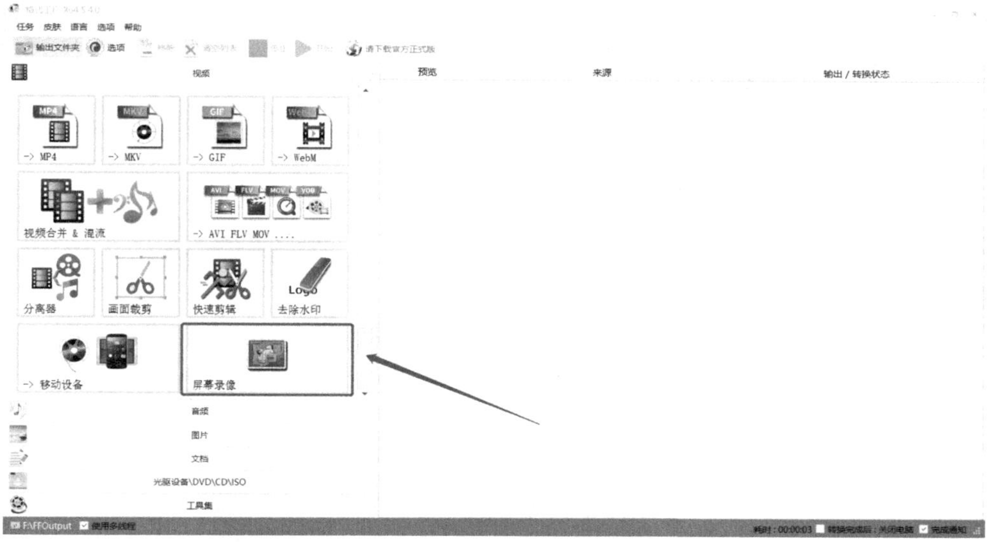

图 9－21　屏幕录像

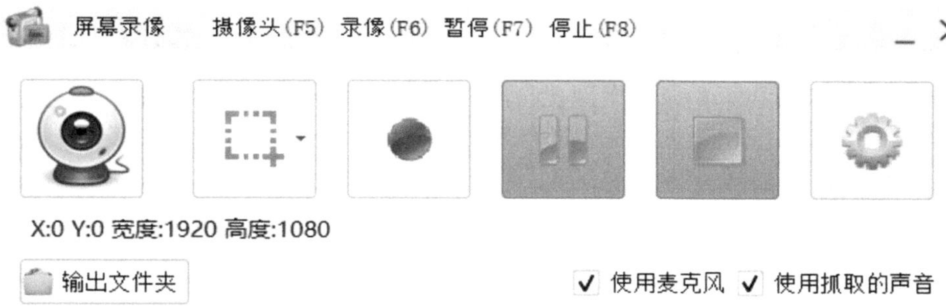

图 9－22　录制窗口

（1）录制窗口功能：面板上有录制摄像头的选项，单击即可打开电脑摄像头并录制。第二个选项是调节录制区域，单击之后出现三个选项“屏幕区域”“窗口”“全屏录制”可选择。后面依次是“录像”“暂停”“停止”及其他相关设置。录制结束后可在输出文件夹中找到录制的视频，右下方可选择勾选“使用麦克风”与“使用抓取的声音”。

（2）确定区域：单击录制窗口面板上的第二个按钮，出现“屏幕区域”“窗口”“全屏录制”。“窗口”与“全屏录制”顾名思义就是录制某个窗口区域与整个电脑屏幕内容，如果需要录制的只是电脑屏幕部分区域，单击“屏幕区域”字样，用鼠标拉出选框指定区域，见图 9－23。

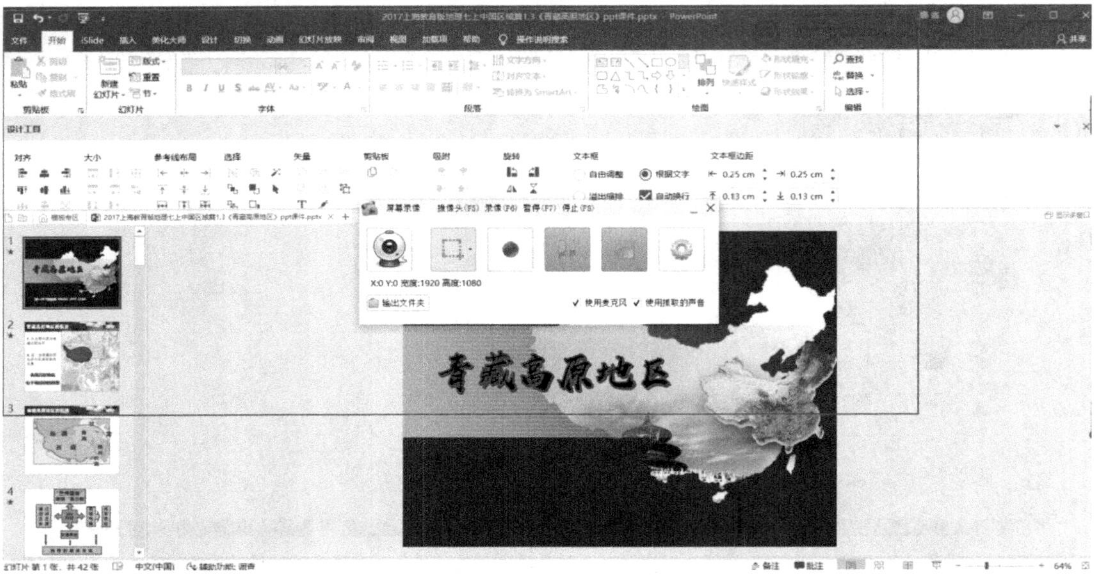

图 9－23　选框指定区域

（3）屏幕录制：确定区域后点击第三个带红色圆点的按钮，开始录像。此时录制窗口面板会最小化，我们可以开始录制微课视频内容，需要暂停时只需在电脑屏幕下方的任务栏重新打开录制窗口，点击第四个绿色暂停键即可暂停，录制完成后点击第五个蓝色停止按钮即可完成录制，见图 9－24。

录制结束后可单击录制窗口面板“输出文件夹”，在跳出的文件夹中找到录制的视频，见图 9－25。

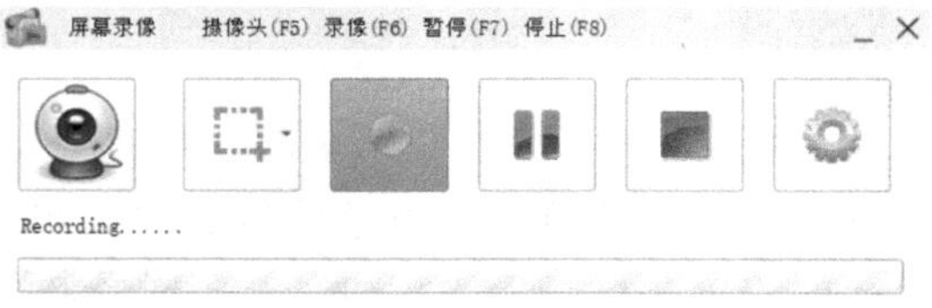

图 9－24　录制中的录制窗口面板

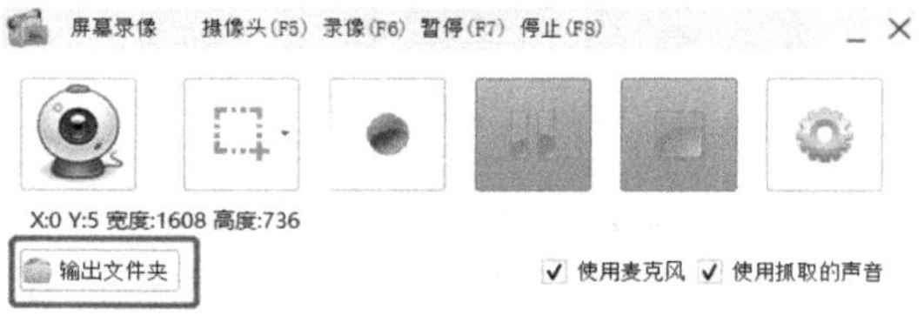

图 9－25　输出文件夹

3. 快速剪辑

通过以上步骤我们已经录制完成微课视频，此时可以通过格式工厂剪辑功能实现视频的简单剪辑。它支持对不同视频格式进行剪辑，这里有两种方法进入剪辑操作。

方法一：输出为 MP4 格式视频。直接点击“快速剪辑”按钮，在弹出的页面中点击“添加文件”，选择录制好的微课视频，点击视频文件最右方“剪辑”按钮选项，见图 9－26。

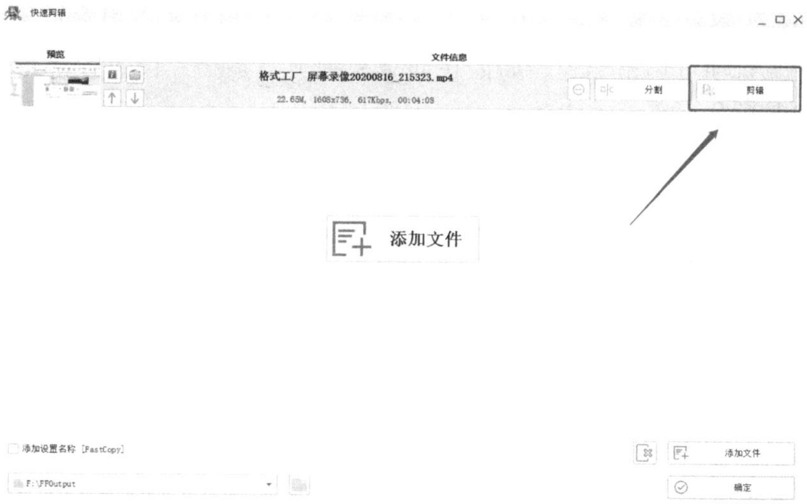

图 9－26　剪辑按钮

方法二：输出为所需格式视频。选择需要的视频格式相应格式按钮，如要转换为 MKV 就点击 MKV 格式转换按钮，同样点击添加文件，选择之后点击“剪辑”按钮。

进入剪辑页面，有三个剪辑项目“剪辑”“画面裁剪”“选项”，点击可选择相应的功能，见图 9－27。

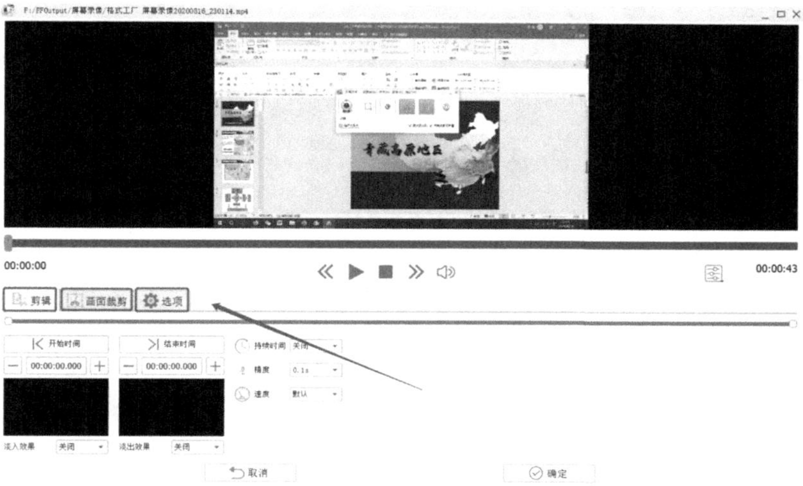

图 9－27　剪辑页面

第一步剪辑：可以通过时间段来剪辑，在时间选框中输入开始和结束时间，或者点击两侧的加减号调整时间。也可以通过直接选取开始和结束画面剪辑，只需要拉动剪辑项目框最上方蓝色轨道的起点和终点白色小方块或点击轨道点确定视频内容，见图 9－28、图 9－29。

所选起始画面会在下方黑色框中显示，最下方可为视频开头结尾添加淡入、淡出效果。在“速度”选项可调整倍速，如需在同个视频剪辑多个片段，剪辑完成后可点击“加入列表”，见图 9－29。

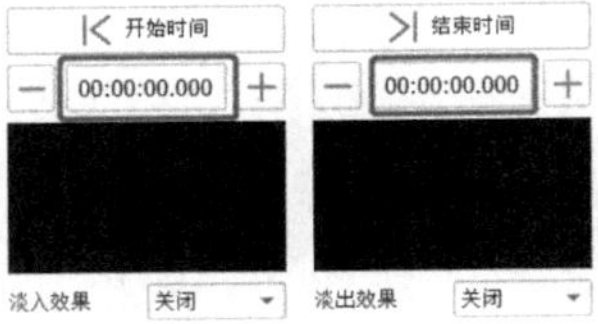

图 9－28　时间选框

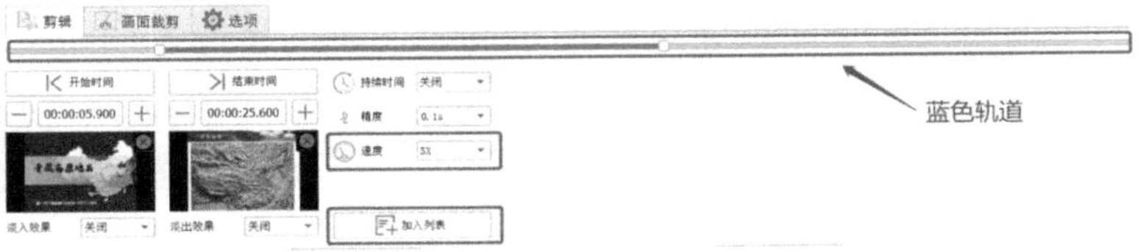

图 9－29　蓝色轨道

第二步裁剪画面：如需调整画面可单击“画面裁剪”再点击“选择区域操作”选框，出现“关闭”“画面裁剪”“去除水印”三个选项。点击“画面裁剪”，上方画面出现方框，方框内即为输出视频画面内容，拉动方框选择区域即可。去除水印同理，出现选择水印所在区域。如需固定区域宽高比，点击选择“宽高比”后再点击执行“选择区域操作”即可，见图 9－30。

第三步选项操作：点击“选项”可以选择音频与关闭字幕。在源音频频道选择左、右或关闭选项，见图 9－31。

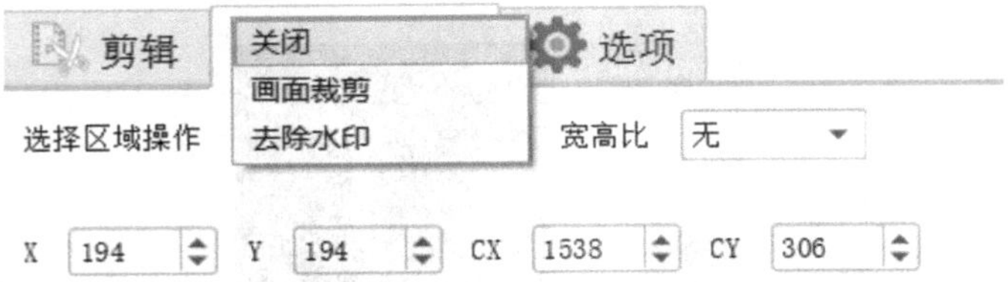

图 9－30　画面裁剪功能页面

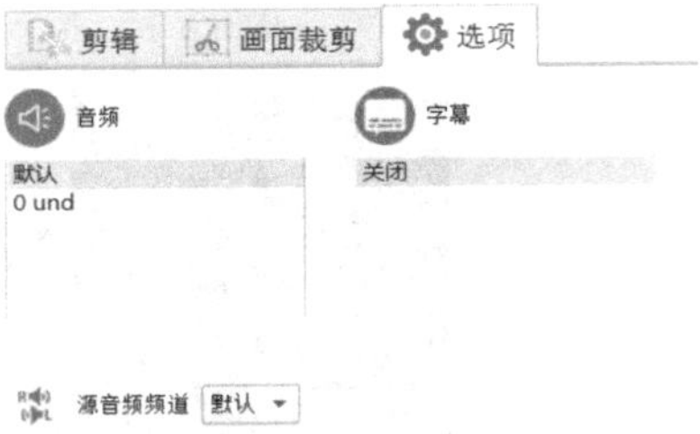

图 9－31　选项功能页面

视频剪辑完成后，点击右下方“确定”按钮，在弹出的文件信息列表中可以看到剪辑完成的文件，如需再加工可再次点击“剪辑”按钮进行操作，见图 9－32。

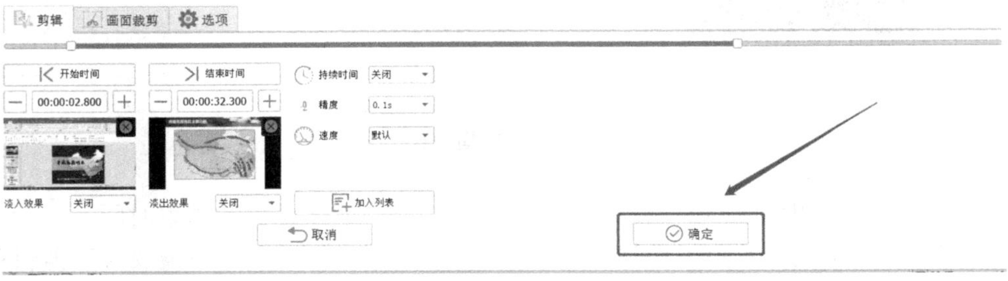

图 9－32　“确定”图标按钮

4. 输出视频

剪辑好的视频文件会在文件信息列表中，如果想删除加入列表的文件视频，单击选中文件视频，此时选中的文件视频呈灰色，表示选中状态。点击右方红色删除图标可删除选中的文件，点击右下方红色带叉号图标可删除所有的文件视频，见图 9－33。

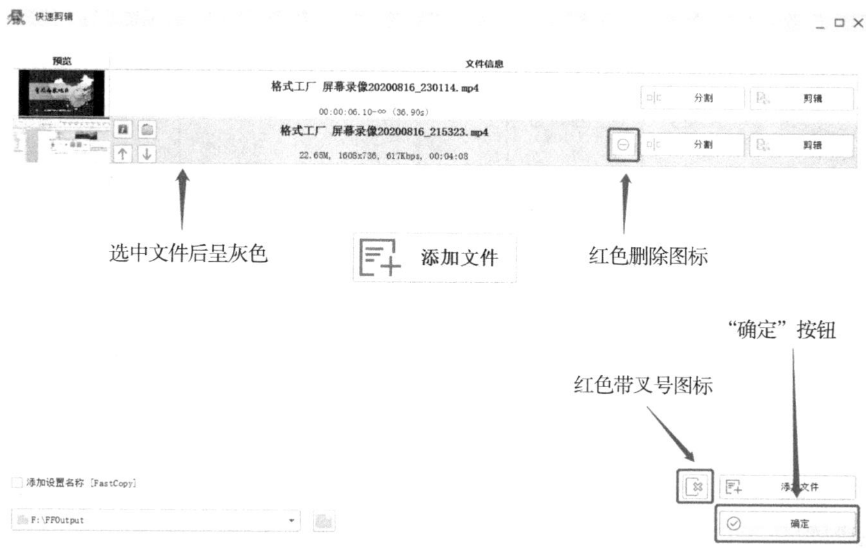

图 9－33 文件信息列表

保留需要导出的文件视频，点击下方的“确定”按钮，在弹出的任务区中我们可以看见文件视频，选中文件视频后点击上方绿色“开始”按钮，我们可以看到输出/转换状态栏进度条的情况，输出完成后有提示音乐，再点击右方输出文件夹，在弹出的文件窗口中即可找到输出的视频，见图 9－34、图 9－35。

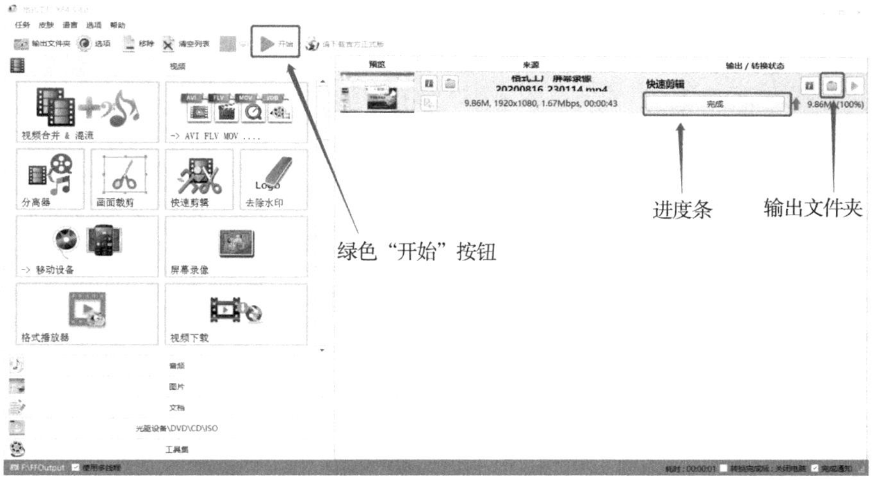

图 9－34 任务区输出视频

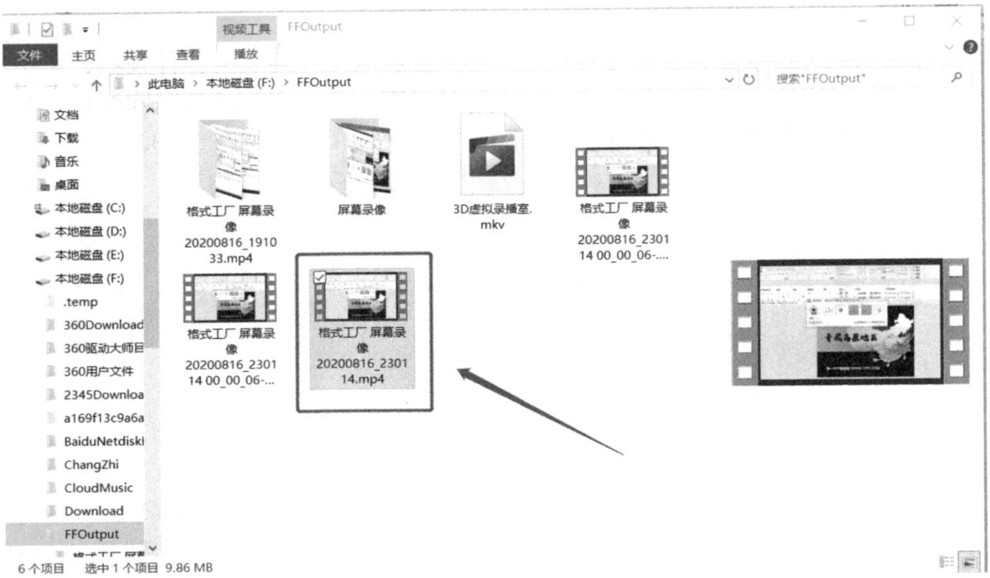

图 9－35　输出文件窗口

格式工厂界面简洁、操作简单、功能强大，广泛应用于各类文件格式的转换。新增的录制屏幕和剪辑功能也使其在微课制作上有更深层次的应用。